Begegnungen und Dankbarkeit

Erinnerungen und Gedanken des Pressesprechers von Papst Johannes Paul II.

Begegnungen und Dankbarkeit

Erinnerungen und Gedanken des Pressesprechers von Papst Johannes Paul II.

von Joaquín Navarro-Valls

Aus dem Italienischen übersetzt von Gabriele Stein

mmVerlag

Begegnungen und Dankbarkeit
Erinnerungen und Gedanken des Pressesprechers von Papst Johannes Paul II.
Joaquín Navarro-Valls
Aachen, MM Verlag, 1. Auflage April 2011
ISBN: 978-3-942698-07-8

Titelfoto: Archivio Farabola
Umschlaggestaltung: Ursula Ronnenberg
Lektorat: Kathrin Koerrentz
Satz: Yvonne Schweda
Gesetzt aus der Garamond
Druck und Bindung: CPI books GmbH, Leck

Inhalt

Vorwort

Die Einleitung zu einem Buch zu verfassen, das man selbst geschrieben hat, ist kein ganz einfaches Unterfangen. Und sich selbst zu beurteilen, ist ein Ding der Unmöglichkeit. Das weiß man seit jeher, und das wusste auch der neapolitanische Philosoph Benedetto Croce. Deshalb nannte er die Einführung in sein Denken, mit der er die Wissenschaft 1918 beglückte, Beitrag zur Kritik meiner selbst – und wies so schon im Titel bewusst auf die Schwierigkeiten hin, die das Sprechen über die eigene Arbeit mit sich bringt.

Dennoch muss ein solches Unterfangen nicht immer und unter allen Umständen zum Scheitern verurteilt sein – zumal, wenn es gar nicht darum geht, ein endgültiges Urteil zu fällen oder festzulegen, wie das Geschriebene denn bitte interpretiert werden soll. Augustinus von Hippo wandte sich am Ende seines Lebens noch einmal ebenso leidenschaftlich wie unvoreingenommen seinen eigenen Schriften zu: nicht, um sich damit zu brüsten, und auch nicht, um daran herumzumäkeln, sondern schlicht und einfach in der Absicht, den Sinn des Geschriebenen verständlicher zu machen. Was ihm zumindest in Teilen durchaus gelungen ist.

In meinem Fall ist natürlich alles sehr viel einfacher.

Da es sich nicht um ein Buch über Psychiatrie, geschweige denn um eine Sammlung von philosophischen Abhandlungen handelt, will ich an dieser Stelle lediglich einige Hinweise zu meiner Vorgehensweise geben und, zwecks besserer Lesbarkeit, die Anordnung der einzelnen Artikel ein wenig erläutern.

Der größte Teil der vorliegenden Beiträge ist bereits ediert und in den vergangenen Jahren in der Tageszeitung „La Repubblica" veröffentlicht worden. Die übrigen Essays, die nun noch hinzukommen, sind mehr oder weniger auf dieselbe Weise und zu demselben Zweck erdacht und erarbeitet worden und stimmen daher in Denkweise, Blickwinkel, Umfang und Stil mit ersteren überein.

Der Ursprung der Texte, aus denen sich das Buch zusammensetzt, scheint mir damit hinreichend geklärt und liefert auch schon eine erste Antwort auf die Frage, warum gerade dieses oder jenes Thema ausgewählt und in dem jeweiligen Artikel behandelt worden ist. Der Bezug auf die Zufälligkeiten des Alltags ergibt sich aus der publizistischen Notwendigkeit, über ebendiese zu schreiben, und findet im gedanklichen Raum einer Tageszeitung sein arttypisches Habitat. Der journalistische Schreibstil hat sich dabei letztlich als ein unverhofft wertvolles Instrument erwiesen und alle zuvor gehegten Erwartungen übertroffen.

Gemeinsam sind den nach Maßgabe der Aktualität gewählten Themen und formulierten Gedanken ihre Situationsgebundenheit und ihr Augenmerk auf die konkreten Umstände und ihre Bedeutung. Die Aktualität nämlich ist der präzise Horizont, vor dem sich die Zeitungen Tag für Tag bewegen – und wird von der öffentlichen Meinung in aller Regel eingefordert.

Wenn es im Journalismus eine unumstößliche Wahrheit gibt, dann ist dies das „Dogma" der Abhängigkeit vom Tagesgeschehen. Die Berichterstattung der Zeitungen ist eng an das gebunden, was zu einem ganz bestimmten Zeitpunkt im Mittelpunkt der öffentlichen Debatte und Aufmerksamkeit steht. Und umgekehrt tragen die Zeitungen nach wie vor dazu bei, den öffentlichen Kommunikationsraum zu formen – einen Raum, der sich auch in unserer Zeit als ebenso gültig wie problematisch erweist.

Mithin ist das zentrale und allgemeine Interesse an der Aktualität in den vorliegenden Texten allgegenwärtig und wird weder vernachlässigt noch ignoriert. Da es sich nicht um ein geplantes Buch mit einer systematischen und von vorneherein festgelegten Gliederung handelt, stellen die Seiten ein scheinbar unzusammenhängendes Konglomerat von Inhalten dar – durch nichts anderes bedingt, angestoßen oder hervorgerufen als durch die Erfordernisse der Effektivität oder den Kontext, der im Augenblick der Niederschrift gerade relevant war.

Trotz alledem und ungeachtet des erwähnten Gegenwartsbezugs wirken die einzelnen Beiträge, so glaube ich, wenn man sie in ihrer Gesamtheit liest, nicht ungeordnet oder anachronistisch, sondern werden von einer mehr als bloß episodischen Logik zusammengehalten. Vor allem herrscht zwischen den unterschiedlichen Teilen eine stillschweigende und allumfassende Übereinstimmung. Denn der enge Gegenwartsbezug der jeweiligen Artikel lenkt nicht vom grundsätzlichen Charakter der dort vorgetragenen Überlegungen ab, im Gegenteil: Hinter dem jeweils interessanten besonderen Thema der einzelnen Beiträge verbirgt sich – so hoffe ich zumindest – etwas Tieferes und ganz gewiss nicht Zufälliges, das über den inzwischen nicht mehr aktuellen Entstehungskontext hinausweist und der Gesamtlektüre eine gewisse Homogenität und Stimmigkeit verleiht.

Deshalb sind die Artikel nicht chronologisch zusammengestellt; vielmehr folgen die Ereignisse einer thematischen Ordnung, damit sich die Ideen herausschälen können, die den einzelnen Beiträgen zugrundeliegen. Denn obwohl die jeweiligen Artikel immer durch die Umstände angestoßen worden sind, erschöpfen sie sich doch nicht in den konkreten Zeiten und Orten, aus denen sie hervorgegangen sind.

Es ist eine Überlegung wert, ob die Aktualität der Umstände wirklich der einzige Weg ist, andere an seinen Vorstellungen und Gedanken teilhaben zu lassen. Und umgekehrt darf man darüber spekulieren, ob das fruchtbare Sprechen über aktuelle Themen nicht vielleicht Begriffe voraussetzt, um die Ereignisse, die das Interesse der Öffentlichkeit kurzzeitig zu fesseln vermocht haben, zu fassen und zu deuten.

Dem Schreibenden muss stets bewusst sein, dass er ein zweifaches Risiko eingeht und sich doppelt hüten muss. Einerseits läuft er Gefahr, zu dicht an der Aktualität zu „kleben“ und das bedeutsame und wesentliche Ganze aus den Augen zu verlieren. Wer dazu neigt, droht in Plattitüden abzugleiten, weil er nichts wirklich Wichtiges und Grundlegendes zu sagen hat. Dann kann es geschehen, dass er direkt vor einem Problem steht, es aber nicht zu deuten vermag, weil ihm der Schlüssel fehlt, um sich einen interpretatorischen Zugang zu verschaffen.

Auf der anderen Seite besteht die Gefahr, nur noch in allgemeinen Begriffen zu denken und jeden Bezug zur Wirklichkeit aufzugeben. Dann schrauben sich die Meinungen wie Adler in unerreichbare Höhen, verlieren Kurs und Richtung und lassen den festen Boden der realen Inhalte weit hinter sich. Das kann dazu führen, dass man die eigenen Thesen ideologisch absolut setzt und letztlich nicht mehr imstande ist, die Ereignisse korrekt zu deuten oder Informationen und Inhalte angemessen weiterzugeben.

Wer das Tagesgeschehen jedoch richtig interpretieren will, darf, wie mir scheint, in keines dieser beiden Extreme verfallen, sondern muss die entgegengesetzte oder, wenn Ihnen das lieber ist, eine alternative Richtung einschlagen. Und vor allem muss er Deutungskriterien, das heißt einen Maßstab und ein stabiles Gleichgewicht zwischen Vorstellungen und Vorfällen, zwischen Fakten und ihrer Auslegung finden.

Die Philosophie kann eine große Hilfe sein, wenn es darum geht, sich eine gültige und kommunizierbare Methode und Orientierung anzueignen. Jeder noch so kurze Artikel beruht immer auf einem einzigen Gedanken. Und wenn die klassischen Denker die Annäherung zwischen Gedanken und Wirklichkeit zum Ideal des menschlichen Erkennens erklärt haben, dann wollten sie damit eine Bezugsgröße in den Blickpunkt rücken, die auch der Arbeit der schreibenden Zunft als Kontinuum und Grundlage dienen muss.

Es ist nie nur der Zufall, der darüber entscheidet, welches konkrete Ereignis, welche Meldung aus der internationalen Politik oder der Gesellschaft oder welche persönliche Erinnerung für uns zum Anlass wird, etwas zu schreiben. Umgekehrt kann es aber auch nicht darum gehen, sich das bestgeeignete Thema herauszugreifen und daran einen bestimmten Grundsatz oder Wert zu veranschaulichen. Es geht um etwas ganz anderes. Am Anfang steht immer ein einzelner Vorfall oder Umstand, der manchmal vielleicht sogar belang- und zusammenhanglos erscheint und dennoch die Neugier und das Interesse der öffentlichen Meinung – des Lesers, aber auch des Schreibenden selbst – zu erregen vermag. Im alltäglichen Raum entsteht eine universale und ideelle Motivation, die das Deutungsvermögen des Schreibenden reizt und auf die Probe stellt, weil sie – ausgehend von diesem einen Fall, von diesem besonderen Ereignis oder jenem ganz bestimmten und einzigartigen Erlebnis – in ihm das Bedürfnis weckt, die Wirklichkeit bis in ihre letzten Verästelungen zu interpretieren. Jeder, der schreibt, fühlt sich von einem bestimmten Vorfall, einer ethischen Problemstellung, einem Jahrestag, einer politischen Diskussion oder ähnlichem herausgefordert. An einem solchen Ausgangspunkt verspürt ein Schriftsteller das Bedürfnis und den Wunsch, der jeweiligen Situation einen Sinn zu geben: sie als kleines Teil im großen Puzzle des Lebens zu deuten, das mit Vernunft betrachtet werden muss, um die im Zufälligen verborgene Facette des wahren Ganzen hervortreten zu lassen.

Einerseits also müsste man aufhören, für die Zeitung zu schreiben, wenn man tatsächlich gegen den Reiz der Aktualität gefeit wäre, doch auf der anderen Seite kann es durchaus geschehen, dass man zu einem Vorfall oder Umstand keine Worte findet oder nur unzulänglich informiert ist – und das, obwohl man schon seit vielen Jahren publizistisch arbeitet. Wie Aristoteles lehrt, hat die Natur dem Menschen für den Überlebenskampf weder Hörner noch Hufe noch Klauen mitgegeben. Stattdessen aber hat er seinen Verstand, mit dem er die Dinge begreifen, berechnen, vorhersehen und organisieren kann. Unser Denken hilft uns, für jeden einzelnen Fall eine mögliche Lesart zu finden und so seine eigentliche Bedeutung zu entdecken, die es uns erlaubt, die Geschehnisse einzuordnen und zu interpretieren.

Zuweilen werden wir mit unseren Bemühungen nicht über Hypothesen hinausgelangen, und zuweilen wird sich ein vollständiger Sinn ergeben. Fest steht jedenfalls, dass das Ereignis sich nicht von alleine in das große Ganze einordnet – es bedarf der Interpretation durch die Vernunft, und es muss der öffentlichen Meinung begreiflich gemacht werden.

In diesem Zusammenhang scheint mir sehr aufschlussreich, was der deutsche Philosoph Friedrich Schleiermacher über die Textinterpretation gesagt hat. Er war ein Vertreter der These vom sogenannten „hermeneutischen Zirkel“: jener Auffassung, wonach das Verständnis des Ganzen immer auch das Verständnis seiner Teile und umgekehrt das Verständnis eines Teils das Verständnis des Ganzen beinhaltet.

Wenn dieses Kriterium uns helfen kann, einen klassischen Text zu lesen, dann kann es uns ebenso gut helfen, zu verstehen, was das Einzelereignis aus unserem Zeitungsartikel mit dem großen Ganzen des Lebens der Menschheit zu tun hat, das seinen Sinn in der Geschichte sucht. Es scheint vielleicht paradox, doch man kann ein gesellschaftliches Ereignis, ein Gipfeltreffen zwischen den Mächtigen dieser Erde oder eine Gesetzesdebatte im Parlament nicht begreifen, ohne sich ausdrücklich auf den Sinn des Lebens als solchen zu beziehen. Ich meine damit nicht die Tatsache, dass man über die weltweite Abholzung der Wälder sprechen muss, um einen kleinen Erdrutsch in Valtellina zu erklären. Was ich damit sagen will, ist, dass man mit dem Sinn des Lebens zugleich auch den Blick für die einzelnen Geschehnisse sowie die Fähigkeit verliert, die Fakten zu interpretieren. Nackt stehen sie dann da wie die Bäume im Herbst und bieten dem Menschen mit seinen Deutungsversuchen keinerlei Anhaltspunkt.

Um einen Fall zu verstehen, muss man ihn analysieren. Erst dann kann man ihn der öffentlichen Meinung vorlegen. Ohne die Sicht auf das Ganze ist der einzelne Sachverhalt unverständlich: Er „spricht“ nicht. Problematisch wird es, wenn der, der die Fakten übermittelt, keine Ideen hat. Er muss aus dem schöpfen, was andere geschrieben haben, oder sich eine wacklige Interpretation zurechtzimmern. So oder so ist der Informationswert begrenzt. Eine Boulevardmeldung kann jeder verfassen: Er muss nur schreiben, was er sieht. Doch an einem kritischen Kommentar kommt niemand vorbei.

Tag für Tag wird der Publizist von der Information herausgefordert, und Tag für Tag steigt er wieder in den Ring. Wie er sich dort schlägt, hängt meines Erachtens von seiner humanistischen Bildung und seiner Fähigkeit ab, diese in den alltäglichen Nachrichtenkontext einzubetten und einzubringen – denn nur so kann er einem Geschehen wirkliche Aussagekraft und Bedeutung abgewinnen.

Vielleicht versteht man jetzt, welcher Sinn die einzelnen Artikel des vorliegenden Buchs zusammenhält und welches Anliegen sie durchwirkt und durchwebt wie ein Faden, um sie zu einem einzigen homogenen und zusammenhängenden Gewebe zu verknüpfen.

Letztlich ist es immer die menschliche Person als solche, die die öffentliche Meinung an einem beliebigen Ereignis fesselt und interessiert. Jeder einzelne Vorfall, jedes einzelne Geschehen, jeder besondere Kontext – so klein er auch sein mag – hat das Menschsein als solches zur Mitte und kreist immer um den menschlichen Faktor, der sein Problem und zugleich seine Lösung ist. Entweder stürzt eine Meldung den Menschen in eine Krise oder sie ist nicht aktuell: Dann bleibt sie unbedeutend und nichtssagend – und damit reizlos.

Das bedeutet, dass die öffentliche Meinung sich ausschließlich für sich selbst interessiert. Die öffentliche Meinung ist die Meinung der Menschen. Und das Interesse des Normalsterblichen an sich selbst äußert sich mehr oder weniger explizit in einem schier unstillbaren Durst nach Informationen über den Menschen.

Das einzige echte und konstante Ideal, das den vorliegenden Artikeln zugrundeliegt, ist de facto anthropologischer Natur. Damit meine ich kein bloß kulturelles Interesse am Menschen, sondern eine im wahrsten Sinne des Wortes metaphysische Anteilnahme an der Person, ihrer universalen Wirklichkeit und ihren tatsächlichen Bedürfnissen – kurzum das, was Karol Wojtyła in seinem philosophischen Meisterwerk Person und Tat als die „persönliche Transzendenz" bezeichnet hat. Im Individuum gibt es demnach stets eine „vertikale", auf die Ewigkeit ausgerichtete, und eine „horizontale", auf die Geschichte und die Zukunft ausgerichtete Transzendenz. Die erste Bewegung geht unweigerlich durch den Modus der zweiten hindurch, und die Ewigkeit durchdringt den Pulsschlag der Zeit. Die kleinen Fakten leben von der typischen Eigentümlichkeit der Gegenwart, der Taten und Vorfälle, die als „Nachrichten" von Interesse sind, und bleiben dabei zugleich immer in Kontakt und Verbindung mit der Logik der Dinge selbst und mit ihrer endgültigen Wahrheit.

Entweder verankert der Schreibende die erlebten Vorfälle in dem menschlichen Kontext, in den sie gehören, oder er gibt sie der Erosion preis: der verheerenden Abdrift in einen Relativismus, der letztlich auch kommunikativ in die Irre führt. Unser Ziel ist es, den Menschen als solchen mittels und kraft seiner Erlebnisse, seiner Dramen, seiner Tragödien und der alltäglichen Vorfälle und Umstände zu begreifen. Wenn wir dieses Ziel aus den Augen verlieren, bleibt jeder einzelne Artikel, jeder einzelne Beitrag perspektivlos und ohne Tiefe.

Lassen Sie mich daher zum Schluss einer Hoffnung Ausdruck verleihen: Ich hoffe und wünsche, dass jede der in diesem Buch enthaltenen tagesaktuellen Episoden den Leser zu einer allgemeinen Erkenntnis über den Menschen führen wird, die der je besondere und konkrete Sachverhalt in sich birgt und bewahrt. Wenn wir uns nämlich im Hinblick auf den Menschen nicht ganz und gar irren, muss das, was ihn letztlich ausmacht, genau dort sichtbar werden, wo sich das Leben ereignet – und niemals außerhalb oder jenseits dieses Lebenskontexts. Und ein Artikel ist und bleibt vielleicht nur dann wirklich gelungen, wenn er einen Gedanken ausdrückt, der im Schrittmaß des Menschen durch die Geschichte wandelt – und im alltäglichen Schrittmaß des Zeugen und seiner Deutung des Lebens.

Joaquín Navarro-Valls

Begegnungen

Johannes Paul II. und das unbekannte Antlitz seiner Diplomatie

Wer nur für einen Augenblick an das lange Pontifikat Johannes Pauls II. zurückdenkt, dem kommen unweigerlich auch die zahlreichen Nuancen und Aspekte der Geschichte des 20. Jahrhunderts in den Sinn.

„Das Kurze 20. Jahrhundert", so hat es der Historiker Eric Hobsbawm genannt, und dieses Wort scheint uns heute treffender denn je. Das tragische Fazit, das der Gelehrte in Fortführung eines Satzes von T. S. Eliot („Auf diese Weise endet die Welt: Nicht mit einem Knall, sondern mit einem Wimmern") formuliert: „Das Kurze 20. Jahrhundert endete mit beidem", muss man vielleicht nicht unbedingt teilen. In jedem Fall aber steht fest, dass das neue Jahrtausend begonnen hat, ehe es anfing, und dass das letzte Jahrhundert geendet hat, ehe es zu Ende war.

Nach der unermesslichen Tragödie des Zweiten Weltkriegs haben wir mit angesehen, wie sich im Lauf der Zeit ein internationales Gleichgewicht etablierte, das von der dramatischen Teilung Europas – dem Ergebnis der Konferenz von Jalta und den nachfolgenden Potsdamer Verträgen des Jahres 1947 – bestimmt war.

Die Vereinigten Staaten und die Sowjetunion hatten einander sehr rasch als Feindmächte erkannt und begriffen, dass, wenn die Welt Bestand haben sollte, die zwischen ihnen bestehenden Gegensätze auf keinen Fall in einem weiteren globalen Konflikt eskalieren durften, der für alle verheerende Folgen gehabt hätte. Dieses Bewusstsein führte schon bald zu einer spezifischen Verteilung der Einflussbereiche und einem beständigen Ausbalancieren der Streitkräfte auf beiden Seiten. Im Kontext des Kalten Krieges erschien Europa aus nachvollziehbaren

Gründen als der wichtigste geografische Raum, wenn es darum ging, die politischen Erfolge und Misserfolge des Ost-West-Gegensatzes zu messen.

Johannes Paul II. erwies sich nach seiner Wahl im Jahr 1978 vom ersten Augenblick an als Symbolfigur. Einem Priester aus dem Osten hatten die Kardinäle die Aufgabe anvertraut, die katholische Kirche dem dritten Jahrtausend entgegenzuführen. Seine Biografie ist heute allgemein bekannt, und sie beschreibt ihn schon in jungen Jahren eher untypisch als einen Mann, der nicht nur mit einer starken Persönlichkeit, sondern auch mit der überraschenden Fähigkeit begabt war, den allgemeinen Charakter des Christentums mit der Besonderheit seiner eigenen slawischen Herkunft zu verschmelzen. Dort, in seinem Polen, entsprang seine ganz persönliche Kraftquelle: sein Verständnis für die Mentalität der Völker des Ostens, ihre unterdrückten und mit Füßen getretenen kulturellen Ansprüche und für das tiefe Empfinden der einfachen Menschen.

In den letzten Jahren ist vieles über die außergewöhnlichen menschlichen und christlichen Tugenden von Karol Wojtyła gesagt worden. Über sein großes diplomatisches Geschick, das Ausdruck dieser Tugenden war, erfährt man allerdings nur wenig. Diese beiden Aspekte ergeben zusammen ein einheitliches Profil: zwei einander ergänzende Charakterzüge eines einzigen Mannes, einer einzigen Ausnahmepersönlichkeit.

Schon in den ersten Jahren meiner Arbeit an seiner Seite im Vatikan hatte ich den Eindruck, dass er eine klare und umfassende Sicht auf die Welt besaß, die von der quälenden Situation des Westens bis hin zum verzehrenden Leid der slawischen Völker reichte. Es ging ihm nicht einfach nur darum, den Dialog effizient zu gestalten, den die Kirche notgedrungen mit den kommunistischen Regimes führen musste, und den pflichtgemäßen Austausch zu optimieren, den man immerhin durch die bewährten Kanäle der klugen und pragmatischen vatikanischen Diplomatie laufen lassen konnte. Der eigentliche Kern der Ostpolitik bestand für Johannes Paul II. vielmehr darin, die Besonderheit des sowjetischen Politsystems und die Kompromisslosigkeit zu berücksichtigen, mit der es die marxistische Ideologie interpretierte: nicht unter dem Blickwinkel der Kulturrevolution, sondern aus der Sicht einer geschlossenen Macht, die gar kein echtes Programm und auch gar keinen ernsthaften Willen zu Reformen und sozialen Verbesserungen mehr besaß.

Im östlichen Europa hatte sich der Kommunismus seit 1947 in eine totalitaristische Richtung entwickelt: Damals hatte man mit der Cominform ein Instrument geschaffen, das es nicht zuletzt Josef Stalin ermöglichte, gegenüber allen Völkern der kommunistisch regierten Länder eine rigorose Unterdrückungspolitik durchzusetzen.

Wenn ich an die vielen Reisen in die Länder des Ostens zurückdenke, auf denen ich Johannes Paul II. begleitet habe, erinnere ich mich vor allem daran, wie unerschütterlich und konsequent er die Zerstückelung Europas nach dem Zweiten Weltkrieg als ein unerträgliches historisches Unrecht betrachtete. Aus diesem Bewusstsein heraus weigerte er sich, ein System der territorialen Zoneneinteilung zu akzeptieren, das seiner Ansicht nach mit dem Wert der nationalen Besonderheiten und folglich auch mit den Menschenrechten unvereinbar war.

Seine Sichtweise war klar von der Überzeugung geleitet, dass Europa – ohne Herrn von Metternich zu nahe treten zu wollen – genauso wie Italien niemals ein vertraglich festgelegtes Gefüge von Geografie war, sondern eine Wirklichkeit ist, die vom „Atlantik bis zum Ural“ reicht. Diese Formel, die er 1980 zum ersten Mal verwandte, wurde von da an in seinen öffentlichen Ansprachen zu einer Art Leitmotiv. Einige glaubten, er meine damit ein bestimmtes Gebiet der westlichen Welt, doch dieser Terminus umfasste weit mehr. Wojtyła wollte eine Vision vermitteln, die die europäische Identität als ein in kultureller und historischer Hinsicht homogenes „Volk“ verstand und damit der Gesamtausdehnung des Kontinents gerecht wurde. Das wirkliche Europa der existierenden Völker, das der lebenden Völker, hatte mit dem politischen Europa nicht das Geringste zu tun und litt überdies unter der Gewalt einer Teilung, die instrumentell, künstlich und obsolet geworden war.

Noch entscheidender und kraftvoller war jedoch eine zweite Leitlinie seiner Diplomatie: die maximale Energie und Intensität seiner Ethik und seiner Anthropologie. Im Europa des 20. Jahrhunderts hatte die politische Situation in den Ländern des Warschauer Pakts unter anderem – und das war überaus gravierend – zur Auslöschung all seiner kulturellen Traditionen geführt. Dies war in den Augen Johannes Pauls II. nicht nur eine unerträgliche politische Ungerechtigkeit, sondern geradezu ein Verbrechen gegen die Menschlichkeit. Es handelte sich letztlich um die unkontrollierbare Sprengkraft einer politischen Macht, deren Ansprüche nicht einmal vor der innersten Sphäre der menschlichen Person haltmachten.

Er besaß die unerschütterliche Gewissheit, dass man mit dem Menschen, seinen Rechten und seiner Freiheit nicht spielen darf – auch dann nicht, wenn so wichtige Dinge wie das Gleichgewicht zwischen den Weltmächten auf dem Spiel stehen. Aus der Quelle dieser einzigartigen Gewissheit schöpfte er auch, als er gegen Ende der Achtzigerjahre mit Gorbatschow zusammentraf. In ihm fand er einen sensiblen Mann, der seine Sprache sprach und auch die ethischen Werte begriff, die dieser Sprache zugrundelagen.

Diese entscheidende Begegnung sollte Europas Schicksal nachhaltig beeinflussen. Schritt für Schritt ging das 20. Jahrhundert seinem Ende entgegen und hinterließ eine veränderte, freiere Welt mit neuen Möglichkeiten, ihre eigene Zukunft zu entwerfen. Eliots fortdauerndem „Wimmern“ zum Trotz.

Michail Gorbatschow und der Papst von Rom

Die meisten von uns haben Michail Gorbatschow 1985 zum ersten Mal wahrgenommen, als er drei Stunden nach dem Tod von Konstantin Tschernenko zum Generalsekretär der kommunistischen Partei

Russlands ernannt wurde. 1988 wurde er dann Staatspräsident, und 1989 wählte man ihn zum Präsidenten der Sowjetunion.

Heute ist es natürlich viel schwieriger geworden, sich in die damalige Zeit und vor allem in die psychologische Dramatik der Geschehnisse hineinzudenken. Nach der langen, farblosen Amtszeit von Breschnew und den eher blassen Gestalten Tschernenko und Andropow erklomm nun ein junger Mann den Gipfel des Staates, und seine Persönlichkeit brachte Farbe in das institutionalisierte Grau des russischen Machtgefüges, das seit den Zeiten von Josef Stalin mehr oder weniger gleichgeblieben war.

Ich traf Michail Gorbatschow 1988 zum ersten Mal – drei Jahre nachdem er de facto zum Oberhaupt der Sowjetunion ernannt worden war. Im Juni jenen Jahres feierte man in Moskau das Millennium der Christianisierung Russlands und der orthodoxe Patriarch Pimen hatte mit offizieller Erlaubnis die Feierlichkeiten anberaumt, zu denen Repräsentanten – beinahe – aller religiösen Bekenntnisse der Welt und natürlich der zahlreichen in der Sowjetunion vertretenen Konfessionen eingeladen wurden. Johannes Paul II. hatte Signale erhalten, die es nahelegten, eine Delegation der „Kirche von Rom" zu entsenden. Obwohl es sich um eine religiöse Begegnung handelte, war es sein ausdrücklicher Wunsch, dass die päpstliche Delegation nicht vom vatikanischen Vertreter für die ökumenischen Beziehungen, sondern vom Kardinal Staatssekretär Agostino Casaroli angeführt wurde. Diese Entscheidung von Papst Wojtyła blieb nicht unbeobachtet, auch wenn ihre tatsächliche Tragweite damals für die öffentliche Meinung noch gar nicht abzusehen war. Jedenfalls bekam die Reise dadurch eine sehr viel größere Bedeutung, als man ihr ursprünglich hatte beimessen wollen.

Man reiste nach Moskau, um die russisch-orthodoxen Gläubigen und ihren Patriarchen Pimen zu treffen. Außerdem aber wollte man die Möglichkeit nicht ausschließen, dass es auch zu einer persönlichen Begegnung mit Michail Gorbatschow kommen könnte, die im offiziellen Programm nicht vorgesehen war. Der Papst, der, was den positiven Ausgang jener Bemühungen anging, sehr zuversichtlich war, hatte eine wagemutige Entscheidung getroffen und einen langen Brief sowie ein Memorandum von Themen verfasst, die, wenn irgend möglich, dem obersten sowjetischen Machthaber brevi manu ausgehändigt werden sollten. Dies erschien mehr als kühn, wenn nicht gar unmöglich. Zumal in jenen Jahren keine diplomatischen Beziehungen zwischen dem Heiligen Stuhl und der Sowjetunion bestanden. Es gab also keine offiziellen Kanäle, um Gorbatschow überhaupt von der Existenz dieses Briefes in Kenntnis zu setzen.

Die Tage unseres Aufenthalts in Moskau verliefen wie vorgesehen mit ökumenischen Begegnungen und öffentlichen Feiern, die damals dort etwas geradezu Surreales hatten. Vor allem der Gottesdienst auf dem Platz vor dem Danilow-Kloster und die unübliche Zeremonie im Bolschoi-Theater, bei der Patriarch Pimen und Gorbatschows Gattin Raissa an der langen Tafel auf der Bühne den Vorsitz führten. Doch die sowjetischen Behörden rührten sich nicht. Dann – endlich! – erreichte uns am Samstagnachmittag in unserem Hotel ein Anruf. Aus dem Kreml teilte man uns mit, dass Präsident Gorbatschow uns am kommenden Montagvormittag empfangen würde – dem Tag unserer geplanten Rückreise nach Rom. Ein Bote würde uns abholen und uns in Gorbatschows persönliches Büro geleiten, das innerhalb der historischen Mauern des Kremls und genau über dem Stockwerk lag, wo das lange Jahre von Lenin benutzte Büro noch unverändert erhalten war.

Die Fahrt von unserem Hotel zum Roten Platz verlief reibungslos: Aus der offiziellen Limousine, einem schwarzen Tschaika, den zwei russische Motorradpolizisten eskortierten, schien der Moskauer Verkehr gar nicht vorhanden. Im Kreml angekommen, begleiteten uns andächtig schweigend die unvermeidlichen Palastwachen: die Offiziere des neunten Direktoriums des KGB mit ihren typischen blaumetallischen Epauletten, die für die Sicherheit garantierten und gleichzeitig die Nomenklatura der Partei kontrollierten.

Von der Choreografie des Regimes einmal abgesehen war mein erster Eindruck von Gorbatschow – Außenminister Eduard Schewardnadse war ebenfalls anwesend – der eines vitalen und konkreten Mannes: sympathisch, zuversichtlich und nicht selten mit einem Lächeln auf den Lippen. Man hätte ihn charismatisch nennen können, wenn er sich nicht so gut in den etwas gipsernen Rahmen des Systems eingepasst hätte, den er immerhin durch und durch zu kennen und hinreichend zu kontrollieren schien.

Ich erinnere mich, dass er zu Casaroli sagte: „Herr Kardinal, ich bin als kleiner Junge getauft worden. Stellen Sie sich vor, damals hing bei mir zu Hause eine Ikone der Gottesmutter. Und darüber natürlich ein Foto von Lenin."

Während Gorbatschow uns dieses unerwartete Geständnis machte, das ein angenehm informelles Klima schuf, dachte ich an etwas, das ich am Vortag bei der Begegnung mit dem orthodoxen Patriarchen im Bolschoi-Theater erfahren hatte: dass in den letzten Jahren dreißig Millionen Menschen orthodox getauft worden waren. Das Regime hatte die nie erloschene Glut der traditionellen Religiosität unter der Asche verborgen gehalten, und jetzt, in den Zeiten der Glasnost, gewann sie rasch wieder an Kraft.

Der Brief von Johannes Paul II. wurde überreicht. Völlig unerwartet öffnete Gorbatschow ihn vor unseren Augen und las ihn sofort. Nur mit Mühe gelang es Casaroli, seine Überraschung zu verbergen, denn dieses Verhalten warf nicht nur das diplomatische Protokoll, sondern sämtliche Regeln über den Haufen, an die man sich bei derartigen Gelegenheiten üblicherweise hielt.

Mit ernster Miene sah Gorbatschow von der Lektüre des Briefes auf. Einen Moment lang schwand die Konzentration aus seinem Blick, er schweifte ab und fand dann zu seiner gewohnten Klarheit zurück. Alle standen schweigend vor ihm. Von seinem Gesicht konnte man ablesen, welchen Eindruck die Worte des Papstes auf ihn gemacht hatten. Ohne Schewardnadse anzusehen, sagte er mit tiefer Überzeugung: „Richten Sie dem Papst in Rom aus, dass ich diesen überaus wichtigen Brief persönlich beantworten werde."

Am Nachmittag desselben Montags kehrten wir wie vorgesehen nach Rom zurück.

Der nächste Akt erfolgte im August 1989, als die versprochene und sehnlichst erwartete Antwort kam. Es war ein langer Brief: sieben Seiten von Gorbatschows eigener Hand und an Johannes Paul II. persönlich adressiert. Das Dokument enthielt zahlreiche Zitate aus jüngeren Papstenzykliken, die Gorbatschow zweifelsohne gelesen und über die er vielleicht nachgedacht hatte. Und zwischen den Zeilen kündigte er einen Besuch an, den er dem Vatikan binnen kurzem abstatten werde, um Johannes Paul II. zu treffen. Was auch geschah: am 1. Dezember desselben Jahres.

Es ist nicht übertrieben zu sagen, dass diese historische Begegnung zwischen dem Papst von Rom und dem Generalsekretär der kommunistischen Partei der Sowjetunion von allen übereinstimmend als das Ereignis des Jahrhunderts betrachtet wurde. Die Fernsehsender und Zeitungen aller Welt überschwemmten den Vatikan. Der Papst ging Gorbatschow entgegen und begrüßte ihn im Vorzimmer seiner Bibliothek. Ein vorbehaltloser Händedruck, begleitet vom Austausch einiger russischer Sätze. Dann begann die private Unterredung. Um das Gespräch eingehender und effizienter zu gestalten, wurden zwei Dolmetscher hinzugezogen: einer für Russisch-Italienisch und einer für Polnisch-Russisch. Als die beiden sich nach eineinhalb Stunden erhoben, ließen ihre Mienen nicht nur Erleichterung, sondern Zufriedenheit erkennen: eine unverhoffte und unerwartete Genugtuung.

Während die Fotografen die wenigen konventionellen Aufnahmen machten, frage der Papst seinen Gesprächspartner, ob er seine Frau Raissa begrüßen dürfe. Daraufhin eilte Gorbatschow in seiner lebhaften Art selbst zur Tür, um seine Frau heranzuwinken.

„Raissa", sagte er zu ihr, „hier stelle ich dir den Papst von Rom vor: die wichtigste moralische Autorität der Welt … und ein Slawe wie wir."

Unter den vielen einander überlagernden Eindrücken jenes Tages, an die ich mich erinnere, scheint mir einer besonders bedeutungsvoll: Im privaten Gespräch hatten die beiden Männer sich ausgetauscht und festgestellt, dass sie zu bestimmten Themen ähnliche Vorstellungen hatten. Doch der eigentlich entscheidende Faktor war ihre Mentalität, die durch die slawische Herkunft bedingten kulturellen und menschlichen Gemeinsamkeiten.

Gorbatschow überraschte bei dieser Gelegenheit alle mit der Ankündigung, dass er in Russland ein Gesetz für die Gewissens- und Religionsfreiheit auf den Weg bringen wolle, sowie mit der öffentlichen Einladung an Johannes Paul II. zu einem Besuch in Moskau.

Am selben Abend hatte ich Gelegenheit, mit dem Papst über das Treffen am Vormittag zu sprechen. Was Michail Gorbatschow betraf, war der Papst seiner Sache sicher: „Er ist ein Mann mit Prinzipien", sagte er. Ich war sehr neugierig zu hören, was er damit meinte. Er antwortete: „Er ist ein Mensch, der so fest an seine Werte glaubt, dass er bereit ist, alle Konsequenzen zu akzeptieren, die sich daraus ergeben, auch wenn sie ihm vielleicht missfallen oder sich nicht als nützlich erweisen."

Natürlich verblüffte mich diese Schlussfolgerung, die nur wenig Interpretationsspielraum zuließ. Doch ich wollte es genau wissen: „Denkt er wie ein Kommunist?" Und die Antwort: „Ich glaube, seine Ideen sind nicht kommunistisch. Aber es bleibt ein Geheimnis, woher er sie hat…"

Diese Ideen waren es, die Millionen von Menschen in Osteuropa die Chance gaben, ihr historisches Schicksal wieder selbst in die Hand zu nehmen.

Zwei Jahre später, im August 1991, organisierten und realisierten die halsstarrigsten Kreise der alten Nomenklatura einen Staatsstreich. Gorbatschow war weit von Moskau entfernt im Urlaub. Drei Tage lang war er isoliert und wurde praktisch als Gefangener in seiner Datsche in Foros auf der Krim unter strenger Bewachung des KGB festgehalten. In den Informationen, die aus Russland kamen, war die Rede von einer nicht näher spezifizierten Erkrankung. Natürlich glaubte niemand daran. Johannes Paul II. war damals gerade auf Pastoralbesuch in Ungarn. Als wir ihn über die Situation informierten, beschloss er, sich am Ende der Messe, die er vor einer unübersehbaren Menschenmenge feierte, persönlich und vor allen Anwesenden – im Grunde also vor der gesamten Weltöffentlichkeit – zu diesem Thema zu äußern: in einem Augenblick, als der weitere Verlauf dieses Dramas noch gar nicht abzusehen war. Als er nach Rom – und der letztendlich befreite Gorbatschow nach Moskau – zurückgekehrt war, sandte Johannes Paul II. Gorbatschow eine persönliche Botschaft und gratulierte ihm „zu dem guten Ausgang des furchtbaren Geschehens, das sowohl seine Person als auch seine Familie und sein Land betroffen hat". Der Papst brachte den Wunsch zum Ausdruck, dass Gorbatschow in der Lage sein möge, „von neuem die gewaltige Aufgabe der materiellen und spirituellen Erneuerung der Sowjetunion zu übernehmen". Am Tag nach dem Eintreffen der päpstlichen Botschaft reichte Gorbatschow seinen Rücktritt als Generalsekretär der sowjetischen kommunistischen Partei ein, behielt jedoch sein Amt als Staatspräsident. Damit hob er die Verbindung auf, die seit beinahe siebzig Jahren – seit Lenin die Macht ergriffen und alle entscheidenden politischen Strukturen der Sowjetunion in seiner Person vereinigt hatte – zwischen der kommunistischen Partei und dem Präsidentenamt bestanden hatte.

Auch in den nachfolgenden Jahren blieb die persönliche Beziehung der beiden unverändert eng. Als Raissa im Spätsommer 1999 in die Universitätsklinik Münster eingeliefert wurde – wo sie am 19. September an Leukämie starb – schrieb Johannes Paul II. Gorbatschow einen Brief voller menschlicher und christlicher Nähe und Herzlichkeit. Einige Zeit später stattete Gorbatschow dem Papst einen Privatbesuch ab, zu dem er seine Tochter Irina mitnahm. Als ich ihn im Anschluss an das Treffen nach draußen begleitete, fragte ich ihn, ob er sich an den Besuch erinnere, den wir 1988 mit Casaroli im Kreml gemacht hatten, um ihm den ersten Brief des Papstes zu überbringen. „Ja", antwortete er prompt, „ich erinnere mich sehr gut. Damit hat alles angefangen."

Sprach's und entschwand in seinem sich rasch entfernenden Wagen gleichsam in die Vergangenheit, sodass ich ihn nicht mehr bitten konnte, mir seine Worte zu erklären. Auch wenn ich mir sicher bin, dass er die wirkliche Bedeutung jener unvergesslichen Tage heute besser denn je bewerten kann.

Der Osten: zwischen Heldentum und Korruption

Die Ernennung von Stanislaw Wielgus zum Erzbischof von Warschau, sein Geständnis, mit den polnischen Geheimdiensten zusammengearbeitet zu haben und sein nachfolgender Rücktritt haben in mir die Erinnerung an zwei Episoden wachgerufen, die ich vor einigen Jahren erlebt habe.

Es war im Juni 1988 und ich war mit Kardinal Casaroli anlässlich der Feierlichkeiten zum Millennium der Christianisierung Russlands nach Moskau gereist. Drei Jahre waren vergangen, seit Gorbatschow an die Macht gekommen war und seine Perestroika war bisher nur eine Hypothese. Um 16.30 Uhr erhielt ich im Zimmer des Hotels Sowjetskaja, in dem ich untergebracht war, einen Anruf. Zunächst sprach mich jemand auf Russisch an; auf meine Bitte, zum Englischen zu wechseln, erhielt ich die Antwort: „Njet!" Daraufhin bat ich die Stimme, Französisch, Italienisch oder Spanisch zu sprechen, erhielt jedoch auf jedes dieser Angebote immer wieder nur ein weiteres „Njet!". An diesem Punkt wäre das Gespräch zu Ende gewesen, wenn der Mann am anderen Ende der Leitung mich nicht gefragt hätte, ob ich Latein verstünde. „Intelligo", erwiderte ich leicht verwirrt. Daraufhin sprach der andere weiter: „Ego episcopus ucrainum sum."

Er sagte mir, er heiße Iwan Markitis, und erklärte, er habe in der „Prawda" gelesen, dass eine katholische Delegation in Russland sei. Er sei aus der Ukraine nach Moskau gekommen, um mit uns zusammenzutreffen.

Mir kam der Gedanke, dass unser Gespräch ganz sicher vom KGB abgehört wurde. Zwei Tage später sollte Gorbatschow uns im Kreml empfangen und damit den ersten Schritt auf einem Weg tun, der ein Jahr später zu der historischen Begegnung zwischen ihm und Johannes Paul II. im Vatikan führen würde. Ich überprüfte den Namen, den der Mann mir genannt hatte, und stellte fest, dass er mit keinem der uns bekannten Bischöfe übereinstimmte. An diesem Punkt entschied ich nach langem Nachdenken, ihn nicht zu treffen. Ich fürchtete, dass ein Treffen mit uns sein Ende bedeutet hätte.

Etwas Ähnliches ist mir dann noch ein zweites Mal widerfahren. Es war 1995 und ich war anlässlich der UNO-Weltfrauenkonferenz in Peking. Im Kongresspalast, wo die Veranstaltung stattfand, trat eine junge Chinesin auf mich zu, die sich vermutlich als Journalistin ausgegeben hatte. In einem sehr rudimentären Englisch erklärte sie mir, sie sei Katholikin und wolle mir mitteilen, dass drei chinesische „Untergrundbischöfe" von unserer Anwesenheit erfahren hätten und sich mit uns treffen wollten.

Ich antwortete ihr, dass wir diplomatischen Schutz genössen und die Bischöfe problemlos treffen könnten; dass aber die Bischöfe ihrerseits danach vom Fleck weg verhaftet werden würden. Auch diesmal entschied ich mich gegen ein Treffen.

Letztlich kann man, wie ich während meiner Aufenthalte in Polen Anfang der Achtzigerjahre gelernt habe, die damaligen Verhältnisse nur bewerten, wenn man sie sehr genau kennt. So gesehen entsprechen die Gründe, die der neue polnische Erzbischof für seine Zusammenarbeit mit den Geheimdiensten angeführt hatte – die Möglichkeit, im Ausland zu studieren, oder auch einfach nur die Unversehrtheit der eigenen Person –, einer Situation oder einer Logik, die damals in den Ostblockstaaten sehr weit verbreitet war. Wielgus hätte niemals auch nur davon träumen können, die für sein Studium an der Münchner Universität erforderlichen Visa zu erhalten, wenn er sich nicht auf den Kuhhandel eingelassen hätte, den das Regime ihm anbot. Und viele seiner Landsleute, Priester oder nicht, befanden sich in derselben Lage.

In jenen Ländern war die Situation für viele Priester und Bischöfe überaus schwierig zu meistern und überaus einfach zu erklären: Sie lebten in einer beständigen Spannung zwischen Heldentum und Korruption. Und dieser Kampf wurde nicht ein für allemal entschieden: Die Entscheidung musste mindestens täglich und häufig mehrmals am Tag wiederholt und neu getroffen werden. Alles hing von den ideologischen Launen der Machthaber ab. Vor 1957 wurden zahlreiche Priester gefoltert oder verschwanden und wurden umgebracht. Nach 1957, zunächst unter Gomułka und dann unter Gierek, riskierte man nur noch Ächtung und Isolation; wer an einer ausländischen Universität studieren wollte, dem wurden systematisch Steine in den Weg gelegt, und er erhielt keinen Pass.

Diese Sachlage war auch dem heute berühmtesten aller polnischen Priester durchaus bekannt: Karol Wojtyła. Mit dem Unterschied, dass er sich niemals auf irgendeinen Kuhhandel mit dem kommunistischen Regime eingelassen hat.

Hierbei, das muss man fairerweise sagen, half ihm seine große Armut, die ihn gegen alle Erpressungsversuche gefeit machte: Er hatte nichts und man konnte ihm nichts bieten. Er wünschte sich nichts; also war er nicht erpressbar. Er hat sich nie auf irgendwelche Kompromisse eingelassen, auch wenn er die Schwierigkeiten, mit denen man es zu tun hatte, wenn man in Polen überleben wollte, zur Genüge kannte.

Man kann sagen, dass sein Verständnis für die Schwierigkeiten seiner Mitmenschen ein wesentlicher Bestandteil seiner tiefen Spiritualität, seiner genuinen Freiheitsliebe und sogar seines eigentlichen Glaubenslebens gewesen ist. Seine Reaktion auf die Fakten, die er sah, war anschaulicher Ausdruck seiner Seinsweise und seiner reichen Lebenserfahrung, aus der heraus er anderen mit großem Verständnis begegnete.

„Man muss lernen zu verzeihen", sagte er einmal zu mir und meinte damit die erwähnten Tatsachen. Dabei trug er an den Fehlern, die viele in jenen Jahren begangen hatten, nicht die geringste Mitschuld. Diese Bereitschaft, gewisse Entscheidungen aus jener Zeit zu rechtfertigen, hat er auch beibehalten, als es Jahre später darum ging, im Namen der ganzen Kirche Verzeihung zu üben.

Doch für sich selbst hatte er einen anderen Weg gewählt. Vom Tag seiner Priesterweihe bis zum Tag seiner Papstwahl hatte Wojtyła in jenem Ökosystem der institutionalisierten Lüge gelebt. In all den Jahren seiner Ausbildung und persönlichen Entwicklung hatte er diese soziale und kulturelle Luft geatmet. Ich glaube, dass nur sein Charakter Wojtyła davor bewahrt hat, denselben Weg einzuschlagen wie so viele andere.

Gewiss musste er auf Pseudonyme zurückgreifen, um seine Gedichte, Theaterstücke und Essays zur personalistischen Anthropologie zu veröffentlichen und seine Strategie der Konfrontation mit dem Regime zu verfolgen. Er nutzte die Anonymität jedoch nicht, um sich zu verstecken oder um sich ein Hintertürchen offenzuhalten, sondern um seinen kulturell ausgerichteten Kampf für die Bildung und die Werte, an die er glaubte, mit größerer Freiheit führen zu können, ohne die Kirche öffentlich und offiziell einem unnötigen Risiko auszusetzen.

Und deshalb war seine diplomatische Entscheidung im Grunde völlig undiplomatisch, wenn auch letztlich von Erfolg gekrönt, weil von einer umfassenderen Sicht auf das Menschsein bestimmt.

Der tiefe Respekt, der Johannes Paul II. auch in seinem Sterben von allen entgegengebracht wurde, hing sehr eng mit seinem Charisma zusammen – und mit seiner besonderen Eigenart, anderen immer mit großem Verständnis zu begegnen und dennoch unerschütterlich an seinen einmal gewählten Grundsätzen festzuhalten. Diese Haltung verstand man auch, wenn man ihn nicht liebte: Er flößte Respekt und letztlich Bewunderung ein.

Kardinal Wyszyński pflegte die jungen Priester in jenen Jahren regelmäßig zu fragen, ob sie bereit wären, eine formelle Loyalitätsverpflichtung zur Kirche in Polen zu unterschreiben. Wojtyła fragte er nie, und Wojtyła ging auch nie derartige formelle Verpflichtungen ein. Das war nicht nötig, und Wyszyński wusste das. Und das wussten auch die anderen Priester. Und er selbst.

Einmal hörte ich Johannes Paul II. mit einem Hauch von Ironie von den unvermeidlichen und zahlreichen Verhören erzählen, zu denen er von der Polizei bestellt worden war. Sie fragten ihn nach seiner Meinung zur Politik, zur Gesellschaft, zu den Machtstrukturen. Er nahm sich Zeit für seine Antworten. Und sprach über den Menschen in seiner personalistischen Sicht. Er zitierte zeitgenössische Denker, aber auch die Ethik des Aristoteles und sogar Platons „Staat". Dann unterschied er zwischen der Wertethik bei Max Scheler und den Gefahren eines Solipsismus, der sich im „Nachdenken über das Nachdenken" konkretisiere. Natürlich verstanden die Funktionäre nicht das Geringste von diesen langen Monologen. Am Ende ließen sie ihn gehen: „Er ist nicht gefährlich", vermerkten sie in ihren Protokollen. „Und sie dachten", so vertraute er mir Jahre später lachend an, „dass ich eines Tages vielleicht auch kollaborieren würde."

Es ist zum Beispiel kein Zufall, dass Wojtyła als einziger polnischer Bischof Pass und Visa bekam, um an allen Sitzungen des Zweiten Vatikanischen Konzils teilzunehmen. Anfangs dachten die polnischen Behörden irrigerweise, er hätte nachgegeben und sich bis zu einem gewissen Grad auf das Regime eingelassen; er sei zwar nicht auf ihrer Seite, bewege sich aber gewissermaßen in einer Art Grauzone oder Zwischenbereich, also in jenem farblosen Gebiet, das wir normalerweise „Niemandsland" nennen. Wahrscheinlich ahnte der Politapparat etwas vom diplomatischen Geschick und der gedanklichen Größe seines Gegenübers, doch die hohe Meinung, die dieser Mann von den Menschen hatte, und vor allem seine spirituelle Freiheit blieben unbemerkt.

Wenn die grundlegenden Werte auf dem Spiel standen, gab es nichts mehr zu diskutieren: Dann galt es, die Wahrheit zu bezeugen. Wenn man nicht mehr frei atmen kann, so dachte Wojtyła, dann gibt es nur einen Weg, zu überleben: die Wahrheit nicht zu verraten, die man in seinem Inneren trägt, denn die Verteidigung und der Schutz dieser inneren Wahrheit ist die einzige Form der Freiheit, die für den Menschen wirklich wesentlich ist. Wojtyła hat in diesen Jahren nicht nur die Wahrheit gesagt, sondern in der Wahrheit gelebt: der Wahrheit, die das totalitäre Ökosystem jener Jahre regelmäßig in den Strukturen der Lüge zu ersticken suchte. Und dank dieser inneren Freiheit wurde er niemals Opfer irgendeiner Art von Sklaverei – auch nicht jener Formen der Sklaverei im Kleinen, denen so viele in seiner Umgebung sich unterwarfen, um, wie sie sagten, weitermachen zu können. Wer ihn aus jenen Jahren erzählen hörte, dem wurde bewusst, mit welch außergewöhnlicher Eleganz er die Last trug, die wir alle auf die eine oder andere Weise tragen müssen: die Last, Mensch zu sein.

Mut und heldenhafte Konsequenz sind bekanntlich seltene Tugenden, die nicht allen so ohne Weiteres zu Gebote stehen.

Deswegen und vor allem wegen jenes Satzes: „Man muss verzeihen lernen“, den ich Johannes Paul II. im Hinblick auf die damalige Zeit so oft habe sagen hören, denke ich, dass nicht das Urteilen – immer ein heikles Unterfangen! –, sondern das Verstehen zuweilen die größere Herausforderung ist. Oder zumindest der Versuch, zu verstehen. Was nicht heißt, dass wir diejenigen nicht mit Bewunderung und vielleicht sogar mit Dankbarkeit ansehen dürfen, die sich in der Zwickmühle zwischen Heldentum und Korruption für die Straße der Wahrheit entschieden haben.

Reagan, Johannes Paul II. und der Fall der Mauer

Vor zwanzig Jahren endete mit der Wahl von George Bush senior die zweite Amtszeit von Präsident Ronald Reagan. Und damit eine Epoche der Weltgeschichte. Keine Persönlichkeit der jüngeren Vergangenheit hat ein so umstrittenes und gleichzeitig so klares Profil gehabt wie Ronald Reagan. Er war vieles auf einmal, ohne jemals zwiespältig zu sein. Ohne jemals anders zu sein, als er wirklich war. Seine Fähigkeit, jemanden darzustellen, verdankte er seinem Schauspielerberuf. Auch wenn man sein dramatisches Talent vielleicht nicht gerade als brillant beurteilen mochte, reichte es doch aus, um sich zumindest im Umgang mit den Medien wirkungsvoll in Szene zu setzen.

Jedenfalls passte sein halb theatralisches, halb spektakuläres Auftreten sehr gut zu einem Jahrzehnt – den Achtzigerjahren –, an das heute sogar diejenigen sehnsüchtig zurückdenken, die es gar nicht selbst erlebt haben. Es war die Zeit von Rambo und von Rubiks Zauberwürfel, die Zeit des Kalten Krieges und der eifrigen Modernisierungsbemühungen. Doch vor allem war es die Zeit von Reagan, Gorbatschow und Johannes Paul II. – mehr noch, als die Sechzigerjahre die Ära von Kennedy, Chruschtschow und Johannes XXIII. gewesen waren.

Tacitus, der große Historiker der Antike, rekonstruiert in seinen Annalen das Rom der klassischen Zeit mithilfe einiger weniger bedeutender Gestalten und erklärt nicht selten eine ganze Epoche anhand einer einzelnen Persönlichkeit. Ich habe immer gedacht, dass Reagan ihn aus ebendiesem Grund fasziniert hätte: als ein konkretes Symbol, das einen ganz besonderen Moment der Weltgeschichte verkörpert.

Heutzutage ist es üblich geworden, Reagans gesamte Politik von 1981 bis 1988 in einem Atemzug mit der zentralen Phase im Pontifikat Johannes Pauls II. zu nennen. Beide haben parallel darauf hingearbeitet, den sowjetischen Kommunismus aus der historischen Gegenwart zu verdrängen. Beide haben entscheidend dazu beigetragen, den Koloss auf tönernen Füßen zu Fall zu bringen. Mit dieser Erkenntnis enden einige Interpretationen. Sie begnügen sich mit der Analogie der Wirkungen, ohne darauf zu achten, dass die Ursachen tatsächlich sehr unterschiedlich waren. Vielleicht ist deshalb auch der Hinweis gar nicht so selbstverständlich, dass bis zum Fall der Berliner Mauer und bis zu den letzten entscheidenden Treffen zwischen Gorbatschow und Helmut Kohl niemand, nicht einmal die Protagonisten selbst, den unverzüglichen Zusammenbruch der UdSSR hätte voraussehen können. Wer an diesem Punkt nicht weiterdenkt, sieht nicht das ganze Mosaik, weil ihm ein Steinchen fehlt. Dieses fehlende Steinchen heißt Johannes Paul II. Sein Abstand zum Chor der übrigen Stimmen war so groß, dass er als Einziger wirklich beurteilen konnte, wer in diesem Chor – wie Ronald Reagan – ein Ausnahmesänger war.

Zwischen dem amerikanischen Präsidenten und Johannes Paul II. verlief eine klar gezogene und unübersehbare Trennungslinie. Das wird deutlich, sobald man von den biografischen Übereinstimmungen absieht und einmal darauf achtet, wie der eine und der andere die damalige Welt beurteilt hat: die Situation im Westen, aber vor allem die im Osten, das heißt in der Gesamtheit der von der totalitären Diktatur in Moskau unterdrückten slawischen Länder. Kissinger hat die Stärke der reaganschen Politik einmal treffend zusammengefasst, als er die beiden Grundpfeiler seines strategischen Vorgehens benannte: die tiefe

Einfachheit seiner Sprache und die entwaffnende Banalität seiner politischen Ziele.

Reagan besaß weder den komplizierten Charakter eines Nixon noch die frivole und einnehmende Leichtigkeit eines Kennedy. Er verkörperte schlicht und unmissverständlich die gemeinsamen Werte des amerikanischen Kernlands – ohne Getue und Schönrederei.

Man könnte ihn – wenn der Ausdruck denn heute noch verstanden würde – als „einen amerikanischen Mythos" bezeichnen. Doch vielleicht wäre es ratsamer, von ihm als dem Prototypen des Durchschnittsamerikaners zu sprechen. Reagan vereinigte in sich die Ängste, den Provinzialismus und die imperialistische Grandezza der Vereinigten Staaten.

Damit ist er Johannes Paul II. denkbar unähnlich – und dennoch hat die kollektive Fantasie keine andere Persönlichkeit des 20. Jahrhunderts so oft mit ihm in Verbindung gebracht. Begründet wird dies mit ihrem gemeinsamen Kampf gegen den sowjetischen Kommunismus und für die Freiheit des Westens. Doch auch in diesem Fall sollte man genau wissen, worüber man eigentlich spricht.

Für Reagan war der Kommunismus das Reich des Bösen, der materielle Feind Amerikas. Er war für ihn die militärische Konkretisierung all dessen, was dem amerikanischen Ideal widersprach. Deshalb benutzte er stets eine sehr leidenschaftliche, geradezu artilleristische Sprache – Ausdruck einer kriegerischen Feindseligkeit –, um das amerikanische Volk zum Kampf gegen jene Macht aufzurufen, die die personifizierte Verneinung aller demokratischen und freiheitlichen Ideale war: die Sowjetunion. Wie anders sollte man die Errichtung des Raketenabwehrschilds oder die Absicht erklären, Europa mit Kurzstreckenmissiles zu militarisieren?

Johannes Paul II. hingegen war seit seiner ersten Polenreise 1979 davon überzeugt, dass es in der sowjetischen Frage nicht primär um ein antiwestlich eingestelltes Volk, sondern um eine totalitäre und unterdrückende Diktatur ging, die die Slawen tyrannisierte. Andererseits sah er die Angelegenheit in erster Linie aus der Sicht eines Polen. Für ihn war der Kommunismus keine Frage von Ideen, sondern von Rechten, die mit Füßen getreten wurden. Für Reagan ging es darum, die freien Bürger gegen die unterdrückende Gewalt des großen ideologischen Feindes zu mobilisieren. Und für Johannes Paul II. darum, dass die Nationen des Ostens sich von der kommunistischen Diktatur befreien mussten. Reagans Politik war von der Vorstellung eines westlichen Sieges inspiriert, während Wojtyła das nationale Selbstbewusstsein der slawischen Völker am Herzen lag, denen der sowjetische Totalitarismus gleichsam die Luft abschnürte.

Im Grunde war Reagans These nichts Absonderliches, sondern stieß damals in fast ganz Westeuropa auf Zustimmung. Die Idee von Wojtyła hingegen erschien unrealistisch, ja geradezu subversiv: Nur wenige verstanden und praktisch niemand teilte sie. In beunruhigend vielen Kanzlerämtern hörte man gebetsmühlenartig wieder und wieder denselben Satz: „Gewiss, die Teilung Europas, wie sie in Jalta zustande gekommen ist, ist ein Unrecht, aber sie hat den Frieden ermöglicht. Die Berliner Mauer ist der Preis, den man für dieses Ergebnis zahlen muss."

Diese Betrachtungsweise war logisch, jedoch bei näherem Hinsehen unmenschlich. Ihre Unvereinbarkeit mit den Vorstellungen von der Menschenwürde, die Johannes Paul II. als Professor entwickelt hatte und die er nun bei jeder sich bietenden Gelegenheit mutig vertrat, hat sich mir geradezu ins Gedächtnis eingebrannt. Der Papst hatte seine ganze Strategie darauf ausgerichtet, seine Landsleute für die grundlegenden und scheinbar völlig unpolitischen Prinzipien der Anthropologie und Ethik zu sensibilisieren. Das ist der Schlüssel zum Verständnis seines unermüdlichen Eintretens für die Rechte der religiösen Ausdrucksfreiheit und jenes eindringlichen Appells, der mir noch heute in den Ohren klingt: „Mensch des Ostens, sei du selbst!"

Mit den Jahren wuchs in Johannes Paul II. zum einen die Überzeugung, dass dieser menschliche, personale und kulturelle Feldzug der richtige Weg war, und damit zum anderen auch der Wunsch, seine ethische Einstellung in aller Klarheit und Ausführlichkeit so zu artikulieren, dass deutlich wurde, worin sie sich von der der anderen unterschied. Vor allem aber wollte er sich von Reagans politischem und ideologischem Feldzug abgrenzen und das nicht ideologische, sondern philosophische, anthropologische und religiöse Profil seiner Ostpolitik herausstellen.

All dies zeigte sich auf der Reise, die uns 1987 in die Vereinigten Staaten führte und bei der er wieder einmal mit Präsident Reagan zusammentraf. Dieser empfing ihn am Flughafen von Miami, wo sie lange miteinander sprachen. Natürlich brachte Reagan Wojtyła große Bewunderung entgegen. Und ich erkannte, dass diese Bewunderung aufrichtig war. Doch im selben Moment erkannte ich auch – nicht zuletzt am Stil und an den Gesten der beiden Männer – die gewaltige Entfernung, die ihre Missionen voneinander trennte.

Das, was ich damals gelernt habe, hilft mir noch heute, wenn ich mir ein Urteil über die öffentliche Meinung als solche bilden muss. Sowohl Johannes Paul II. als auch Ronald Reagan verfügten über außerordentliche kommunikative Fähigkeiten. Sie waren es gewohnt, im Rampenlicht zu stehen und konnten mit ihrem persönlichen Charisma die Massen mitreißen. Doch das Ziel, das Johannes Paul II. vor Augen hatte, war nicht Amerika oder der Antikommunismus und im Grunde auch nicht irgendeine idealisierte libertäre neokapitalistische Gesellschaft: Sein Ziel war die absolute und transzendente Würde der menschlichen Person. Wenn dieser höchste Wert zu einem politischen Ziel wird, kann man sich nicht mehr mit bilateralen Verträgen und Verhandlungen begnügen. Dann ist das einzig akzeptable Resultat die reale Anerkennung der Rechte und die konkrete Unterstützung des Gemeinwohls.

Für Reagan waren die Welt, die Personen und die Völker nichts weiter als ein großes Schachbrett voller Figuren, auf dem er seine eigene politische Partie ausfocht. Auch die Menschenrechte und die mit Füßen getretenen Freiheiten waren nichts anderes als Machtinteressen, die auf dem Spiel standen. Und über Werte konnte man verhandeln wie über alles andere auch – notfalls indem man humanitäre Hilfe zugestand oder verweigerte.

Nichts von alledem hatte auch nur das Geringste mit dem Denken und Fühlen Johannes Pauls II. zu tun. Mit derselben Einfachheit, mit der er hinter einem Politiker immer auch die Zerbrechlichkeit und Größe einer wirklichen Person sah, war er auch imstande, in einem Volk eine Gesamtheit von Bürgern und Familien zu sehen, denen keine demokratische oder kommunistische Politik ihre Würde, Freiheit und Hoffnung nehmen durfte. Die Kapitalismuskritik, die sich kurze Zeit später in der 1991 promulgierten Enzyklika „Centesimus annus" Bahn brach, kristallisierte sich schon damals mit extremer Klarheit in ihm heraus und zeigte sich in seinem Verhalten, das heißt in der konkreten Praxis und authentischen Menschlichkeit seiner Beziehungen zu den anderen.

Damals begann, ohne dass wir es bemerkten, der Boden unter unseren Füßen zu wanken. Es war, als ob ein unterirdischer Fluss die auf Gewalt fußende architektonische Statik der beiden gegnerischen Blöcke unterspülte. Tatsächlich hat die öffentliche Meinung erst 1989 begriffen, wie sich der Großeinsatz des Papstes auch auf all die anderen internationalen Begegnungen ausgewirkt hatte. Natürlich bereitete man große Reformen vor, auch wenn Perestroika und Glasnost zumindest für mich schon seit einem Jahr eine bekannte Realität waren – seit ich 1988 mit Casaroli nach Moskau gereist war und Gorbatschow uns im Kreml empfangen hatte. Aber es ging eindeutig um mehr. Hätten wir abwarten müssen, bis die Stunde der Diplomatie schlug, dann wäre vielleicht bis auf den heutigen Tag alles unverändert geblieben. Womöglich hätte sich dann sogar die Prophezeiung erfüllt, dass der Kommunismus niemals untergehen würde. Doch der Umschwung hatte bereits begonnen – und wie! Gorbatschow hatte die Botschaft Johannes Pauls II. wirklich verstanden. Er hatte gespürt, dass in seinem und in Wojtyłas Herzen dieselben slawischen Saiten vibrierten und von demselben Bogen in Schwingung versetzt wurden: dem ethischen Gewissen.

Ich erinnere mich noch daran, wie beeindruckt ich war, als ich im Jahr darauf während des Treffens zwischen Gorbatschow und dem Papst im Vatikan feststellte, dass der einst völlig idealistische und vielleicht sogar utopische Plan Johannes Pauls II. nun im Begriff war, über jede Strategie und jede Kanzlerbehörde zu siegen – und die Regierenden der Welt sahen mit offenen Mündern zu. Und auch als die ganze Welt zur Beerdigung Johannes Pauls II. auf dem Petersplatz zusammenströmte, musste ich an alle diese Dinge denken.

Der Kommunismus ist damals nicht untergegangen, weil die Vereinigten Staaten den Kalten Krieg gewonnen hätten oder weil der Raketenschild die kriegerischen Träume des großen Russland hätte zerplatzen lassen, sondern weil ein Mann der Religion, ein Papst, ein Mann aus dem Osten das Gewissen von Ost und West auf dem allgültigen Altar der Menschenrechte vereint hatte.

Und am Ende des Jahrzehnts erwies sich Reagan, aus historischer Sicht der Sieger, als ebenso besiegt wie Breschnew, weil er zwar viele politische Ideale, ein unbestreitbar geniales Gefühl für die Stimmungen des amerikanischen Volkes und ein großes Yankee-Charisma, nicht aber die eigentlich mächtige Waffe besessen hatte, über die Johannes Paul II. in jener Zeit verfügte: die Macht der universalen anthropologischen Werte und den unerschütterlichen Glauben an die menschliche Person als solche.

Josemaría Escrivá: die gute Laune der Heiligen

Heiligkeit ist heutzutage ein rätselhaftes Wort. Aber das war nicht immer so. Für eine in Wertefragen so zwiespältige Epoche wie die unsrige ist auch der Begriff der Heiligkeit eine Chimäre. Wenn wir über dieses Wort stolpern, weiß unser heutiger Sprachgebrauch oft nichts mehr damit anzufangen.

Und auch die Heiligen selbst lösen eine ähnliche Ratlosigkeit aus. Von den Nischen in den Kirchen einmal abgesehen haben wir eigentlich keinen Platz für Heilige. Das erklärt sich zumindest teilweise aus der Krise der Vorbilder, die unsere Kultur kennzeichnet: Einem Helden wird nur in der Literatur und einem Heiligen nur im Halbdunkel der Gotteshäuser Bürgerrecht eingeräumt, wo er keinen Schaden anrichten kann. Doch im Leben, also in unserer unmittelbaren Realität, führen beide ein unwirkliches Schattendasein als Archetypen, sind eher ein Mythos als ein Vorbild, von dem man lernen oder das man nachahmen könnte.

Dies wirft verschiedene Probleme auf. Vor allem stellt sich die Frage: Wie soll man sich ein Bild davon machen, was ein Heiliger ist? Oder anders ausgedrückt: Woher haben die meisten Leute ihre Vorstellung von der Heiligkeit? Unsere ersten Eindrücke stammen vermutlich aus der darstellenden Kunst: zunächst der Ikonografie oder den religiösen Bildern und dann aus der hagiografischen und apologetischen Literatur. Das ist und bleibt so, auch wenn die Künste den Heiligenviten nicht immer wirklich gerecht geworden sind.

Der Heilige und die Heilige, wie sie größtenteils in der christlichen Ikonografie und bildenden Kunst dargestellt werden, entsprechen in erster Linie den Kriterien der plastischen Symbolsprache – wie etwa in einem Gemälde, das einen beispielhaften Moment im Leben des Betreffenden festzuhalten sucht. Das führt dazu, dass das Marmorbild der Heiligkeit uns häufig in einem Kontext außergewöhnlicher Umstände begegnet und somit den Eindruck hervorruft, solche Umstände seien der einzig mögliche Rahmen eines vollkommenen Lebens.

Es liegt offenbar in unserer Natur, dass wir uns vom Spektakulären und Außerordentlichen angezogen fühlen. Auch wenn es um Heilige geht, sind wir daher ganz erpicht darauf, ihnen ungewöhnliche Begabungen zuzuschreiben, obwohl diese Personen doch trotz allem Menschen bleiben wie wir anderen auch: besser fraglos, aber uns in allem ähnlich, mit Schwächen und Grenzen, wie sie jedermann kennt.

Natürlich haben die Heiligen denjenigen, die nicht ganz so heilig sind, etwas voraus. Doch diese besondere Eigenschaft sticht nicht heraus, sondern fügt sich auf denkbar natürliche Weise in das Gesamtbild des jeweiligen Menschen ein. Mir kommen in diesem Zusammenhang zwei Gedanken aus der philosophischen Tradition des Westens in den

Sinn. Der erste stammt von Pascal, der gesagt hat, dass jeder Mensch Elend und Größe besitzt. Wenn ihm eines von beiden fehlt, ist etwas Unwirkliches oder Heuchlerisches an seiner Person. Und der zweite stammt von Aristoteles, der uns die soziale Natur des Menschen vor Augen geführt hat. Wer allein, isoliert und abgesondert lebt, ist in der Regel entweder ein Verbrecher oder ein Verrückter, aber kein nachahmenswertes Vorbild.

Das beweist auch eine so außergewöhnliche und unwiederholbare Persönlichkeit wie der heilige Josemaría Escrivá, der jede aufgesetzte und eitle Originalität gleichwohl immer sorgfältig gemieden hat. Vielleicht hat Johannes Paul II. ihn deshalb während der Feier seiner Heiligsprechung im Jahr 2002 als den „Heiligen des Alltäglichen" bezeichnet.

Wenn er etwas immer wiederholt hat – und ich habe es ihn oft selbst sagen hören –, dann, dass alle heilig werden oder sich zumindest bemühen müssen, heilig zu sein. Und dass sich niemand deswegen für außergewöhnlich halten oder außergewöhnlich sein darf.

Wer die Etappen im Leben des heiligen Josemaría Escrivá zurückverfolgt, wird darin allerdings alle frühen Anzeichen der Heiligkeit erkennen. Sein Leben ist in sich ganz und gar stimmig: eine lineare Existenz mit einem entscheidenden Merkmal: einem klaren Blick für die Wirklichkeit und einer kompletten Verschmelzung mit dem Alltag. Er war ein Mann mit großen Visionen und Träumen, der grenzenlose Horizonte liebte, und doch war er vor allem eins: ein realistischer und objektiver Geist.

Verstehen wir uns richtig: Eigentlich ist es unmöglich und es scheint paradox, sich bewusst in das wirkliche Leben, in sein eigenes, authentisches Leben einzufügen. Es liegt in der Natur der Sache, dass jeder immer in seinem Leben ist und es nicht einfach abschütteln kann. Dennoch kommt es vor, dass wir uns von unseren eigenen Pflichten entfernen und wie ein Flugzeug über die Startbahn rasen, schneller und immer schneller, bis wir schließlich abheben und wer weiß wohin in ferne Länder fliehen – allerdings nur in unserer Fantasie.

Das Christentum steht immer im Leben. Doch das Ideal des christlichen Lebens, das müssen wir einräumen, erschien bisweilen so erhaben, dass es wie eine Alternative zum eigentlichen Leben wirkte. Und so hielt man die Heiligkeit für unvereinbar mit einem gewöhnlichen Lebenslauf. Als wäre sie der Normalität einfach nicht angemessen. Und schon gar nicht dem konkreten Leben der Menschen, die arbeiten und die Gesellschaft bevölkern. Aus einer ganzen Reihe von Gründen schien ein christliches Leben darin zu bestehen, sich aus der Alltagswirklichkeit der breiten Masse auszuklinken und in eine Art himmlische und eschatologische Vorwegnahme der ewigen Seligkeit einzutreten. Der französische Philosoph Etienne Gilson hat im Zusammenhang mit der Spiritualität des Mittelalters eine treffende Definition für diese Sicht von der Heiligkeit geprägt: Er nannte sie das „klösterliche Paradies". In den Himmel zu kommen hieß, dass man schon hier auf Erden außerhalb der Welt lebte: in einem geschlossenen Tempel und zwischen den Mauern eines – materiellen oder imaginären – Raums, der mit der Lebenswirklichkeit der anderen nichts zu tun hatte. Man durfte sich nicht mit dem Schlamm der Erde beschmutzen, sondern musste bis zum Ende makellos bleiben.

Dagegen gibt es nichts zu sagen. Doch die persönlichen Wege – auch die der Heiligen – sind vielfältig. Und sie sind alle gültig, denn es handelt sich um Reaktionen auf eine bestimmte persönliche Berufung, in der sich die christliche Berufung als solche jedoch keineswegs erschöpft. Man kann sehr wohl Christ sein und sich trotzdem nicht zu einem derartigen Leben berufen fühlen, das fern von der „Welt" einen Status der Vollkommenheit anstrebt.

Man muss sich immer wieder fragen, ob das Christsein nicht viel mehr und vor allem viel allgemeiner und menschlicher ist, als wir uns das vielleicht vorstellen können. Und wenn man die Heiligenviten unter dieser Fragestellung noch einmal liest, scheinen die Dinge tatsächlich ein wenig anders zu liegen. Auch die großen Heiligen mussten ihrer Heiligkeit „sozial" ausrichten, denn sonst hätten sie niemandem auch nur irgendetwas geben und vor allem nicht Christus ähnlich werden können. Wie Petrus Damiani einmal gesagt hat – und er verstand etwas von diesen Dingen! –, ist der Mönch kein Mönch, um vor der Welt zu fliehen, sondern um für das Heil der Welt zu beten. Jesus hat sich nicht in die Wüste zurückgezogen, um dort zu bleiben, sondern um sich zu läutern, ehe er die Heilsgeschichte zur Vollendung führte und bis zu jenem Moment, da er uns alle am Kreuz erlöste, als Mensch unter Menschen mitten in der Gesellschaft seiner Zeit lebte.

Der erste bedeutsame Aspekt an der Geschichte des heiligen Josemaría Escrivá ist der, dass er mit den landläufigen Vorstellungen von Heiligkeit brach und das christliche Leben in einem ursprünglicheren und umfassenderen Sinn wiederentdeckte. Ohne hier einen exegetischen Vortrag halten zu wollen, müssen wir doch eines unterstreichen: Für ihn ging es nie um ein spezielles Konzept der Heiligkeit, sondern darum, dass Menschen von heute in ihrem Umfeld als Christen leben. Genauso, wie es die ersten Männer und Frauen getan haben, die sich taufen ließen: Gestärkt durch die geistliche Nahrung des Evangeliums verwandelten sie den Glauben in eine persönliche Erfahrung, die in der Gegenwart ihres Alltagslebens eine konkrete und gültige Gestalt annahm.

Da das Christentum unter dem Strich vor allem ein Lebensstil und ein Weg zur Heiligkeit ist, muss naturgemäß auch die asketische Praxis des gläubigen Menschen im normalen Leben ihren Platz haben und mit der Alltagserfahrung vereinbar sein.

Dieses Ziel, dem Christentum im eigenen Leben konkrete Gestalt zu geben, hat der heilige Josemaría durch ein umfassendes und anspruchsvolles christliches Lebensprogramm verwirklicht. Man musste nur wenige Minuten mit ihm zusammen sein, um zu sehen, wie sich in seinem Verhalten eine geradezu bestürzende Fülle menschlicher Tugenden manifestierte. Besonders beeindruckend war seine völlig unspektakuläre und natürliche Lebensweise. Dennoch gibt es einen Punkt, in dem der Christ außergewöhnlich sein muss, und das ist die Praxis der göttlichen und menschlichen Tugenden. Und wer wissen will, wie das geht, darf nicht bei abstrakten Definitionen stehenbleiben, sondern muss sich in den Bereich der wirklichen und echten Verhaltensmaßregeln vorwagen.

Die Lehre des heiligen Escrivá sieht den Erwerb tugendhafter Verhaltensweisen vor, die untrennbar mit den Besonderheiten des gewöhnlichen Lebens verbunden sind und sich diesem anschmiegen wie ein gut sitzender Handschuh. Wir können uns vorstellen, dass die Tugenden für die Seele eine ähnliche Bedeutung haben wie eine Tätowierung für den Körper. Sie sind Zeichen im Inneren, die die Umgebung der Seele in nahezu unauslöschlicher Weise einfärben. Die Tugenden können dauerhaft sein oder auch nicht, je nachdem, wie wirkungsvoll und nachhaltig sie uns aufgeprägt worden sind. Doch nur wenn die Tinte authentisch ist, wird das Bild bleiben; andernfalls verblasst es mit den Jahren nach und nach, bis man es schließlich nicht mehr sieht.

Vielleicht versteht man die Botschaft des heiligen Escrivá besser, wenn man sie sich an einer menschlichen Tugend veranschaulicht, die er in besonderer Weise besaß: der guten Laune. Das ist keine einzigartige und sicherlich auch nicht die wichtigste Tugend. Allerdings können sämtliche anderen menschlichen Tugenden nur in einem Klima der Freude gedeihen, und ohne diese Freude ist es schwierig, auf dem Weg der geistlichen Vollendung auch nur einen einzigen Schritt voranzukommen. Echte Zufriedenheit ist wie ein unsichtbarer Mantel, wie eine Decke aus strahlendem Licht, das für den Zufriedenen selbst und für die anderen leuchtet; sie ist wie der Stoff, in den der Mensch die feine Borte der Tugenden hineinstickt, die seine eigene Seele schmückt.

Oft und gerne erzählte der heilige Josemaría davon, wie er in den Dreißigerjahren inmitten der wirtschaftlichen und geistlichen Schwierigkeiten, die auf die Gründung des Opus Dei folgten, stets versuchte, die Einheit mit Gott aufrechtzuerhalten und seine positive Einstellung zu den Ereignissen und zum Leben nicht zu verlieren. Als er in einem Interview Ende der Sechzigerjahre gefragt wurde, wie das Opus Dei gegründet worden sei, antwortete er: „Ich war 26 Jahre alt und völlig mittellos. Aber ich hatte die Gnade Gottes und gute Laune."

Doch während der Zeit in Madrid fiel es ihm nicht immer leicht, sich diese gute Laune zu bewahren. Oft erzählte er, dass er in einem bestimmten, kurzen Zeitraum nicht einmal mehr lächeln konnte. In jenen schwierigen Tagen beschloss er – auch um die Bitterkeit auszutricksen, die ihn angesichts der widrigen Umstände Tag für Tag zu befallen drohte –, ein Foto machen zu lassen, das ihn mit düsterer Miene zeigte, und es immer in seiner Brieftasche bei sich zu tragen. Hin und wieder nahm er es dann heraus und sah es an, um sich daran zu erinnern, wie töricht seine schlechte Laune und wie lächerlich sein ungewollter Pessimismus damals gewesen waren.

Natürlich ging es für ihn nicht darum – und auch für die anderen darf es nicht darum gehen –, die wirklichen Schwierigkeiten zu leugnen oder den Blick für die Probleme zu verlieren, die man anpacken muss. Die gute Laune, von der er sprach, war keine Strategie, um Schmerzen und Leid aus dem Weg zu gehen. Sie war im Wesentlichen das Resultat einer christlichen Lebenseinstellung. Sie war der Stempel, den das Bekenntnis zum Glauben seinem Charakter aufgeprägt hatte. Deshalb ist der christliche Optimismus weniger eine psychologische Eigenschaft als vielmehr ein tiefgreifender persönlicher Entschluss. Mit anderen Worten: eine Überzeugung. Ich erinnere mich, dass der heilige Escrivá häufig gesagt hat, niemand könne „glücklich sein, solange er sich nicht dazu entschieden hat". Damit wollte er deutlich machen, worin die tiefe spirituelle Befindlichkeit der Seele letztlich besteht: in der bewussten Bejahung eines inneren Friedens und einer Seelenruhe, die für jedermann möglich ist, solange sie nur von einem konkreten und wirkungsvollen geistlichen Leben aufrechterhalten wird.

Für einen Heiligen hängt mithin alles von seiner echten, wirklichen und sakramentalen Beziehung zu Gott ab und ist untrennbar mit einem konkreten Wirken in der Welt verbunden. Wenn der Wille des Menschen ganz mit dem Willen Gottes verschmolzen ist, wenn, wie der heilige Bernhard von Clairvaux zu sagen pflegte, zwischen Mensch und Gott die „Unitas spiritus" herrscht, dann ist das, was der Mensch in der Welt tut, göttlich – und zwar nicht aufgrund seiner eigenen, sondern aufgrund der Verdienste Christi selbst. Dramatisch wird es für den Christen dann, wenn diese persönliche Beziehung zerbricht. Dann ist er am Ende mit seiner guten Laune und seinem Weg zur Heiligkeit. Das Gesicht eines solchen Menschen ist kein Abbild Gottes mehr, sondern eine verzerrte und unangemessene Karikatur.

Angesichts der verschiedenen apostolischen Projekte, die damals auf wunderbare Weise initiiert worden waren und um sich gegriffen hatten wie ein Steppenbrand, erklärte der heilige Escrivá 1956 in der Öffentlichkeit: „Als menschliches Erbe hinterlasse ich euch Freiheitsliebe und gute Laune."

Und tatsächlich sind diese beiden Aspekte nicht voneinander zu trennen und unentwirrbar in das direkte und persönliche Verhältnis zu Gott hineingewoben, wo sie zu einer inneren Einheit des Lebens zusammenwachsen und gewandelt werden. Jeder Mensch öffnet sich schon jetzt für die Ewigkeit, wenn er gemeinsam mit Gott seine zögernden Schritte in der Gegenwart tut. Ohne Pessimismus und ohne Traurigkeit.

Wenn der Papst in Ferien fährt

Wer in den Bergen wandert, dem wird empfohlen, sich immer im selben Rhythmus vorwärtszubewegen, ohne das Gleichmaß der Schritte zu verlieren und ohne jemals stehenzubleiben.

Dieser kluge Ratschlag der Experten ist gleichzeitig eine hervorragende Metapher für das Leben und entspricht auch dem Eindruck, den ich oft gewonnen habe, wenn ich mit Benedikt XVI. im Aostatal war – an jenen stillen und lieblichen Orten rund um das kleine Haus, wo der Heilige Vater seine ersten angenehmen Sommeraufenthalte als Papst verbracht hat.

Das frische Bergklima und der ausgedehnte Blick auf die vom Mont Blanc überragten Alpen bildeten eine großartige Umgebung für die kostbare und begrenzte Zeit, in der es ihm vergönnt war, von seiner

Arbeit und seinen Verpflichtungen auszuruhen. In gewisser Weise kann man sagen, dass die Ferien von Papst Benedikt XVI. derselben Logik folgten wie die Ferien von Kardinal Ratzinger. Und den oben erwähnten klugen Bergführertipp wortwörtlich umsetzten: ruhig und beharrlich voranschreiten.

Benedikt XVI. stand morgens sehr früh auf und nahm sich viel Zeit für das Gebet. Danach feierte er die Messe, frühstückte und widmete sich – was er sonst nicht tat – zehn Minuten lang der Musik. Dann stiegen von dem bescheidenen Klavier in dem kleinen Haus die harmonischen Klänge von Mozarts Sonaten auf, die man jeden Tag leicht ein paar Minuten lang hören konnte. Abends vor der Nachtruhe erklang das Klavier ein weiteres Mal.

Der Rest des Tages war dagegen der anderen großen Leidenschaft des Papstes gewidmet: dem Schreiben. Es hieß, der Theologe Ratzinger hätte sich noch einiger Herausgeberpflichten entledigen müssen, doch ich glaube, dass die Zeit, die er dem Schreiben vorbehielt, für ihn niemals nur eine Pflichterfüllung, sondern etwas sehr viel Tieferes, ein wesentlicher Bestandteil seines intellektuellen Charakters und seiner Pastorale der Intelligenz gewesen ist. Natürlich vollendete Benedikt XVI. an den Hängen der Alpen die Arbeit, die er als Kardinal in Brixen drei Jahre zuvor begonnen hatte und die schließlich in sein Buch über Jesus einfloss, das wir alle kennen. Doch man kann mit Gewissheit sagen, dass die Bedeutung des Schreibens für den Papst hier nicht endet: Das Schreiben gehört zu seiner Persönlichkeit.

Denn auch ein Teil der Nachmittage in den Alpen war dem Schreiben vorbehalten, das allerdings oft von der Erledigung der „Arbeit aus Rom“ unterbrochen wurde: in der Regel Dokumente, die unterzeichnet, und Briefe, die gelesen werden mussten.

So verging eine Stunde nach der anderen mit Arbeit und Schreiben und natürlich in einem ganz anderen Rahmen als üblicherweise im Vatikan. Die geliebten Bücher aus seiner Bibliothek standen ihm dort nicht zur Verfügung, und erst recht nicht der Reichtum noch schwieriger zugänglicher Quellen.

Dennoch sind die Ferien für einen Intellektuellen immer eine kostbare Gelegenheit. Dank seiner Erfahrung kann er sich das Fehlen von Texten und die Unmöglichkeit des Zitierens beispielsweise zunutze machen, um sich noch einmal voll und ganz zu konzentrieren und Synthesen herauszuarbeiten, die im normalen Arbeitskontext nicht so ohne Weiteres möglich sind, kurz: Die Situation ist ideal, um ein vorzeiten begonnenes Buch zum Abschluss zu bringen.

Diese private Arbeit wurde beendet, wenn der Abend anbrach und der Papst sich auf den gewohnten langen Spaziergang wagen konnte. Man könnte diese Gewohnheit als den Moment der „unterbrochenen Wege" bezeichnen – der ratzingerschen Holzwege, auf denen der einsame Waldwanderer die Fäden der theologischen Gedanken und komplexen Folgerungen des Tages zu entwirren suchte.

Dieser versöhnliche und nachdenkliche abendliche Spaziergang war, insbesondere dann, wenn die Sonne nicht mehr so unbarmherzig vom Himmel stach und der Sonnenuntergang die schneeigen Gipfel in ein zartes Rosa tauchte, auch eine Gelegenheit, um versunken in das beeindruckende und gewaltige Alpenpanorama den Rosenkranz zu beten. Oft blieb er am Wegrand stehen, um in aller Unschuld von den Waldfrüchten zu kosten, die einer der Begleiter gepflückt hatte: Brombeeren, Himbeeren und Johannisbeeren. Ich habe den herben und kräftigen Geschmack dieser Bergfrüchte noch auf der Zunge und erinnere mich auch an das beinahe kindliche Vergnügen, das ich empfand, wenn ich sie aß.

Außerdem war ein solcher Ausflug für den Papst auch die Gelegenheit zu anderen unvorhergesehenen und zuweilen geradezu überraschenden Begegnungen: Hin und wieder blieb er stehen, um sich mit einem Bewohner des Ortes zu unterhalten; oft sprach er mit uns über Ereignisse aus aller Welt und so fort – bis es Zeit war für das Abendessen.

Das Entscheidende ist, dass die Distanz, die Entfernung von den Ereignissen nur ein scheinbarer Abstand von der Wirklichkeit war. Die unablässige Anteilnahme am Weltgeschehen ist mir immer als etwas erschienen, das mehr ist als eine persönliche Haltung oder ein individueller Charakterzug: Ich sehe darin eher einen grundlegenden Bestandteil der päpstlichen Mission. Einen Pontifex in den Ferien zu beobachten ist nur bedingt mit anderen Urlaubssituationen vergleichbar, denn man wird Zeuge der Unmöglichkeit, sich auch nur einen Augenblick lang von der Rolle und institutionellen Gestalt zu trennen, die die Person innerlich definiert.

Dieses Gefühl bestätigte sich beispielsweise bei seinen sonntäglichen Auftritten in der Öffentlichkeit. Dort teilte sich seine fortdauernde Sorge und seine unausgesetzte Beschäftigung mit den Dramen der Menschheit – immer aktuell, jedoch bis zum jeweiligen Augenblick zurückgehalten – der Welt in einer Tiefe mit, die mehr als deutlich machte, dass er ihre Belange niemals vergaß und ihr in unverminderter Anteilnahme beständig nahe war. Dann trat die zentrale Bedeutung der priesterlichen Mission des Papstes von neuem explizit hervor – und zwar gerade weil er sie die ganze Woche über, die er in diskreter Abgeschiedenheit vom Lärm der Menge verbracht hatte, nicht einen Moment lang vernachlässigt hatte.

Im Lauf der Jahre ist mir bewusst geworden, dass der Papst als solcher – einmal abgesehen von den je unterschiedlichen persönlichen Gepflogenheiten – eigentlich nie in Ferien fährt. Denn die Institution, die er mit sich trägt, entlässt ihn nie; sie ist seinem Inneren für immer aufgeprägt und eingraviert: von seinem Amtsantritt an bis zum Ende seines Lebens.

Dieser Aspekt des Papstseins – der Johannes Paul II. ebenso radikal bewusst war wie nun Benedikt XVI. – war auch in der Vergangenheit nicht unbekannt. Ein so bedeutender Pontifex wie Leo der Große beispielsweise ist in seinen „Dogmatischen Briefen" wiederholt auf die einzigartige Beziehung zwischen der unwandelbaren Identität der Institution und der historischen Person des Papstes eingegangen. Papst sein heißt nicht, ein Gewand zu tragen, das man am Abend, wenn man müde ist, einfach ablegen, und am nächsten Morgen, wenn man ausgeruht ist, wieder anziehen kann: Papst sein – so schien es mir, wenn ich ihn sah und hörte – ist so, als trüge man ein endgültiges und unauslöschliches Brandzeichen in seiner Seele.

All das bedeutet, so erklärt es Petrus Damiani, dass es unmöglich ist, sich in seinem eigenen Ich vom universalen Wir der Kirche loszusagen. Der Sendungsauftrag eines Papstes ist so eng mit dem persönlichen Lebenslauf des betreffenden Mannes verbunden, dass beide eine Einheit bilden. Und das ist auch der Grund dafür, dass man keinen einzigen Pontifex als Übergangspapst bezeichnen kann, weil jeder Papst ein Mensch und damit vorübergehend ist: Er lebt nur solange, wie ihm Zeit gegeben ist – keine Minute länger und keine Minute kürzer.

Letztlich bin ich mir sicher, dass Benedikt XVI. seine Gewohnheiten in aller Ruhe und Beharrlichkeit beibehalten wird. Ich frage mich jedoch, wo er seine Ferientage in Zukunft verbringen, welche Seiten er schreiben und in welchen Ländern er auf welche Weise über das unauslotbare Mysterium nachdenken wird, das er in sich trägt – in dem Bewusstsein, dass er sich nie mehr auch nur einen Augenblick lang von ihm trennen kann und trennen will.

Schwester Lucia und das dritte Geheimnis von Fátima

Wenn ich an Schwester Lucia denke, kommen mir unweigerlich die beiden Fátima-Reisen Johannes Pauls II. in den Sinn, bei denen ich mit ihr zusammengetroffen bin. Die erste unternahm er im Mai 1991, genau zehn Jahre nach dem auf ihn verübten terroristischen Attentat, und die zweite mitten im Heiligen Jahr 2000.

Beim ersten Mal reiste der Papst nach Fátima, weil er nicht anders konnte. Es war ihm ein Bedürfnis, das er lange mit sich herumgetragen hatte und das nun, während des langen Gebets vor der Capelinha, offen zutage trat. Johannes Paul II. war geradezu absorbiert, versunken in jene spirituelle Konzentration, die ihm beim Beten eigen war. Der Ort befindet sich an derselben, beinahe abgelegenen Stelle, an der die kleine, zehnjährige Lucia gemeinsam mit ihrem Vetter und ihrer

Kusine mit der „Frau“ gesprochen hatten. Während der Papst dort betete, war Schwester Lucia nicht anwesend. Sie sollte am nächsten Vormittag eigens kommen, um mit ihm zusammenzutreffen. Johannes Paul II. empfand das Bedürfnis, allein an jenem Ort zu sein, weil er dort den Grund dafür vermutete, dass er zehn Jahre zuvor nicht getötet worden war, und weil er davon überzeugt war, dass auch er sich von dort auf den Weg machen musste, um das Geschehen in seiner ganzen Tiefe zu begreifen. Ich erinnere mich, dass es Abend war. Viele Leute waren versammelt. Dennoch war er allein.

Am darauffolgenden Morgen kam Schwester Lucia aus dem Kloster, wo sie seit Jahren lebte. Eine Mitschwester begleitete sie. Auch sie brauchte nicht viel Gesellschaft, ja, sie war sehr vertraut mit dem Alleinsein. Und diese Entfernung von der Welt hatte sie in gewisser Weise verändert. Auf den wenigen Fotografien, die von früher, aus jenem Juli 1917 erhalten sind, als die wunderbare Erscheinung geschah, ist Lucias Gesichtsausdruck immer ernst und abweisend: nicht wie die Miene eines unbefangenen Kindes, sondern wie die Miene eines misstrauischen Menschen, der niemandem anvertraut, wie es in seinem Inneren aussieht. Das ließ sie älter wirken als ihre zehn Jahre. Jetzt hingegen verrieten ihre Züge ein Lächeln, das nur selten aus ihrem Gesicht schwand. Sie war nicht eben gesprächig, aber jenes Lächeln legte alles offen und drückte eine uneingeschränkte Natürlichkeit aus, wie man sie in einem menschlichen Antlitz nur selten findet.

Der Papst war noch im Nebenzimmer bei einem Treffen, das er nicht hatte aufschieben können. Schwester Lucia setzte sich und begann, in einem Büchlein zu lesen, das sie bei sich trug. Es vergingen sieben oder vielleicht acht Minuten. Während ich sie beobachtete, fragte ich mich: „Wer ist diese Frau wirklich?“

Es ist kaum möglich, sich vorzustellen, welche ungeheure Verantwortung diese ganzen Jahre über auf ihren Schultern gelastet haben muss. Die kleine Lucia hatte den Wortlaut der Geheimnisse gehört und in ihrem Inneren verschlossen. Denn die Entscheidung, sie niederzuschreiben, fiel erst 1941 auf Drängen von Bischof Correia da

Silva. Im darauffolgenden Jahr wurden die beiden ersten Teile des Geheimnisses von Pius XII. veröffentlicht, während Schwester Lucia darum bat, den dritten Teil keinesfalls vor 1960 bekanntzugeben. Weder Johannes XXIII. noch Paul VI. wollten es tun. Die Zeit war noch nicht reif, und die endgültige Entscheidung konnte erst von Johannes Paul II. getroffen werden, der am 13. Mai 2000 erklärte, er habe die Kongregation für die Glaubenslehre beauftragt, den Text zu übersetzen und zu publizieren. Während Schwester Lucia vor mir saß und die Seiten ihres Buches durchblätterte, dachte ich darüber nach, wie viel Vertrauen und wie viel Verantwortung auf einer so einfachen Person ruhten.

Natürlich lässt der alles in allem eher unspektakuläre Inhalt des dritten Geheimnisses uns ahnen, wie weit die für uns so wichtige Zeit und Gottes Ewigkeit auseinanderklaffen. Wir meinen immer, wir hätten keine Zeit, die Dinge zu erledigen, während Gott alles in einer grenzenlosen Gegenwart bewahrt, die die Geschichte selbst und ihre Ereignisse relativiert. Deshalb begreifen wir Menschen die Dinge immer erst zum richtigen Zeitpunkt – wenn wir reif dafür sind.

Schließlich trat ich zu ihr hin, um ihr zu sagen, dass der Papst sie erwarte. Mit der unbedingten Spontaneität eines Menschen, der immer genau weiß, was er zu tun hat, las sie die Zeilen, die sie vor sich hatte, ohne Hast zu Ende und machte sich dann auf den Weg zum Zimmer des Papstes, um ein kurzes Gespräch von vielleicht zehn Minuten mit ihm zu führen.

Jahre später reiste Johannes Paul II. zum zweiten Mal nach Fátima, und ich sah Schwester Lucia wieder. Fast nichts war mehr so wie bei der ersten Begegnung. Viele Dinge waren beiden sehr viel klarer geworden. Sowohl sie als auch der Papst waren gealtert. Das Zusammentreffen fand diesmal in einem kleinen Raum neben der Basilika von Fátima statt, wo ihr Vetter Francisco und ihre Kusine Jacinta begraben liegen. Schwester Lucias Gesichtsausdruck war derselbe wie Jahre zuvor: ein angedeutetes Lächeln, ein absolutes Ruhen in sich selbst, in der Art, wie sie sich gab, wie sie sich der Begegnung öffnete und sich zugleich ganz ungezwungen zurücknahm. Lachend wies der Papst darauf hin, dass die Jahre rasch vergehen und fragte sie, wie alt sie sei. Dann verglich er ihr Alter mit dem seinen. Zwischen den beiden herrschte die Übereinstimmung eines gemeinsamen Lächelns. Da war nichts Außergewöhnliches. Man wusste alles, was man wissen musste. Alles war offensichtlich. In diesem Zwiegespräch aus nur wenigen Worten gab es keinerlei Neugierde. Am selben Tag ließ der Papst verkünden, dass das berühmte „Dritte Geheimnis von Fátima" der Weltöffentlichkeit mitgeteilt werden würde – jene Zeilen, die Lucia selbst Jahre nach den Erscheinungen niedergeschrieben hatte und die solange verborgen geblieben waren.

Was Schwester Lucia mit Johannes Paul II. gemeinsam hatte, war die außergewöhnliche Weise, wie das Übernatürliche gleichsam in sie hineinströmte und ihre Persönlichkeit von innen her formte. Das eigentlich Überraschende aber ist, wie unauffällig sie damit lebte. Wenn ich daran denke, kommt mir in den Sinn, was der heilige Thomas über das geistliche Leben gesagt hat: Es ist ganz unverkennbar ein Gottesgeschenk und entspricht doch völlig der authentischen Lebenswirklichkeit. Und es treibt den Menschen beinahe körperlich an.

Deshalb ist nichts abwegiger als sich die Gottesbegegnung, die Schwester Lucias Existenz von Kindesbeinen an geprägt hatte, wie eine entfremdende Kraft vorzustellen, die alles aus den Fugen geraten lässt. Natürlich ist eine Marienerscheinung nichts Alltägliches, zumal wenn sie sich in den darauffolgenden Jahren mehrfach wiederholt. Doch die Selbstverständlichkeit, mit der dieses Erlebnis sich in Schwester Lucias ganz und gar normale Persönlichkeit einfügte, beweist die Echtheit dieser außergewöhnlichen Erfahrung. Das Natürliche in der menschlichen Person ist bereits eine Dimension, die für das Übernatürliche offen ist, nicht anders als ja auch der beste Weg zum Verständnis des Wunderbaren darin besteht, es vom Spektakulären zu unterscheiden und es als etwas zu denken, das zumindest für einige Menschen alltäglich ist. Das, was in Menschen wie Schwester Lucia geschieht, ist kein Feuerwerk, das das Dunkel der Nacht einen Moment lang erhellt und dann alles wieder in umso schwärzere Schatten taucht. Es gleicht vielmehr einem strahlenden Stern, der ein für allemal erscheint und mit seinem Licht das Leben für immer erleuchtet, ergänzt und vervollkommnet, obwohl es doch dasselbe Leben bleibt, das es war: mit allen Grenzen und menschlichen Schwächen, die ihm eigen sind.

Das, so kam es mir damals vor, ist der eigentliche Sinn dieses Lächelns, das beider Gesichter erhellte: das sichere Bewusstsein einer feinen und unsichtbaren Verbindung, die sie ihr Leben lang sehr viel inniger mit der Gottesmutter vereint hat, als sie es hätten in Worte fassen können, und sehr viel stärker, als die Begegnungen und Begebenheiten es hätten vermuten lassen.

Das Lächeln der Mutter Teresa und das Schweigen des Glücks

Sobald ich mir unter den vielen Bildern, die ich im Gedächtnis gespeichert habe, das von Mutter Teresa in Erinnerung rufe, ergreifen mich Emotionen und auch eine gewisse Melancholie.

Die Art, wie sie sich vor allem in den letzten Jahren bewegt hat, ihr langsamer und müder Gang, die Gesten ihrer vom Vergehen der Zeit gezeichneten Hände waren vielsagender Ausdruck einer außergewöhnlichen Geisteskraft: eines Ensembles persönlicher Qualitäten, die man erkennen konnte, wenn man sie sprechen hörte oder bewundernd mitansah, wie sie sich verhielt.

Davon abgesehen ist es für mich nach den vielen Malen, die ich ihr begegnen durfte, vor allem ein Aspekt, der mehr als jeder andere Mutter Teresas authentische Persönlichkeit zum Ausdruck bringt: Ich meine natürlich ihr unschuldiges, beinahe kleinmädchenhaftes Lächeln, das wie ein Licht auf ihrem von der Zeit zerfurchten Gesicht anging.

Zum ersten Mal traf ich sie auf einem Flug von Indien auf die Philippinen. Als ich sah, dass der Platz neben ihr frei war, ging ich hin und setzte mich. Wir haben uns lange unterhalten, aber damals ahnte ich nicht, dass wir einander noch viele Male wiedersehen würden.

1986 reiste Johannes Paul II. nach Kalkutta und wir besuchten die von ihr und ihren „kleinen Schwestern" gegründeten und geführten Heime im Viertel Kalighat: zwei kahle Räume mit Kranken, die man in den Straßen Kalkuttas aufgelesen hatte.

Auf die Frage nach dem Sinn dieses übermenschlichen Unterfangens gab sie mir eine unvergessliche Antwort: „Dafür zu sorgen, dass Personen, die als Tiere wahrgenommen werden, als Kinder Gottes sterben können." Hinter dieser Aussage verbirgt sich meines Erachtens die ganze Bedeutung ihrer Spiritualität: praktisch, humanitär und geeignet, sich jeder Situation und jeder Kultur anzupassen, weil sie von der Schwungkraft der menschlichen Hingabe getragen wird.

Auch für Mutter Teresa war der Besuch Johannes Pauls II. von ungeheurer Bedeutung. Das war das Erste, worüber wir miteinander sprachen, als sie 1990 nach Rom kam und wir in meinem Büro erneut zusammentrafen: die Kalkutta-Reise des Papstes und das Wichtige, was wir dort erlebt hatten. Im Gedanken an die vielen Kranken, die seither dort in ihren Armen gestorben waren, deutete sie den Sinn der Begegnung mit Johannes Paul II. unvermittelt mit einem leisen Hauch von Ironie: Sie habe „im Lauf der Jahre über 20 000 Personen eine Fahrkarte zum heiligen Petrus ausstellen können".

Danach zeigte ich ihr einige Fotos von ihr und dem Papst; sie blickte auf und lächelte mich an, und ich begriff, dass sie gerne eines davon haben wollte. Ihre Freude darüber, diese konkrete Erinnerung mitnehmen zu dürfen, hat mich tief beeindruckt.

1993 traf ich wieder mit Mutter Teresa zusammen: während des Albanienbesuchs, dem wenige Monate später ein weiteres Treffen in Rom folgte – unser letztes. Ich erinnere mich, dass ich ihr bei dieser Gelegenheit eine ziemlich direkte Frage gestellt habe; ich fragte sie, was sie einer Mitschwester sagen würde, die darüber nachdächte, den begonnenen Weg zu verlassen. Sie antwortete ohne Zögern: „Ich würde sagen: ‚Hab keine Angst, jetzt bist du mit deinem leidenden Bräutigam zusammen am Ölberg… Geh weiter, gib nicht auf!'" Damals ahnte ich noch nicht, dass dies vielleicht genau der Satz war, mit dem sie sich selbst in den Phasen der inneren Trockenheit jahrelang Mut zugesprochen hatte.

Vielleicht verbirgt sich hinter einer so tiefen und so feinsinnigen Antwort der letzte Sinn ihrer Drangsal, die eigentliche Bedeutung jener spirituellen Situation, jener bitteren inneren Dürre, unter der Mutter Teresa viele Lebensjahre lang gelitten hat.

Dieses Phänomen ist den Mystikern aller Epochen wohlbekannt: Plötzlich bleibt der Inhalt jener Wahrheiten, an die man glaubt und die dem eigenen Dasein einen Sinn geben, in der Gefühlswelt ohne Widerhall. Diese trostlose emotionale Leere führt sogar dazu, dass man die einzige Wahrheit, für die man sein Leben geben würde, infrage stellt. Angelus Silesius nannte dies die „Finsternis der Seele", und Mutter Teresa benutzte hierfür die poetische Sprache, die wir bei Johannes vom Kreuz oder Thérèse von Lisieux bewundern können und die ihr zutiefst vertraut war.

Natürlich war ihre religiöse Überzeugung nicht leicht zu verstehen, denn sie war gegen alle Banalität und Oberflächlichkeit gefeit. Mutter Teresa wusste sehr genau, dass die existentielle Erfahrung eines jeden Menschen schwierige Zeiten und Phasen großer Trockenheit und Trostlosigkeit durchmacht. All das ist jedoch kein Zeichen für einen Mangel an Glauben, sondern für das normale – oder, wie in ihrem Fall, vielleicht auch heroische – Opfer, das jeden erwartet, der versucht, seine eigenen Pflichten und Entscheidungen mit letzter Konsequenz zu leben. Und das betrifft nicht nur die besonderen Standespflichten einer Ordensberufung.

Ob ein beliebiger Daseinsweg außergewöhnlich und reich wird, hängt immer davon ab, ob man sich für ein großes Lebensideal entscheidet und engagiert: ob man etwas im eigentlichen Sinne als ein „Muss" erkennt, dem man zu gegebener Zeit seine ganze Existenz unterordnet und viele andere, hier und da vielleicht sogar attraktivere und angenehmere Chancen opfert.

Was es mit diesem verlustgeprägten Existenzstatus auf sich hat, erfahren wir aus den Schriften zahlloser Menschen, die ihren Heroismus in mühseligem Kampf gelebt und in brillanter Weise geschildert haben – und die dadurch berühmt geworden sind. Interessant ist jedoch vor allem die Erkenntnis, dass ein solches existentielles Engagement immer mit Ungewissheit einhergeht. Einer Ungewissheit, die so wesentlich ist, dass sie für jeden zum entscheidenden Prüfstein wird.

Auch Leibniz hat erkannt, dass weniger das Übel und das Leid als vielmehr ihr Fehlen den Menschen in eine Krise stürzt. Jede Wertentscheidung setzt nämlich den Entschluss voraus, sich mit aller Konsequenz sein Leben lang für ein Ideal einzusetzen, das eben nicht von blasser Zufriedenheit, sondern vom Leiden inspiriert ist – einem Leiden, das in der Tiefe des eigenen Selbst erfahren wird und über die Gegenwart hinaus auf das hin ausgerichtet ist, das man letztlich sein will.

Muss man also aus Mutter Teresas Briefen, die all das bezeugen, den Schluss ziehen, dass ihr Lächeln – jenes Lächeln, das ich immer auf ihrem Gesicht gesehen habe – unecht, dass ihre Lebensentscheidung nicht aufrichtig, dass ihre Lebensweise heuchlerisch war?

Ich glaube nicht.

Ich glaube eher, dass Mutter Teresas inneres Klagen – ein Klagen an die Adresse ebenjenes Gottes, den zu „fühlen" ihre Gefühle sich weigerten – uns allen bewusst macht, wie unwegsam der Weg zur Vollendung der eigenen Authentizität bisweilen sein kann.

Der Stil des Joseph Ratzinger

Der englische Schriftsteller Chesterton hat einmal gesagt, das Wunder der Sprache bestehe darin, dass der Mensch mit ihr nicht nur seine eigenen Ideen ausdrücken, sondern auch eine Spur von sich selbst und seiner eigenen, unwiederholbaren Individualität hinterlassen kann. Das gilt zum einen für das Schreiben, zum anderen aber natürlich auch für den ganzen „Stil" einer Person, der sich in ihren Gesten, ihrem Verhalten und in ihrer Lebensweise zeigt.

In den langen Jahren im Vatikan habe ich viele Male an Arbeitstreffen mit Kardinal Ratzinger teilgenommen. Die Gespräche mit ihm waren für mich immer eine Bereicherung. Ich erinnere mich an viele Einzelheiten aus diesen Begegnungen, die auf einen einzigartigen und unverwechselbaren persönlichen Stil schließen lassen. Es ist immer sehr bewegend, an jenen Kardinal zurückzudenken, den es nicht mehr gibt, weil er die offiziellen Papstgewänder angelegt hat. „Ich, aber nicht mehr ich" – so hat er selbst es formuliert.

Ich erinnere mich gerne an Joseph Ratzinger, an seine Persönlichkeit und an seine beispielhafte, vielleicht unnachahmliche Haltung: diskret, präsent, römisch, aber auch zutiefst in seiner deutschen Herkunft verwurzelt.

Man kann seinen Stil nur begreifen, wenn man von seiner Heimat Bayern ausgeht. Was diese Region genauso wie seine Persönlichkeit ausmacht, ist der Reichtum an Einflüssen. In den Bewohnern dieses Landes im Südosten Deutschlands mischen sich der nüchterne und spröde Charakter der nordischen Völker mit der genuinen Vitalität und Fantasie der Bewohner des Mittelmeerraums.

Andererseits zählt die Verschmelzung unterschiedlicher Aspekte zu den spezifischen Eigenschaften der Persönlichkeit von Joseph Ratzinger und ist einer der Gründe für die tiefe und vertrauensvolle Freundschaft, die viele Personen in den verschiedensten Bereichen und die ganz sicher auch Johannes Paul II. für ihn hegte. In seinem Buch „Auf, lasst uns gehen!" hat er den späteren Benedikt XVI. in einer Weise angesprochen, die ich als einzigartig bezeichnen möchte – mit Worten, die ich Papst Wojtyła zumindest in schriftlicher Form nur dieses eine Mal habe benutzen sehen: „Ich danke Gott für die Geduld und die Hilfe von Kardinal Ratzinger, der ein treuer Freund ist."

Dabei ist ihre Freundschaft weniger alt, als man vielleicht annehmen möchte – jünger, als man gemeinhin glaubt, und tiefer, als bisher geschrieben worden ist.

Ihre erste echte Begegnung fand beim ersten Konklave 1978 gleich nach dem Tod Pauls VI. statt. Ratzinger erinnerte sich später an den

Eindruck, den Wojtyła mit seinen Wortmeldungen bei den Generalkongregationen während der Sedisvakanz auf ihn gemacht hatte. Das wundert mich nicht, denn Ratzinger ist ein scharfer Beobachter und immer bereit, sich überraschen zu lassen. Mir ist oft aufgefallen, wie genau er seine Kollegen und die anderen Dozenten aus seinen akademischen Jahren, ihre individuellen Besonderheiten und die Stationen ihrer intellektuellen Entwicklung kannte, die sich mehr oder weniger mit der seinen überschnitt. Für Ratzinger sind es nie die Ideen, die den Personen ein Gesicht verleihen, sondern die Personen, die sich durch die Ideen offenbaren.

Sein Amt im Vatikan, das er 1982 antrat – eine Entscheidung, die ihm nicht leichtfiel und die er auch nicht sofort traf –, hat die Wertschätzung der beiden Päpste füreinander sicherlich besiegelt und die Entstehung einer freundschaftlichen Beziehung oder sogar einer gegenseitigen Durchdringung der Ideen ermöglicht, wie sie zuvor nicht bestanden hatte.

Aus seiner vorangegangenen intellektuellen und universitären Erfahrung hat Ratzinger eine weitere Eigenschaft mitgebracht: die minutiöse Behandlung von Problemen, die detaillierte und sehr exakte Analyse der Fragen, in der sich sein zu intensivem Nachdenken neigender Charakter ausdrückt. Zweifellos ist dieses Vertrauen in die Vernunft auch die Quelle seiner optimistischen Einstellung zum menschlichen Denken und seinen Zielen, über die sich seine Persönlichkeit geradezu definiert. Wenn man die so häufig zum Ausdruck gebrachte sichere Überzeugung von der Rationalität des Glaubens betrachtet, könnte man ihn einen „Realisten“ nennen. Und genau hier tritt auch der charakteristischste Zug seines immensen Schrifttums hervor: eine unablässige und heiter-hartnäckige Pastorale der Intelligenz, die er niemals aufgeben wird.

Sein literarischer Stil ist erklärend und deutend und so stimmig und logisch, dass er aus fester Überzeugung immer offen ist für den Dialog: Er vertraut sowohl auf die Rationalität der Personen, mit denen er es zu tun hat, auf ihre Fähigkeit, die Wahrheit zu finden, als auch auf das nicht zu unterdrückende und aufrichtige Suchen des Menschen nach dem Guten. In diesem Sinne kann man sagen, dass er voll und ganz an die Menschen glaubt.

Dieser letztgenannte Aspekt ist nicht etwa zweitrangig, sondern wesentlicher Bestandteil eines persönlichen Stils und einer Offenheit, in der sich die sichere Überzeugung ausdrückt, dass die Wahrheit immer „menschlich" und die Erkenntnis die spezifische Aufgabe eines jeden Menschen ist. Das dem Menschengeschlecht anvertraute Privileg besteht nicht darin, mit einem Geniestreich eine neue Wahrheit zu schaffen, sondern den inneren „Logos" der Dinge zuversichtlich im Hinblick auf eine Wahrheit zu überdenken, die sich allmählich aus der persönlichen Erfahrung jedes Einzelnen herauskristallisiert.

Man hat zuweilen von Ratzingers scheinbarer Zerbrechlichkeit oder beinahe Verletzlichkeit gesprochen, die so rührend wirke; von seinem beherrschten Gang und der stillen Freundlichkeit, mit der er sich an andere wende. Es steht außer Frage, dass die Art, wie er sich in seinen Gesten ausdrückt, zu solchen Rückschlüssen verleiten kann. Sie sind jedoch unangemessen. Ich glaube, dass die Eleganz in Ratzingers Haltung nicht das Ergebnis einer „Erziehung zur Form", sondern die physische Ausprägung seines überaus feingeistigen Denkens ist. Das, was sich in seinen Bewegungen und Gesten ausdrückt, stammt weder aus der Praxis noch aus antrainierten Umgangsformen, sondern aus der gedanklichen Entwicklung seiner Ideen. Sein Gestus ist gerade so elegant und effizient wie seine Art zu denken.

Ein charakteristischer Zug seines Stils ist ganz sicher seine Vorsicht. Doch muss man sich von den vielen Nebenbedeutungen trennen, die diesem Wort im allgemeinen Sprachgebrauch anhaften. Seine Haltung ist kein unschlüssiges Zaudern, sondern Ausdruck der Ernsthaftigkeit angesichts des Gewichts, das mit der authentischen und tiefen Erkenntnis der Dinge und der Situationen einhergeht. Sie zu begreifen erfordert häufig den richtigen Zeitpunkt und die richtige Reife. Mir scheint, dass hierin jene typisch deutsche intellektuelle Seriosität verborgen liegt, die Hegel als „die Anstrengung des Begriffs" definierte und die Thomas von Aquin an seinem deutschen Lehrer Albertus Magnus als ein „sorgfältiges und genaues Forschen" beschrieb.

Echte Klugheit ist aktiv, dynamisch, sie hat ihr Timing und ihre Entschlossenheit, aber auch ihre Zeit der Reife: Sie kann nicht warten, und sie kann nichts überhasten.

Von Jugend auf bekannte Ratzinger, dass ihm unter den großen Meistern der Theologie die „vorsichtigen Exegeten" die liebsten seien und er der Frische und Vitalität den Vorrang gebe vor der sterilen Monotonie sklavischer Wiederholungen. Häufig ist diese abwägende Haltung als übertriebene Wachsamkeit oder Umsicht missverstanden worden, was seinem wirklichen Naturell allerdings keineswegs gerecht wird.

Zweifellos besitzt Ratzinger die merkwürdige und bewundernswerte Kraft eines Menschen, der lieber staunt als zu erstaunen: Auch deshalb ist seine Haltung keine Schwäche, sondern eine gelassene Milde und feine Melancholie, ja beinahe Zartheit. So, als ob sein Blick die Distanz und Tiefe dessen erreicht hätte, der danach strebt, auf den Grund des menschlichen Herzens zu sehen.

Wenn er ergriffen ist – und das kommt weitaus häufiger vor, als man annehmen möchte –, dann ist dies keine leidenschaftliche Reaktion auf die Dinge; vielmehr lässt er sich von der Wahrheit, vom ungewöhnlichen und unvorhersehbaren Charakter des menschlichen Geheimnisses überraschen.

Wenn ich es erlebt habe – und das ist mir mehr als einmal passiert –, dass jemand diesen Zug seines Charakters als „schüchtern" interpretierte, dann habe ich mich immer gefragt: Wie kann ein Mensch schüchtern sein, der jede Herausforderung zum Dialog so aufgeschlossen und bereitwillig annimmt?

Die theologischen Diskussionen mit Karl Rahner und anderen, auch nichtkatholischen Theologen lassen sich mit dieser vermeintlichen Schüchternheit oder gar ängstlichen Rücksichtnahme ebenso wenig vereinbaren wie die jüngsten Zusammenkünfte mit Persönlichkeiten der laikalen Welt wie Jürgen Habermas, die zudem nicht selten in einem multikulturellen Umfeld wie etwa der Universität von Oxford stattgefunden haben.

Wer sich auf einen Dialog einlässt, hat keine Angst; wer sich auf einen Dialog einlässt, ist nicht vom Geschrei oder vom Schweigen der Masse oder von abweichenden Meinungen zu beeindrucken. Wer sich auf einen Dialog einlässt, muss debattieren können; er muss die Mechanismen kennen, die die Meinungen beeinflussen, und er muss davon überzeugt sein, dass sich die Mühe der Auseinandersetzung lohnt. Eine Überzeugung, an der Ratzinger entschlossen festhält.

Außerdem würde jemand, der Angst hat, niemals solche intensiven, mutigen und kühnen Predigten halten wie die, die wir vor einiger Zeit in der Totenmesse für Johannes Paul II. oder zu Beginn des Konklaves gehört haben.

Doch meine Erinnerungen an Joseph Ratzinger enden mit dem Moment, da er am ersten Tag des Konklaves die Sixtinische Kapelle betrat: Unsere Blicke trafen sich, und ich sah ihn dort zum letzten Mal.

Der, den ich danach – nur zwei Tage später – sah, war nicht mehr Kardinal Ratzinger, sondern ein Papst, der in seinen heiligen Gewändern zum ersten Mal in der Person Benedikts XVI. am Fenster von Sankt Peter erschien. Genau in diesem Augenblick begriff ich instinktiv, dass für ihn nun alles anders geworden war. Genau in diesem Augenblick begriff ich, dass sein voriges Leben – ohne zu verschwinden – für immer beendet war. Und heute bin ich imstande, die eigentliche Bedeutung seiner nachfolgenden Aussage zu begreifen: „Ich, aber nicht mehr ich".

Mit der gewohnt feinfühligen, brillanten Diskretion ist sein persönliches Leben von jenem Tag an in den Hintergrund getreten, um der geheiligten Identität und Verantwortung der Institution Platz zu machen. Das Mysterium hatte von Ratzinger Besitz ergriffen, das jeder Papst in sich trägt, oder besser: das jeder Papst ist.

Fidel und die kommunistische Insel

„Erzählen Sie mir vom Papst." Ein guter Beginn, so dachte ich, für unser Essen, besser gesagt: für einen langen Abend. Fidel Castro kam sofort zur Sache. Jedoch ohne Hast und mit den für ihn so typischen, häufigen Exkursen.

Es war im Oktober 1997, drei Monate bevor Johannes Paul II. nach Kuba kommen sollte. Das Zusammentreffen fand um 19.45 Uhr im Palacio de la Revolución am gleichnamigen Platz statt. Castro, der seit Jahren an Schlafstörungen litt, empfing seine Gesprächspartner abends und setzte sie nicht selten einem nächtlichen Marathon aus. Die zunächst formelle Atmosphäre – unter anderem hatte er einen Cocktail mit ganz ausgezeichneten Austern in Kelchgläsern reichen lassen – war rasch überwunden. Castro in seiner einfachen grünen Uniform schien zunächst ganz in seiner Rolle als Comandante, als revolutionärer Lider und als Staatsoberhaupt aufzugehen. Doch schon ehe unsere Unterhaltung ihren formellen Charakter verlor, legte er ein durchaus spontanes Verhalten an den Tag und lachte herzhaft und entspannt.

Seine schweigenden Begleiter waren Felipe Pérez und Carlos Lage, ersterer der spätere Außenminister, letzterer Vizepräsident von Kuba. Beide wurden später ihrer Ämter enthoben. Nach seinem eigenen Rücktritt erklärte Castro ihren Sturz mit diesen Worten: „Der Honig der Macht, für den sie keinerlei Opfer brachten, weckte in ihnen Ambitionen, die sie zu einer unwürdigen Rolle verleiteten." Ein Urteil, gegen das es keine Berufung gibt!

Ich sprach mit Castro über die in meiner Agenda vorgesehenen Themen und wusste, dass es ein langer Abend werden würde. Zu gegebener Zeit wollte ich mit ihm allein eine Reihe heikler Fragen anschneiden. Und ich versuchte hellwach zu bleiben. Deshalb lehnte ich ab, als der Kellner Anstalten machte, mir Wein einzuschenken. Diese diskrete Geste blieb jedoch nicht unbeobachtet. Castro, der mir gegenübersaß, riss offensichtlich verärgert und theatralisch die Arme hoch und rief aus: „Sie machen mich fertig!"

Überrascht und etwas verwirrt bat ich um eine Erklärung. Er antwortete: „Weil das die einzige Flasche Vega Sicilia ist, die ich besitze, und jetzt lassen Sie sie zurückgehen!“ Ich lachte und ließ mir daraufhin natürlich ein genau richtig – chambré – temperiertes Glas einschenken. Die Erwähnung dieses ausgezeichneten spanischen Duero-Weins verriet eine Eigenschaft Castros, die in der öffentlichen Wahrnehmung nicht präsent, aber allen, die ihn kennen, wohlvertraut ist: seine Fähigkeit, sich nach den Gegebenheiten zu richten, sich dem Augenblick anzupassen und sich, wann immer es zweckmäßig und passend war, auch einer eleganten Ironie zu bedienen. Dieses Merkmal seiner Persönlichkeit hat mich nachhaltig beeindruckt und sich bei meinen späteren Zusammenkünften mit ihm bestätigt.

Die Scherze über den Wein brachten ihn auf ein anderes Thema: „Sagen Sie mal, wie verhindert ihr eigentlich, dass jemand den Papst vergiftet?“ Meine Antwort kam prompt: „Wir machen überhaupt nichts.“ Darauf er: „Ich probiere zum Beispiel den Wein zuerst, wenn wichtige Gäste zu mir kommen!“

Kühn und ein wenig verschmitzt versetzte ich: „Vielleicht, Herr Präsident, wäre es klüger, wenn Sie das Gegenteil täten: den Gast zuerst kosten lassen und dann, wenn er es überlebt, selbst trinken.“ Ich erinnere mich, dass er nach einer kurzen, verblüfften Pause in lautes Lachen ausbrach. Die Abweichung vom formellen Protokoll erlaubte es uns, weniger wachsam zu sein und uns natürlicher zu verhalten.

Anschließend kamen wir von einem Thema aufs nächste. Auf seine Initiative hin wagten wir uns sogar auf das Gebiet der Kosmologie vor. Er war fasziniert vom Geheimnis des Universums, als wollte er zwischen den Sternen Antworten auf Rätsel finden, die ihm ansonsten unerklärlich waren. Über Politik sprachen wir jedoch nicht. Weder lenkte ich das Gespräch auf derartige Themen, noch machte er irgendwelche Andeutungen in diese Richtung. Doch immer wieder stellte er Fragen über Johannes Paul II., für den er ein Interesse hegte, das mir mehr zu sein schien als bloße Neugier.

Als einige Stunden vergangen waren, nahte allmählich der Zeitpunkt heran, jene Themen anzuschneiden, die sowohl meinen Aufenthalt auf der Insel als auch seine Einladung zum Abendessen rechtfertigten. Wir beide begaben uns in einen anderen Raum und nahmen dort allein auf demselben Sofa Platz. Die Unterhaltung war entspannt, ausführlich und freimütig. Es zählte zu seinen Vorzügen, dass er die Aufrichtigkeit schätzte. Er hörte aufmerksam zu und hatte eine besondere Vorliebe für Analysen und Details.

Mit einem Mal schien mir klar, dass Castro keine Entscheidungen traf, die er nicht zuvor gründlich durchdacht hatte. Seine Anordnungen mussten vernünftig, überlegt und vor allem nicht durch äußeren Druck beeinflusst erscheinen: so feierlich und unpersönlich wie seine maßgeschneiderte Uniform. Er behielt sich immer das Recht vor, seine Entscheidung erst später bekanntzugeben, also nicht ehe er sich mit seinen engsten Mitarbeitern, dem sogenannten revolutionären Kollektiv, beraten hatte. Doch ich bin sicher, dass er am Ende immer das letzte Wort hatte. Wenn wichtige Fragen auf der Tagesordnung standen, überließ er die letzte Entscheidung nicht gerne den anderen.

Das grundlegende Problem an seiner politischen Rolle war offenbar die Art und Weise, wie er das Erbe seiner durch die Revolution erworbenen Macht über die Jahre hin verwaltete. Im Grunde hatte er sich in einem schwachen Moment der Insel eine starke Idee zu eigen gemacht. Und danach waren es ausgerechnet die Vereinigten Staaten, die ihr ehernes und unmenschliches Embargo über das Land verhängten und so erheblich dazu beitrugen, dass er seine Macht festigen konnte. Obwohl die Isolation in der autoritär durchgesetzten Massenideologie ursprünglich gar nicht vorgesehen war, hat er das Regime ganz sicher in seinem nationalistischen Charakter bestärkt. Noch vor zehn Jahren war Castro davon überzeugt, das jahrzehntelange Kräftemessen mit den USA gewonnen zu haben.

Doch wenn man auf der Insel unterwegs ist und den Menschen in der Hauptstadt und in den kleinen Dörfern begegnet, fragt man sich unweigerlich, was eigentlich aus dem kubanischen Marxismus geworden ist. Eine Ideologie, die eine klare, in Teilen vielleicht sogar hellsichtige Ahnung von der Zukunft gehabt hatte, war zu einem komplexen und bulimischen bürokratischen Apparat verkommen. Ohne Zweifel hielt Castro an Ideen fest, deren, wie er glaubte, ruhmreiche Umsetzung entsprechend inszeniert und zur Schau gestellt werden musste. Auch wenn die Rhetorik des Volkskommunismus das Feld nur ungerne der Realität und der schwierigen Situation der Bevölkerung überließ.

Zwei gesellschaftliche Errungenschaften erfüllten ihn mit Stolz: das Bildungs- und das Gesundheitswesen. Dies waren konkrete Beweise für die Effizienz des kubanischen Kommunismus, der eine breite Alphabetisierung und ein zumindest in der Theorie für alle zugängliches Gesundheitssystem geschaffen hatte. Kuba konnte eine nach lateinamerikanischen Maßstäben überdurchschnittliche Alphabetisierungsrate vorweisen, was jedoch nicht unbedingt dazu führte, dass die überall sichtbaren Dramen von Armut und Elend wirklich und spürbar beseitigt worden wären.

Überdies herrschte so eine Art Endzeitstimmung – ein unterschwelliges Gefühl mangelnder Authentizität oder sogar verhüllter Heuchelei. Im Grunde hatten zwar die Parolen und die Rhetorik, nicht aber die Menschlichkeit im eigentlichen Sinne überlebt. Welchen Zweck konnte es denn haben, ein ganzes Land, ein Volk an eine sozialrevolutionäre Idee zu binden, wenn diese Idee außer den Funktionären – den Stützen dieser geschlossenen und betriebsblinden Gesellschaftsstruktur – niemandem auch nur den leisesten Schimmer von Freiheit verschaffen konnte? Wie konnte man allen Ernstes ein System aufrechterhalten wollen, das die totale Veränderung der menschlichen Beziehungen und die persönliche Erneuerung des Menschen zur Chefsache gemacht hatte und gleichzeitig nicht einmal im Ansatz jene Autonomie zuließ, die nötig ist, um neue Vorschläge einzubringen oder historische Chancen zu ergreifen?

Als Gorbatschow im April 1989 nach Kuba kam, widersetzte Castro sich den durch die Perestroika herbeigeführten Reformen. Damals machten die Beziehungen zu den Ländern des sozialistischen Blocks

75 Prozent des kubanischen Handelsvolumens aus. Gorbatschow wollte dieses äußerst ungünstige Verhältnis „rationalisieren". Für Kuba war dies ein irreparabler Schaden. Innerhalb kürzester Zeit wurde der Finanzhahn zugedreht und die ohnehin schon angeschlagene Binnenwirtschaft noch mehr geschwächt. In jenen Jahren erlebte Castro die schlagartigen Veränderungen in Osteuropa wie ein Drama: „Wir wissen nicht", sagte er damals zu den Kubanern, „welche Folgen diese Veränderungen in vielen sozialistischen Ländern haben und wie sie sich auf unsere Pläne, unsere Programme und unsere Wirtschaft auswirken werden. In jedem Fall aber werden wir in ernsthafte Schwierigkeiten geraten."

So begann für Kuba die „Sonderperiode": das langsame und unerbittliche Erstarren eines Systems, das allen heroischen Anstrengungen zum Trotz nicht in der Lage war, die Entfaltungsmöglichkeiten der Gegenwart zu nutzen.

Die Frage, warum Castro entschieden hatte, sich den Veränderungen nicht anzupassen, quälte mich unaufhörlich – wahrscheinlich, weil mir bewusst war, wie absolut unsinnig und perspektivlos diese Entscheidung war. Ich hielt diese Haltung für schlichtweg absurd, und seine fehlende Bereitschaft zu ernsthaften demokratischen Reformen war mir unerklärlich.

Eine Stellungnahme aus dem Jahr 2007 veranschaulicht sehr gut, dass dieses unnachgiebige Festhalten an den ursprünglichen ideologischen Prinzipien auch eine pathetische Seite hatte: „Meine grundlegende Pflicht besteht nicht darin, mich an meine Ämter zu klammern oder den Jüngeren keinen Platz zu machen. Sie besteht darin, Erfahrungen und Ideen aus der außergewöhnlichen historischen Epoche beizusteuern, in der ich habe leben dürfen."

Vielleicht wäre es richtiger, von einer unrealistischen und doppelt genähten Bindung an eine längst vergangene Erfahrung zu sprechen. Marx – das ist ihm gerechterweise zugestanden worden – war ein genialer Analytiker und Sozialdiagnostiker. Für seine Anhänger begannen die Probleme erst später: sobald man es nach der erfolgreichen

Revolution mit der Wirklichkeit und der Geschichte zu tun bekam. Da sich das Leben und die reale Gesellschaft nicht nach der marxistischen Theorie formen ließen, musste man einen „neuen Menschen" schaffen, mit dem man arbeiten konnte, weil der wirkliche Mensch sehr viel unbequemer und unhandlicher war, als der Kommunismus ihn sich vorgestellt hatte.

Castros Treue zu altbewährten und anerkannten Ideen war etwas Kostbares. Er scheint jedoch – und daran waren die Vereinigten Staaten mit ihrem Embargo nicht unschuldig – in all diesen Jahren nichts aus seinen Erfahrungen und aus der Lektion der Geschichte gelernt zu haben, deren Entwicklungen er nicht zu deuten vermochte. Und gerade deshalb gab es dort, wohin er blickte, keine Zukunft mehr.

Wenn man seine aufschlussreiche Reaktion auf das Buch seines Freundes García Márquez, „Der Herbst des Patriarchen", kennt, dann begreift man vielleicht besser, wie sehr er, wenn auch vielleicht unbewusst, seine irreparable Abhängigkeit von einem Apparat und einem System empfand, das er selbst geschaffen hatte. Aus einem System, mit dem er die Welt hatte verändern und die Zukunft hatte anpacken wollen, war ein Käfig geworden, dessen Gitterstäbe den Blick auf die Wirklichkeit verstellten. Sogar ihm selbst.

Letzten Endes wusste die Weltöffentlichkeit um die innere Widersprüchlichkeit des kubanischen Regimes, und sie wusste auch von den Menschenrechtsverletzungen, unter denen politische Dissidenten wie Armando Valladares zu leiden hatten. Der ganzen Welt war klar, dass Kubas Zukunftsperspektiven mehr als dürftig waren. Und noch immer verzichtete Fidel Castro nicht darauf, in seinem unwirklichen Reich die Krone zu tragen, und wollte um keinen Preis das Zepter aus der Hand geben.

Nach meinem Eindruck hatte die historische Schauseite – also das öffentliche Profil – von Castros Persönlichkeit seine eigentliche Identität so sehr verdrängt, dass er jeglichen Bezug zu seinem authentischen Selbst verloren hatte. Während ein Mensch seinen Charakter in der Regel „von innen nach außen" aufbaut, wie Romano Guardini es zusammenfassend formuliert hat, deutete bei Castro alles darauf hin, dass sein Leben von seinem äußeren Erscheinungsbild geprägt und ein wesentlicher Teil seines Inneren – seine persönlichen Überzeugungen und alle übrigen Bewusstseinsbereiche – in einen entlegenen Winkel zurückgedrängt worden war, um das öffentliche Bild des Revolutionskommandanten nicht zu beeinträchtigen.

All das machte ihn letztlich zu einer sehr zerbrechlichen Gestalt, die ebenso baufällig war wie das Regime, das er um sich herum konstruiert hatte.

Noch heute kommt mir, wenn ich an all diese Dinge denke, Kants Schlussfolgerung über die Freiheit in den Sinn: Entweder man ist im Hinblick auf die vollbrachten Taten wirklich autonom, oder man ist überhaupt nicht frei, weil mit dem Inneren letztlich auch die Subjektsautonomie selbst verlorengeht und man zum Sklaven des herbeigeführten äußeren Handelns wird. Ich glaube, dass sich in Fidel Castro – einmal abgesehen von seiner aufrichtigen Loyalität gegenüber Marx und seiner beständigen und zähen Gegenwehr gegen die ideologische Aggression der Vereinigten Staaten – mit der Zeit ein unumkehrbares und rückschrittliches Phänomen dieser Art herausgebildet hat.

Auf dem Flug nach Kuba wurde Johannes Paul II. von einem Journalisten gefragt, was er von Castro in Havanna hören wolle. Vielleicht ahnte der Papst damals schon etwas von dieser psychologisch überaus komplexen Situation, denn er antwortete: „Ich will immer und vor allem die Wahrheit hören: Er soll mir die Wahrheit sagen, seine Wahrheit, die nur er kennt… als Mensch, als Präsident, als Kommandant."

Die Frage ist noch immer aktuell: Hat Castro – wenigstens dem Papst – seine Wahrheit mitgeteilt?

Natürlich waren die beiden bei den Privatgesprächen unter sich, und niemand weiß, was dort wirklich gesagt worden ist. Doch ich begriff, als ich Kuba verließ und noch deutlicher, als ich ein Jahr später wieder bei Fidel Castro zum Essen eingeladen war, dass er nach Gorbatschow nun auch die zweite große Chance seines Lebens, sich zu ändern und sich zu entwickeln, versäumt hatte: jene Chance nämlich, die ihm mit dem Besuch Johannes Pauls II. geboten worden war.

Eben deshalb werde ich nie vergessen, was Johannes Paul II. mir einmal über Che Guevara, Castros ideologischen Mitstreiter, gesagt hat. Kurz zuvor waren die sterblichen Überreste des Guerilleros nach Kuba überführt worden. Zu diesem Thema befragt, antwortete der Papst: „Er steht vor dem Richterstuhl des Herrn. Überlassen wir es Ihm, dem Herrn, über seine Verdienste zu urteilen. Ich bin jedenfalls davon überzeugt, dass er den Armen nach bestem Wissen und Gewissen dienen wollte…"

Mir war dieses Vertrauen, das Johannes Paul II. in den Menschen hatte, schon bekannt: Er war immer zutiefst von den guten Absichten seines Nächsten überzeugt. Castro hatte mir gesagt, dass – anders als in Mexiko und Spanien – bei seiner Revolution „auch nicht ein einziger Tropfen Priesterblut" vergossen worden sei. Für das Blut der anderen kubanischen Bürger gilt dies jedoch nicht.

Und doch denke ich letzten Endes, dass Johannes Paul II. im Hinblick auf ein abschließendes Urteil über den „Comandante Fidel", wie Castro von seinen Gefährten auf Kuba genannt wird, vielleicht dasselbe gesagt haben würde wie über Che Guevara.

Ratzinger, Wojtyła und das Heilige Land

Am 8. Mai 2009 tritt Benedikt XVI. seine lange Pilgerfahrt ins Heilige Land an, die eine ganze Woche dauern wird. Es handelt sich um eine historische Etappe in den Beziehungen zwischen Christen, Juden und Muslimen – ein wichtiges Datum, das in eine entscheidende Phase seines Pontifikats und der Geschicke des Mittleren Ostens fällt.

Es scheint erst gestern gewesen zu sein, dass Johannes Paul II. am 26. März 2000, mitten im Heiligen Jahr, seine Vergebungsbitte in einem Spalt der Klagemauer hinterlassen und damit die Welt in Erstaunen versetzt hat. Einen Augenblick lang schien die Zeit stillzustehen, als die zitternde Hand des greisen Papstes Israel die Reue der Christenheit buchstäblich ins Herz hineinlegte. Alle begriffen sofort, dass dies keine formelle Geste war: Hier trat die gesamte Menschheit gemeinsam mit der Kirche in das neue Jahrtausend ein, und die neuen Friedenschancen und Kriegsrisiken, kurzum: das Schicksal der Menschheit selbst hing davon ab, wie sich die Beziehungen zwischen den großen monotheistischen Religionen des Planeten gestalten würden. Tatsächlich brachte Papst Wojtyła mit seinem Jerusalembesuch einen langen Weg der Annäherung an die jüdische Welt zum Abschluss, der mit dem Besuch der römischen Synagoge in Begleitung von Rabbiner Elio Toaff am 13. April 1986 begonnen und seither über viele historische Meilensteine geführt hatte.

Ganz sicher stellt Benedikt XVI. sich mit dieser seiner Rückkehr ins Heilige Land in eine perfekte Kontinuität mit seinem Vorgänger: zum einen dadurch, dass er den Spuren seiner Lehre folgt, und zum anderen dadurch, dass er eine institutionelle Präsenz in einen schwierigen Kontext hineinträgt, der mehr und mehr von den Schreckgespenstern eines nicht enden wollenden Krieges heimgesucht wird. Auch wenn die Anwesenheit des Papstes in Amman, Jerusalem, Betlehem und Nazaret dazu beitragen kann, die kulturelle Homogenität zwischen den großen monotheistischen Religionen zu festigen, fällt das Ereignis, was die regionalen Beziehungen zwischen Arabern und Israelis betrifft, in eine besonders feindselige und heikle historische Phase.

Man kann sagen, dass die Situation heute aus verschiedenen Gründen sehr viel kritischer ist als noch im Jahr 2000. Zunächst einmal hatte sich damals ein Klima des Friedens etabliert, das neue Hoffnungen auf eine diplomatische Lösung weckte. Dann war da Arafat als Vertreter der Palästinenser, ein populärer und fragwürdiger Anführer, dessen Stimme jedoch Gehör fand und dem, so oder so, gemeinsam mit Rabin der Friedensnobelpreis verliehen worden war. Zudem schien auch die israelische Politik ausgeglichener als heute und den Palästinensern gegenüber eher verständnisbereit. Das Szenario zweier souveräner und unabhängiger Staaten, das Clinton trotz aller Widrigkeiten mit allem

Nachdruck wollte, schien damals keine Utopie und barg immerhin die Möglichkeit, dass man irgendwann einmal sogar über den gordischen Knoten Jerusalem würde sprechen können. Heute dagegen scheint nach dem stürmischen Ende der zweiten Intifada ein so ambitioniertes Ergebnis in weite Ferne gerückt.

An die Stelle der Friedensvision ist bestenfalls eine Hoffnung auf Waffenstillstand getreten. Aus den letzten politischen Wahlen in Israel ist die Rechte – seit Scharon die Bühne verlassen hat, mit Lieberman und Netanyahu an der Spitze – gestärkt hervorgegangen. Der gemäßigte Barak – der während der Israelreise Johannes Pauls II. Premierminister war – steht inzwischen im Abseits. Auf der anderen Seite dagegen ist das Palästinenserlager von einer tiefen Kluft durchzogen. Der schwachen Regierung von Abu Mazen steht drohend und zunehmend finster der Schatten der radikalen Hamas gegenüber.

So kompliziert ist der Kontext, in den Benedikt XVI. versuchen wird, seine Botschaft des Friedens und der Zuversicht hineinzutragen: eine Botschaft der religiösen Eintracht mitten in einem schwelenden Krieg zwischen zwei Völkern, die ein uralter Hass entzweit – und das alles in der heiligen Stadt Jerusalem. Auch in den letzten Tagen ist Papst Ratzinger immer wieder auf die Herausforderung zu sprechen gekommen, die diese bevorstehende Reise darstellt, und auf die damit verbundenen Hoffnungen und Befürchtungen.

Verglichen mit dem Programm Johannes Pauls II. sieht man deutlich viele der erwähnten Gemeinsamkeiten, aber auch nicht geringe Unterschiede. Wojtyła beispielsweise besuchte im Heiligen Land keine einzige Moschee, wohl aber in Damaskus. Benedikt XVI. dagegen beabsichtigt zwei wichtige Begegnungen mit der muslimischen Welt: eine in der Al-Hussein-Bin-Talan-Moschee in Amman und die zweite in der berühmten, sogenannten Felsenmoschee in Jerusalem. Eine weitere große Neuerung ist die Tatsache, dass Benedikt XVI. einer deutlich größeren Anzahl von öffentlichen Messfeiern vorstehen wird, nämlich in Jerusalem im Josafat-Tal, in Betlehem auf dem Krippenplatz und in Nazaret am „Mount of Precipice“. Das sind drei für das Christentum besonders heilige und für alle in höchstem Maße symbolträchtige Orte.

Über die protokollarischen Zusammenkünfte hinaus bleibt es dem Papst natürlich ein zentrales Anliegen, gegenüber der Schoah ein neuerliches persönliches Zeugnis abzulegen. Deshalb wird Benedikt XVI. der Gedenkstätte Yad Vashem einen wichtigen Besuch abstatten, der auch eine Zeit der Stille vor der Flamme des Mausoleums vorsieht. Nicht Teil des Programms ist jedoch wie schon bei Johannes Paul II. der Besuch des Museums mit der umstrittenen Fotografie Pius' XII. Während seines Jerusalemaufenthalts ist darüber hinaus eine Reihe persönlicher Treffen vorgesehen: mit den Organisationen für den interreligiösen Dialog, mit dem Großmufti von Jerusalem sowie mit den beiden Oberrabbinern im Hechal-Shlomo-Zentrum.

Es ist schwierig vorauszusagen, wie sich die Anwesenheit Benedikts XVI. auf das delikate Gleichgewicht zwischen Arabern, Israelis und Christen auswirken wird, zumal sich vermutlich gerade die aggressiveren Gruppen diese günstige Gelegenheit nicht entgehen lassen werden, ihre Ziele und die Grenzen ihrer Toleranz zu manifestieren. Unterschwellig wird man auch damit zu rechnen haben, dass die örtliche Politik von Amts wegen daran interessiert ist, die Anwesenheit des Papstes und die Aufmerksamkeit der Weltöffentlichkeit zu nutzen, um Bewegung in die Sache zu bringen. Das wiederum deckt sich zumindest teilweise mit dem Wunsch des Papstes, der heterogenen christlichen Minderheit eine gewisse Sichtbarkeit zu verschaffen und auf diese Weise zu einer Verbesserung nicht nur ihrer religiösen, sondern auch ihrer zivilen Rechtslage beizutragen. Und nicht zuletzt steht zwischen der israelischen Regierung und dem Vatikan auch die große vermögensrechtliche und steuerrelevante Frage nach dem Kircheneigentum auf der Tagesordnung. Auch in dieser Hinsicht ist es eine interessante Frage, ob die Beilegung der Konflikte sich beschleunigen oder ob die Pattsituation Bestand haben wird.

Letztlich wird der weite kulturelle Horizont der päpstlichen Ansprachen den Mehrwert ausmachen, wenn sich aus ihnen der eigentliche

Gehalt seiner rationalen Auseinandersetzung mit den drei Bereichen herauskristallisiert, die die Dreh- und Angelpunkte dieser Reise bilden: einem besseren Verhältnis der Christen untereinander, einer engeren spirituellen Verbindung zwischen den monotheistischen Religionen – Christentum, Judentum und Islam – und dem Beginn eines Weges, der zu einem gegenseitigen Verständnis zwischen den beiden Völkern des Mittleren Ostens führen wird. Denn letzten Endes kann die Welt sich nur von dieser historischen Reise des Papstes in das Land der Väter einen wirklichen Beitrag zum Frieden erhoffen.

Der Mensch und die Moderne

Jugendzeit

Wenn es eine Frage gibt, die alle Epochen der Geschichte durchzieht, dann ist es die nach der Jugend – den unverbrauchten Jahren des Lebens. Das scheint dem Papst während seines Pastoralbesuchs in Ligurien im Mai 2008 besonders bewusst gewesen zu sein. Denn obwohl das Treffen mit den Jugendlichen immer einen festen Programmpunkt bildet, wirkten die Überlegungen Benedikts XVI. zum Thema der Jugend alles andere als geplant.

Und in der Tat handelte es sich um eine Improvisation, wie sie uns bei diesem Papst inzwischen schon zur Gewohnheit geworden ist: um einen wirklich originellen und nicht programmgemäßen Exkurs. Hinzu kommt, dass es den Jugendlichen gefällt, wenn von ihnen selbst, ihren Sorgen und dieser schwierigen und besonderen Phase ihres Lebens die Rede ist. Die Jugend ist das Thema, das einen Jugendlichen am meisten interessiert, am meisten anzieht und oft auch am meisten beunruhigt. Und eben deshalb hat der Papst bei den Jugendlichen über die Jugend gesprochen – und wie immer waren seine Worte staunenswert und nicht im Geringsten banal.

Vielleicht steckt hinter der Liebe zur Jugend eine rein biologische Sicht, die zwar nicht wesentlich ist, aber leicht dafür gehalten werden kann – dann nämlich, wenn man eine falsche, unvollständige und einseitige Vorstellung von dieser Altersstufe hat. Wer die Jugend als unvergleichliche Lebensphase erlebt, wird sie als Quelle der Angst und als Element dauernder Instabilität erfahren.

In seiner Einleitung zu Nietzsches „Ecce Homo" fand Arturo Graf 1908 zum Thema der Jugend außergewöhnliche und schreckerfüllte Worte: „Eure Jugend ist wie eine Pflanze im falschen Klima und im falschen Boden. Den Alten verweigert sie die Ruhe, nimmt ihnen den Atem, beschleunigt den Tod. Den Jungen raubt sie die Jugend und entreißt ihnen die Blüte des Lebens."

Wenn wir bei den biologischen Gegebenheiten eines Lebensalters stehenbleiben, gelangen wir letztlich zu der Überzeugung, dass wir Angst haben müssen um das, was wir schon bald verlieren werden. Oder dass wir weinen müssen um das, was wir nicht mehr haben. Der Papst jedoch, der vor den Jugendlichen leicht auf die Vorzüge der Jugend hätte eingehen können, brachte plötzlich einen ganz anderen, weniger offensichtlichen, aber wichtigeren Aspekt der Jugend zur Sprache.

Der Papst hat also die Jugendlichen zuerst gehört und gesehen und dann mit ihnen über die Jugend gesprochen: über jene Jugendlichkeit, von der man sich wünscht, dass sie einem ein Leben lang erhalten bleibt. Im Grunde waren seine Worte keine Feststellung, sondern ein Appell, jung zu sein, die Jugend zu entdecken und sie zu pflegen: „Ja, ich sage euch, seid immer jung! Aber ich erinnere euch auch daran, dass die Jugend – die echte Jugend – keine Frage von Jahren, von Körperkraft, von glänzender Form oder von Effizienz ist."

Wenn man diese Worte hört, fragt man sich spontan: Was soll das? Weshalb lädt er die Jugendlichen ein, jung zu sein? Ist das nicht überflüssig – so, als bäte man einen Seemann, ein Seemann, oder einen Greis, ein Greis zu sein?

Das trifft zu – aber nur, solange wir die Jugend so sehen wie Erasmus von Rotterdam sie sah: Er definierte die Jugend über die Zahl der Jahre und verabscheute das Alter als etwas Hässliches und Unglückliches. Wenn wir aber den Akzent verschieben und nicht von der biografischen, sondern von der erworbenen Jugendlichkeit sprechen, dann wird alles anders und bekommt einen ganz neuen Geschmack.

Sehr liebevoll hat der Papst erklärt, was es heißt, jung zu sein: nämlich im eigenen Leben die Dinge zu entdecken, „die nicht mit den Jahren vergehen", und sein eigenes Leben auf beständige und dauerhafte persönliche Ziele auszurichten. Und letztlich sogar auf unvergängliche Ziele.

Mir scheint, dass hier ein Bezug zu etwas hergestellt wird, das als ein echter Wert bezeichnet werden könnte: etwas, wofür es sich zu leben lohnt. Denn entweder gelingt es einem Menschen nicht, in seinem Leben Inhalte zu finden, die von Dauer sind; dann ist er gezwungen, sich auf krankhafte Weise an Flüchtiges und Vergängliches zu klammern. Oder es gelingt ihm mit der Zeit, den Blick auf absolute Ziele zu heften, die die tiefsten Dimensionen seiner Vorstellungskraft und Leidenschaft zu fesseln vermögen.

Wenn das geschieht, das heißt, wenn eine Person etwas findet, das sie für immer lieben kann, dann darf sie sicher sein, dass ihr Herz immer jung und immer verliebt bleiben wird. Und dann ist es schön, jung zu sein und jung bleiben zu können, auch wenn man an Jahren alt ist, weil man immer im Besitz jenes Feuers ist, das ständig in uns lodert und in uns Nahrung findet.

Man muss nicht besonders romantisch veranlagt sein, um diese Ansprache des Papstes zu verstehen. Man muss einfach nur nachempfinden können, was Walter Benjamin als die wahre Seele aller Poesie betrachtete: „Ich bin noch jung!" Gerade, wenn die Zeit dahineilt, kommt es darauf an, jene Hoffnung zu spüren, die sich unter den Falten der Jahre verbirgt und mit der Macht der Leidenschaft und Liebe die Zeit übersteht. Der Papst hat die jungen Menschen daran erinnert, dass sie nur dann jung bleiben werden, wenn sie sich die Fähigkeit bewahren, tief und umfassend zu lieben. Alt hingegen werden wir, wenn die Jagd nach der Zeit einen Kurzschluss in unserer Seele auslöst und die Liebe darin wie eine Glühbirne erlischt.

Es ist nicht zu übersehen, dass der Papst die Liebe auch außerhalb ihrer zentralen christlichen Bedeutung für einen unverzichtbaren Antrieb hält – nicht nur, um jung zu bleiben, sondern auch, um sich trotz allem seine gute Laune zu bewahren ... trotz der Gebrechen des Alters und trotz der Sorgen der Jugend.

Es wäre schwierig, die vorgetäuschte Jugend konservieren und versüßen und sie auch dann noch aufrechterhalten zu wollen, wenn sie in Wirklichkeit gar nicht mehr da ist. Das ist eine Haltung, die wir heute immer häufiger entdecken und die eigentlich nichts anderes ist als der tragische Versuch, die verrinnende Zeit aufzuhalten, weil man das Flüchtige und Vergängliche liebt. So wie Kronos seine eigenen Kinder verschlang, verschlingen wir auf diese Weise letztlich nur unsere eigene Zukunft in unserer Angst um die verlorene Gegenwart.

Vielleicht sind wir dann schlussendlich nur Passagiere auf einem Schiff, die auf das vorüberfließende Wasser starren, statt dem sich nahenden Land entgegenzublicken. Und so verlischt die Liebe und mit ihr die wahre Jugend, die niemals stirbt.

Die anthropologische Bedeutung der Bioethik

Der Titel einer kürzlich erschienenen Instruktion der Kongregation für die Glaubenslehre lautet „Dignitas personae". Eine originelle Wahl. Scheinbar abwegig. Für eine Schrift, in der es um Bioethik und Fortpflanzungstechniken geht, geradezu paradox. Doch den Schwerpunkt auf die Seite der Menschenwürde zu verlagern, ist in diesem Fall umso angemessener, als die Anthropologie der eigentliche Schlüssel zu einem wirklichen Verständnis jener komplexen ethischen Fragen ist, die sich hinter der allgemeinen Bezeichnung „Bioethik" verbergen.

Das neue Dokument bezieht mutig Stellung auf dem weiten Feld dieses spezifischen Bereichs der angewandten medizinischen Forschung und macht eine Position deutlich, die die Kirche seit Jahren beharrlich vertritt, auch wenn sie damit auf wenig Gegenliebe trifft. Der zweite und der dritte Teil von „Dignitas personae" sind eine Zusammenfassung lehramtlicher Aussagen zu Fragen der Fortpflanzung und Genmanipulation, die dem breiten Publikum bereits bekannt sind. Es handelt sich um ein in sich stimmiges ethisches System, das an einer breiten Palette möglicher Fälle veranschaulicht wird. Also nicht um einen noch nicht dagewesenen Diskurs, sondern um eine noch nicht dagewesene Klärung von Standpunkten zu bioethischen Themen.

Im Einzelnen geht es in den Analysen um die verschiedenen Techniken der assistierten Fortpflanzung wie die Reagenzglaszeugung, das Einfrieren von Embryonen, Gentherapien und das Klonen von Menschen.

Die Problematik ist vor allem deshalb so komplex, weil die Argumentation über ein derart schwieriges Thema nicht selten dramatische Einzelfälle betrifft, die von den Beteiligten direkt erlebt werden und sich nicht verallgemeinern lassen. Und die Schlussfolgerungen könnten unverständlich oder sogar grausam erscheinen, wenn man sie nicht in den größeren Kontext einer allgemeinen ethischen Bewertung einordnet, die sofort erkennen lässt, welche anthropologischen Voraussetzungen und elementaren Kriterien dem gesamten Diskurs zugrundeliegen. Eben deshalb werden die Grundlagen zum Verständnis des Dokuments gleich zu Beginn dargelegt.

Die Frage, warum es als ethisch falsch angesehen wird, wenn ein unfruchtbares Paar zu Techniken der assistierten Fortpflanzung Zuflucht nimmt, die vom Geschlechtsakt losgekoppelt sind, impliziert zwangsläufig auch die Frage, was die menschliche Person ausmacht. Und um diese Frage zu beantworten, muss man sich mit existentiellen Gegebenheiten auseinandersetzen, die zwar nicht mehr zum Gebiet der Wissenschaften, sehr wohl aber zum Menschsein gehören.

Die anthropologische Dimension ist nämlich der eigentliche Bezugspunkt, Beweggrund und Zweck der Instruktion. Schon gleich zu Anfang wird deutlich, dass die Kongregation das Bündnis zwischen menschlicher Vernunft und Glauben als den einzigen Parameter betrachtet, der für die deontologische und bioethische Betrachtung maßgeblich ist. Mit Bezug auf ein früheres Dokument, die Instruktion „Donum vitae“, verweist es mit besonderem Nachdruck – aber auch mit einem geschärften wissenschaftlichen Bewusstsein – darauf, dass die menschliche Person der eigentliche Beginn jeder wissenschaftlichen Forschung und jeder denkbaren therapeutischen Betrachtung ist. Genauso ist auch der Begriff der „Würde der menschlichen Person“ zu verstehen, der ja bereits im Titel des Dokuments präsent ist. Es geht also darum, nicht nur anzuerkennen, sondern zu erklären, dass „in der Beschaffenheit des Menschen weder eine Änderung des Wesens noch eine Gradualität des moralischen Wertes behauptet werden“ kann.

Dadurch, dass das Dokument einerseits die doppelte humane und transzendente Dimension jeder menschlichen Person und andererseits die Verbindlichkeit des familiären Rahmens als der tragenden Struktur für den Prozess der materiellen Zeugung und des spirituellen Wachstums jedes Individuums herausstellt, entsteht eine philosophische Architektur des Menschlichen, die jeder spezifischen Bewertung und jedem besonderen Beitrag der Wissenschaft und der Forschung vor- und übergeordnet ist. Das führt unter dem Strich zu einer unumstößlichen Bejahung der doppelten, nämlich materiellen und spirituellen Beschaffenheit, die das Menschsein unweigerlich ausmacht und zu der auch die Ausprägung der geschlechtlichen Unterschiede und der daraus erwachsende Zeugungsprozess wesentlich dazugehören. Im Zentrum von alldem steht die kontinuierliche Entfaltung des Lebens in der Zeit: eine Entfaltung, die nicht nur die verschiedenen existentiellen „Stationen“ jedes Einzelnen von der Geburt bis zu seinem natürlichen Tod, sondern auch die Zeugung von Leben als wechselseitige Hingabe eines Mannes und einer Frau in der Authentizität freier und aktiver Subjekte voraussetzt.

Ignoriert man nämlich die Bedeutung der männlichen und der weiblichen Sexualität – und damit den anthropologischen Sinn der leiblichen Vereinigung, die die Fortpflanzung unserer Spezies gewährleistet –, dann wird man schwerlich imstande sein, etwas von der menschlichen Liebe zu verstehen und das ethisch Zulässige vom Unzulässigen zu unterscheiden. Denn der moralische Diskurs ist nicht das Ziel, sondern die Folge eines vorherigen – physischen und metaphysischen – anthropologischen Status, der die menschliche Person als solche betrifft: das heißt ihre geschlechtlich ausdifferenzierte Seinsweise und ihren freien Willen, sich dem anderen in einem Bund der Treue und Hingabe ganz und ausschließlich zu schenken und auf diese Weise neues Leben hervorzubringen.

Die menschliche Fortpflanzung geschieht nämlich nicht durch den anderen, sondern im anderen und mit dem anderen. Der Weg des Kennen- und Liebenlernens, auf dem eine Person dorthin gelangt, eine andere zu zeugen, ist nicht nur das Ergebnis einer individuellen Entscheidung, sondern der spirituelle und materielle Übergang des eigenen Selbst in ein neues Subjekt, der sich in der Transzendenz einer anderen Person des anderen Geschlechts erfüllt.

Ohne Zweifel können und müssen Wissenschaft und Technik als zuweilen sogar unverzichtbare Werkzeuge intervenieren, um dort zu helfen, wo die Fruchtbarkeit der Eheleute durch Krankheiten und andere Hindernisse beeinträchtigt wird, ohne dabei jedoch in die körperliche, psychologische und spirituelle Ganzheit des Paares und der Ungeborenen einzugreifen.

Abgesehen davon, dass sie dem Zeugungsakt seine natürliche Dynamik der Liebe und Hingabe nehmen, beruhen Techniken wie die Befruchtung im Reagenzglas leider oft auf einer Instrumentalisierung der menschlichen Person, wie der Umgang mit den Embryonen nur allzu deutlich zeigt. Selbst neue menschliche Subjekte werden auf diese Weise zu einem bloßen Rohstoff für die Zeugung von Leben deklassiert. In diesem Missbrauch und der damit verbundenen hohen Verlustrate im Hinblick auf das Leben der einzelnen Föten manifestiert sich eine therapeutische Freiheit, die aus ethischer Sicht unzulässig ist – nicht aus bioethischen Gründen, sondern aufgrund tiefer und wesentlicher anthropologischer und metaphysischer Erwägungen.

Denn wenn man eine Art der Fortpflanzung zulässt, die sich nicht mehr auf den fleischlichen Akt, sondern auf eine Instrumentalisierung von Embryonen stützt, drängt man die Eltern aus ihrer legitimen Hauptrolle heraus, um ein für sie schwerwiegendes persönliches Problem zu lösen, und benutzt das menschliche Leben als Mittel zum Zweck – ohne zu bedenken, welche Folgen dies für die Ungeborenen und die anderen Personen haben wird, die an der Therapie beteiligt sind.

Auch wenn wir darauf verzichten, das Einfrieren der unbefruchteten Eizellen und die Präimplantationsdiagnostik technisch zu bewerten, stehen derartige therapeutische Vorgehensweisen, die per se Räume einer echten und eigentlichen Gentechnologie aufschließen, im Gegensatz zum Sein und zur Würde eines jeden Menschen.

Diese Betrachtungen lassen mich an einen Satz von Leibniz denken: Es ist viel besser, auf etwas Persönliches als auf seine Menschlichkeit zu verzichten. Denn die Lösungen für die Übel, die das Leben oft unglücklich machen, führen dazu, dass wir nach Wegen suchen, die sich über jede Regel erheben und außerhalb jeder moralisch zulässigen Ordnung stehen. Und in Fällen wie diesen steht leider nie nur das Glück des Einzelnen, sondern immer das ethische Überleben der gesamten Menschheit auf dem Spiel.

Von der zweifelhaften Freiheit eines Komapatienten

Es scheint, dass die bioethischen Fragen in letzter Zeit im Mittelpunkt des Interesses stehen. Nach dem traurigen Schicksal von Eluana Englaro haben wir es nun mit einer ganzen Reihe von Fällen zu tun, die elementare ethische Bezugssysteme und damit die Grundfesten unseres gemeinsamen Denkens und unserer Zivilisation erschüttern. Aktuell dreht sich die Debatte um den zugegeben ungewöhnlichen Fall einer Frau aus Vigevano: Sie wünscht sich ein Kind von ihrem Mann, der einen schweren Gehirntumor hat und im Koma liegt. Nach einigen eher skeptischen Reaktionen – nicht, was die technische Durchführbarkeit, sondern was die ethische Rechtmäßigkeit ihres Ansinnens betrifft – meldete sich Professor Severino Antinori zu Wort und erklärte sich bereit, den Eingriff kostenlos durchzuführen. Wie wir gehört haben, handelt es sich darum, „die Gameten des Mannes, der im Koma liegt, zu entnehmen und in die Oozyten der Frau zu injizieren."

Von den im engeren Sinne operativen Fragen und den möglichen Folgen einmal abgesehen, scheint auf dem Gebiet der Bioethik eine plötzliche Beschleunigung eingetreten zu sein, die allerdings meist nicht mit der nötigen Klugheit, das heißt mit einer korrekten und rationalen Abwägung der Konsequenzen einhergeht. Während man nämlich noch bis vor einigen Jahren anlässlich des Fortpflanzungsgesetzes darüber diskutierte, ob die Reagenzglaszeugung ratsam sei oder nicht, geht es derzeit immer häufiger um Menschen, die nicht mehr oder noch nicht in der Lage sind, ihre eigene Freiheit auszuüben.

Wenn uns die Erfahrung eines lehrt, dann, dass man den Ereignissen solange Zeit geben muss, bis sie in einer angemessenen Sprache und mit den geeigneten Worten ausgedrückt werden können. Bei näherem Hinsehen stellen wir nämlich fest, dass wir es hier gar nicht mehr mit einer bioethischen Frage im klassischen Sinne, sondern mit einer technischen Bewertung aus dem Labor zu tun haben. Wir alle sind aufgerufen, uns mit Aspekten der persönlichen Freiheit und des Lebens auseinanderzusetzen, die noch gar nicht gründlich durchdacht worden sind. Nicht einmal dazu reicht die Zeit.

Es scheint zuweilen, dass alles mit einer gewissen Hast erledigt werden soll und man nicht abwarten kann, bis man mehr über das weiß, was man da tun will. Im vorliegenden Fall wird die persönliche Freiheit eines Menschen gleichsam aus der Vergangenheit in den Zeugenstand gerufen, um etwas darüber auszusagen, was dieser Mensch gewollt hätte – auch wenn er dem heute nicht mehr zustimmen, geschweige denn es aus eigener Kraft tun kann. Abgesehen von den Interessen einiger Ärzte, die solche Fälle menschlichen Leidens nutzen, um wichtige medizinische Resultate zu erzielen, ist und bleibt es sehr schwierig einzusehen, was an einem solchen Gebrauch der Hoffnung und der Freiheit vernünftig sein sollte. Wie viele von uns waren schon einmal in der emotionalen Situation, beschwören zu können, dass sie etwas Bestimmtes niemals tun würden – und haben es dann doch getan? Wie viele von uns haben sich nicht nach einem üppigen Mittagessen schon einmal geschworen, nie wieder Süßes zu essen, und standen nur wenige Stunden später mit Köstlichkeiten beladen an der Kasse einer Konditorei?

Es hängt davon ab! Und dieses Abhängen von der Zufälligkeit der Dinge ist das Wesen unserer Selbstbestimmtheit. Die Freiheit nämlich drückt sich nur dann wirklich aus, wenn jemand die Möglichkeit hat, seine Meinung zu ändern und das Gegenteil von dem zu tun, was zuvor vereinbart war. Alles andere ist Notwendigkeit, ist Verpflichtung. Ist weder Willkür noch Wahl. Die Freiheit einer Person außerhalb ihres eigenen Bewusstseins ausüben zu wollen, ist deswegen so paradox, weil wir damit diese Unbestimmtheit des Handelns in gewisser Weise unterdrücken und zu etwas machen, was zwangsläufig von anderen bestimmt wird. Auf die in diesem Fall vorgebrachte Behauptung, es sei der ursprüngliche Wunsch des heute komatösen Mannes gewesen, Kinder zu haben, muss man erwidern, dass dieses Argument nur dann gilt, wenn angenommen werden kann, dass der Patient von seinem Kinderwunsch derart überzeugt war, dass er ihn als eine für alle Zeiten unumstößliche Notwendigkeit und damit nicht mehr wirklich als eine Frage der Freiheit empfunden hat.

Wenn man hingegen die Freiheit eines Menschen anerkennen will, muss man akzeptieren, dass diese Freiheit nur für die Gegenwart und nur dann geltend gemacht werden kann, wenn der Betreffende bei Bewusstsein und zurechnungsfähig ist, dass sie aber niemals zu einem anderen Zeitpunkt und in einer anderen Situation von einem anderen eingeräumt oder ausgedrückt wird. Deshalb ist ja beispielsweise auch ein Testament in dem Moment anfechtbar, wo bewiesen wird, dass der Verfasser nicht imstande war, etwas zu beabsichtigen oder zu wollen, dass er gefügig gemacht oder bedroht und mithin gezwungen worden ist, so über seine Besitztümer zu verfügen, wie dort niedergelegt.

Wird ein früherer Wille in der Gegenwart aktiviert – und das gilt beispielsweise auch für eine Patientenverfügung –, dann besteht die Gefahr, dass wir einem Subjekt, das frei war und es nun nicht mehr ist, Gewalt antun: Gewalt hinsichtlich der Möglichkeit, jetzt etwas anderes zu wollen, als es zu einem früheren Zeitpunkt mündlich oder schriftlich geäußert hat.

Was hingegen die materiellen Güter betrifft, so liegt es auf der Hand, dass man auf ein Testament zurückgreifen muss. Und so schreibt es ja auch die Gesetzgebung aller Länder vor, damit diese Güter nicht verschwendet oder zerstört werden. Man akzeptiert dies unter Vorbehalt, weil man weiß, dass kraft eines nicht mehr überprüfbaren Willens das Erklärte gesetzlichen Verfahren unterzogen werden kann, die der Erklärung ihre Legitimität entziehen.

Eine Patientenverfügung oder die mögliche Ausübung der Freiheit eines anderen bezieht sich allerdings nicht auf materielle Güter, sondern auf direkte, persönliche Aspekte des Lebens. An diesem Punkt wird das Ganze beunruhigend und paradox. Denn die materiellen Güter leben nicht und lassen sich, wenn sie nicht zerstört oder vergeudet werden, in jedem Fall an andere weitergeben. Doch wer soll bei der Geburt eines Kindes oder der Entscheidung, einen Patienten sterben zu lassen, die endgültige Verantwortung für die persönlichen Konsequenzen übernehmen, die sich daraus ergeben?

Man muss vorsichtig sein. Selbst ein Philosoph wie Habermas ist unschlüssig, was die Last der Verantwortung betrifft, die ein freier Mensch in einem solchen Fall für einen nicht mehr freien Menschen auf sich nimmt: einen Menschen, der nichts mehr bestimmen und damit auch keine echte Verantwortung mehr für sein eigenes, geschweige denn ein fremdes oder gar ein ungeborenes Leben übernehmen kann.

Statt hastig eine neue Möglichkeit nach der anderen auszuprobieren, wäre es für den Menschen derzeit eher ratsam, diese neuen Möglichkeiten erst einmal zu bewerten und gründlich nachzudenken: über das, was in den vergangenen Monaten geschehen ist, und über die Chancen, die wir haben, besser und vernünftiger mit den sich abzeichnenden allerneuesten Entwicklungen umzugehen. Als Leitlinie könnte das „rechte Maß" des Aristoteles dienen, das uns lehrt, einem Komapatienten weder seine personale Würde abzusprechen noch ihm eine Freiheit zuzubilligen, die er gar nicht mehr ausüben kann. Vielmehr sollten wir uns eingestehen, dass wir es mit Personen zu tun haben, die trotz ihres komatösen Zustands in jeder Hinsicht Menschen bleiben: Menschen mit einer uneingeschränkten Würde, die jedoch schlichtweg nicht in der Lage sind, ihre Freiheit auszuüben – auch dann nicht, wenn sie diese Freiheit vor Jahren auf ihre Frau hätten übertragen wollen, um ein Kind mit ihr zu zeugen.

Es sieht tatsächlich so aus, als wäre die Anthropologie sehr viel nuancenreicher als vermutet. Und sehr viel riskanter.

Das Rätsel des Bewusstseins und die Frage des Lebens

Ich habe die Debatte über die Patientenverfügung von Anfang an mitverfolgt. Und kann über die neueren Entwicklungen wirklich nur staunen. Wir befinden uns heute auf einer Diskussionsebene, die in der Vergangenheit unerreichbar, vielleicht sogar unvorstellbar gewesen wäre. Ich spreche von den heftigen Kontroversen um Personen im Wachkoma, wie sie durch den Prozess um Eluana Englaro ausgelöst worden sind.

Vielleicht ist es hilfreich, unabhängig von diesem Einzelschicksal einige allgemeine Überlegungen anzustellen.

Die letzte Entscheidung des Kassationsgerichts hat das in der ersten Instanz gefällte Urteil des Berufungsgerichts bestätigt und damit die rechtlichen Grundlagen dafür geschaffen, dass die Patientin, die seit siebzehn Jahren im Wachkoma liegt, nicht weiter künstlich ernährt wird. Von der ohnehin schon heiklen und problematischen Entscheidung der Richter einmal abgesehen, war vor allem die Rolle der Familie ausschlaggebend, die den Ausgang des Verfahrens ausdrücklich begrüßt hat.

Der tatsächliche Wille der Patientin aber ist nur auf der Grundlage von Aussagen voreingenommener Zeugen rekonstruiert worden, und es gibt eine Reihe von Widersprüchen, die die Einschätzung dieses Willens unweigerlich beeinflusst haben. Auf der einen Seite vertritt man nämlich die Auffassung, dass ihr Zustand einer inzwischen schon so langjährigen Bewusstlosigkeit nicht mehr jene Merkmale aufweise, die eine künstliche Ernährung rechtfertigen; doch auf der anderen Seite erklärt man ihr Bewusstsein und ihren Willen, die derzeit nicht mehr existent sind, zur letzten Instanz in der Entscheidung über ihr Weiterleben.

Verwirrung und Unsicherheit scheinen beträchtlich, wenn es darum geht, die anthropologische Frage nach dem wirklichen Wert des Bewusstseins und des freien Willens im Leben einer Person zu beantworten. Die Existenz der genannten Fähigkeiten gehört der Vergangenheit an und hat doch eine Gegenwartsbedeutung für das Leben und Sterben der Person. Wie ist das möglich? Natürlich vermag eine Person, die sich in einem zeitweise verlängerten Zustand vegetativen Lebens befindet, in ihrem derzeitigen Zustand kein lebendiges Bewusstsein zu artikulieren. Und doch wird behauptet, dass, obwohl dieser Bewusstseinszustand nicht mehr besteht, ihr von anderen Personen bezeugter früherer Wille dennoch eine gültige Grundlage ist, um über ihr Leben und ihren künftigen Tod zu entscheiden.

All das ist kaum nachvollziehbar. Verstehen wir uns richtig: Entweder ist das Bewusstsein eine wesentliche Voraussetzung für das Leben als Person: dann ist man keine Person mehr, wenn man nicht bei Bewusstsein ist; oder das Bewusstsein ist keine Voraussetzung für das Leben als Person: dann ist es völlig müßig, über sein Vorhandensein oder Nichtvorhandensein zu diskutieren.

In jedem Fall läuft man Gefahr, den realen und personalen Wert der subjektiven Würde des Kranken zu leugnen. Die menschliche Person kommt nicht schlagartig, sondern schrittweise zu Bewusstsein. Man muss wachsen, um sein Bewusstsein zu erlangen, und man muss in seinem Bewusstsein wachsen, um frei zu sein. Wenn aber jeder Mensch nur schrittweise in den Vollbesitz seines Bewusstseins und seiner Freiheit gelangt, bedeutet das automatisch, dass de facto unmöglich festgestellt werden kann, wann es in einer Person effektives Bewusstsein gibt und wann nicht. Wir alle – vor allem die nicht mehr ganz Jungen unter uns – haben schon einmal die Erfahrung gemacht, dass es Tage gibt, an denen man weniger klar bei Verstand ist als an anderen Tagen. Deshalb verdienen wir aber nicht weniger Respekt. Eine an Alzheimer erkrankte Person kann in ihrem Selbstbewusstsein praktisch völlig beeinträchtigt sein. Das heißt aber nicht, dass man das Recht hätte, sie nicht mehr zu ernähren oder ihr eine geringere menschliche

Würde zuzuerkennen. Wenn jemand, der für diese Menschen verantwortlich ist, sich so verhalten würde, würden wir die Polizei oder das Sozialamt benachrichtigen – genauso, wie wir es bei Eltern täten, die sich ihren minderjährigen Kindern gegenüber unverantwortlich verhalten.

Die Entscheidung, die Ernährung einzustellen, weil es sich lediglich um eine „lebensverlängernde Maßnahme" handele, ist deswegen so prekär, weil dieses Urteil eine menschliche Person betrifft, die mit der Bewusstseinsfähigkeit ausgestattet ist, diese Fähigkeit aber zurzeit nicht mehr ausüben kann. Die Feststellung, sie am Leben zu erhalten sei lediglich eine „lebensverlängernde Maßnahme", macht bestürzt und fassungslos.

Der wichtigste Einwand bezieht sich auf die Tatsache, dass das Elektroenzephalogramm einer Person im Wachkoma keine gerade Linie ist, sondern Spannungsschwankungen zeigt, die von der Gehirnaktivität herrühren. Das heißt, die betreffende Person ist nicht klinisch tot. Wenn wir einerseits annehmen, dass das Vorhandensein von Gehirnaktivität Leben bedeutet, und wenn andererseits die künstliche Ernährung einer Person im Wachkoma eingestellt werden darf, dann sagen wir doch gleichzeitig, dass sie am Leben ist, dass sie aber nicht als Person am Leben ist, und dass wir ihr deshalb die notwendigen Lebensgrundlagen entziehen.

Dann macht es also keinen Unterschied, ob jemand lebt oder ob er als Person lebt?

Auch bei uns hat Benedetto Ippolito in einem jüngst erschienenen Artikel erklärt, „der Gedanke, die Würde einer Person von ihrem Grad an Entwicklung, Autonomie und Gesundheit abhängig zu machen" sei „mindestens ebenso absurd wie der Gedanke, dass der Täter nach der Ermordung einer ohnmächtigen Person auf mildernde Umstände hoffen könnte, weil das Opfer nicht bei Bewusstsein gewesen ist". Wären wir also bereit, die Würde eines wachen von der Würde eines schlafenden Menschen zu unterscheiden oder zu behaupten, dass eine nur vorübergehend im Koma liegende oder voll narkotisierte Person keine menschliche Person ist, weil sie zwar am Leben, aber sich dessen nicht bewusst ist? Ich denke nicht.

Die sehr konkreten Gründe, die wir bereits angeführt haben, machen es schwierig für einen Arzt, die künstliche Ernährung eines Wachkomapatienten einzustellen. Man verlangt von einem Menschen, mit seiner Unterschrift die direkte und individuelle Verantwortung für die Lösung eines bisher ungelösten Rätsels zu übernehmen, die „Todeslösung" der „Lebenslösung" vorzuziehen und damit die schlechtere Wahl zu treffen. Natürlich kann man das tun – weil man alles tun kann, auch Selbstmord begehen –, aber man darf es nicht: nicht legal, nicht in dieser Weise, nicht mit diesen Kriterien und nicht als Akt individueller ärztlicher Verantwortung.

Wenn wir dagegen von der Voraussetzung ausgehen, dass es im Menschen auch dann, wenn seine Subjektivität sich nicht voll und ganz zu äußern vermag, dennoch ein personales Leben gibt, dann geben wir der Zukunft eine Chance, genauer und besser zu bestimmen, was menschliches Leben heißt, statt uns Hals über Kopf in Aktionen zu stürzen, die sich eines Tages für die Menschheit insgesamt als schwerwiegend erweisen könnten.

Stellen wir uns doch nur einmal vor, es gäbe eine Therapie, die – vielleicht mithilfe von Stammzellen – das Hirngewebe von Unfallgeschädigten, die im Wachkoma liegen, wiederherstellen könnte. Dann läge auf unseren Schultern die Verantwortung, Menschen per Gesetz eliminiert zu haben, die seinerzeit als unheilbar galten, jetzt aber geheilt werden könnten.

Warum sonst sollte man nicht alle eliminieren, die nicht mehr bei bester Gesundheit sind, und weiterhin versuchen, die degenerativen Verläufe tödlicher Krankheiten zu verlangsamen?

Der Punkt ist doch der, dass der menschliche Körper in biologischer und genetischer Hinsicht eine besondere Subjektivität besitzt, die nicht schwindet, wenn seine Kräfte zeitweise oder dauerhaft nachlassen. Und wenn das personale Leben in seinen verschiedenen Abstufungen sich von dem jeder anderen Spezies unterscheidet, dann bedeutet das, dass niemand von uns persönlich für den Tod eines anderen verantwortlich sein darf, ohne sich moralisch der Tötung schuldig zu machen. Wenn jemand sterben will, so mag er es tun, aber es darf keine gesetzliche Grundlage dafür geben, dass er einen anderen dabei um Hilfe bittet, weil dieser andere dann nicht Mittäter bei einem Selbstmord, sondern Täter bei einer legalisierten Tötung wäre.

Andernfalls müssten wir es so machen wie die Spartaner und alle, die nicht perfekt sind, von den Klippen stürzen. Das wäre dann wohl der Wiederhall jener makabren Sinfonie, die zwischen 1940 und 1945 in einigen Regionen Europas gespielt worden ist.

Die Arbeit feiern

Der erste Mai ist der Tag der Arbeit und einer der bekanntesten zivilen Feiertage. Anders als in der Vergangenheit scheint dieses Fest heute beinahe schon ein Anachronismus, ein unzeitgemäßes Ereignis zu sein. Das wäre eine ernste Sache, denn dann hätten wir unsere Aufmerksamkeit für einen wichtigen Aspekt unseres Lebens verloren. Zuweilen nimmt die Arbeit uns offenbar alle so sehr in Anspruch, dass wir es als unpassend empfinden, auch nur für einen Moment innezuhalten und darüber nachzudenken, was Arbeiten wirklich bedeutet: was es bedeutet, Tag für Tag mit dem beschäftigt zu sein, was ein jeder eben so tut.

Es gibt eine bestimmte Art, die Menschheitsgeschichte zu interpretieren, und dieser Interpretation zufolge ist die Arbeit nichts anderes als ein Phänomen der modernen Zeit. Modern im Sinne einer Einstellung zum Leben, die von unserer heutigen Sicht der Praxis und des Handelns geprägt ist und sich nicht mit dem entspannten und kontemplativen Rhythmus früherer Zeiten vereinbaren lässt. Diese Deutung ist jedoch eher abwegig. Es handelt sich um das, was Bacon als Idola bezeichnete: ein falsches, von der Fantasie geschickt erfundenes, aber in Wirklichkeit nichtssagendes Bild. Wenn man sich nur einen Moment vor Augen hält, wie schwierig das Leben heute für viele Menschen ist

– und das trotz all der Hilfen und Solidaritätsverbände, die es früher nicht einmal gab –, dann begreift man, dass die Arbeit in der Vergangenheit mindestens ebenso wichtig gewesen sein muss wie heute. Allein schon, um das Überleben zu sichern.

Natürlich, die Zeiten haben sich geändert. Auch wenn die Arbeit heute wie damals die menschliche Landschaft bestimmt: als Maßeinheit für das, was wir als personale Würde empfinden, als Kriterium im Bereich der Rechte, die ein jeder besitzt, und nicht zuletzt zumindest einmal im Jahr als Festgegenstand mit sozialer Funktion.

Und doch scheint sich im Vergleich zu dem, was die klassischen Philosophen früher über die Arbeit zu sagen pflegten, gar nicht so viel geändert zu haben. So halte ich beispielsweise den Satz des Musonius Rufus nach wie vor für zutreffend, der, wenn auch vielleicht etwas drastisch, den „Ackerbau als das vor allem für einen Denker angemessenste Mittel" bezeichnete, „sich seinen Lebensunterhalt zu verdienen". Damit meinte er, dass die Kontemplation ein Vorrecht ist, das mit Schweiß und Mühsal verdient sein will. Zu einem ähnlichen Schluss gelangt auch Sextus Empiricus, und auch er stieße in der heutigen Welt wohl auf Zustimmung: „Es besteht immer die Notwendigkeit, eine Kunst, das heißt eine Arbeit zu erlernen oder auszuüben, um anständig leben zu können".

Besonders erhellend fand ich in diesem Zusammenhang immer einen den beiden Zitaten nicht unähnlichen Gedanken des jungen Habermas, der der Arbeit die Rolle einer „vermittelnden Synthesis zwischen Mensch und Natur" zuschreibt. Dadurch gerät seine pragmatische Sicht der Gesellschaft in eine gewisse Nähe zu der Beschreibung der Arbeit, wie sie beispielsweise in der alttestamentlichen Tradition enthalten ist. Denn man muss kein Philologe sein, um bei der Lektüre der ersten Kapitel der Genesis zu begreifen, dass das Vorrecht, allen Dingen einen Namen zu geben, das Gott der Menschheit gewährt, eine Fähigkeit ist, die wir alle von Geburt an besitzen, die aber nur durch eine wirkliche Lebensanstrengung Wirklichkeit wird.

Vielleicht ist diese wesentliche und universale menschliche Charakteristik der Arbeit in der jüngeren Vergangenheit durch die ideologische Gegenüberstellung von Arbeit und Kapital ein wenig verlorengegangen. Und das unverkennbar zugunsten des zweiten und zulasten des erstgenannten Aspekts. So hat das 20. Jahrhundert dem neuen Millennium zum Beispiel eine Sichtweise hinterlassen, die die als Aktivität verstandene Arbeit im Großen und Ganzen dem produzierten Reichtum unterordnet und damit zwischen dem Arbeiten und dem, der eine bestimmte Art von Arbeit verrichtet, also der Arbeiterklasse, eine Art Identität erzeugt. Dass sich diese Vorstellung durchgesetzt hat, zeigt jedoch, dass ein entscheidender Faktor des persönlichen Lebens verlorengegangen ist, nämlich der subjektive Charakter der Arbeit, der nicht mit einem von Konsum und Kommerz geprägten Kapitalbegriff zu verwechseln ist. Denn etwas zu besitzen heißt, einen nicht produzierten Reichtum zu haben. Arbeiten dagegen bedeutet Wachstum: Wachstum vor allem durch die eigene Tätigkeit und nicht so sehr dadurch, dass man dem globalen Markt weitere Güter zuführt. Deswegen ist ein Arbeitsplatzverlust oder eine plötzliche Arbeitslosigkeit immer tragisch – auch ohne eine echte wirtschaftliche Notsituation.

In diese Richtung sind auch die Väter der italienischen Verfassung gegangen: Sie wollten die Arbeit explizit von einer starren Klassenidentität trennen und die Voraussetzungen dafür schaffen, dass sich ein anthropologisches und ethisches Profil der Arbeit als eines gemeinsamen Guts aller Bürger herausbildet. Auch wenn – das versteht sich von selbst – die Organisation der menschlichen Tätigkeiten nicht auf eine Zielsetzung verzichten kann, die sich in den Kategorien von Produktivität und Profit ausdrückt. Nicht weil die Arbeit sich über diese Kategorien definieren würde, sondern weil sie auf diese Weise eine befriedigende Zielsetzung und Motivation erhält.

Eine Arbeit, die nicht darauf ausgerichtet wäre, Reichtum hervorzubringen, wäre nämlich in Wirklichkeit gar keine Arbeit, sondern ein gefährlicher Arbeitsersatz und das künstliche Produkt einer im

Niedergang begriffenen Versorgungsgesellschaft. Denn der Keim jedes tragfähigen Unternehmertums besteht letztlich darin, dass der zuinnerst menschliche Wert der Arbeit begriffen wird, die es jedem erlaubt, sich eine echte und eigentliche Fülle des Seins und folglich eine echte und eigentliche Steigerung des eigenen und des allgemeinen Wohlstands zu verdienen. Deshalb ist eine gut gemachte und vollendete Arbeit eine kollektive Errungenschaft und relativ – wohlgemerkt relativ – unabhängig von den erzielten Resultaten.

Im Grunde kann die Arbeit trotz der brillanten Beschreibungen eines Max Gluckman niemals völlig auf eine „Funktion“ oder auch eine „Struktur“ der Gesellschaft reduziert werden, denn sie betrifft de facto die eigentliche Grundlage nicht nur der wirtschaftlichen, sondern auch der im tieferen Sinne menschlichen Kategorien. Nämlich das ureigene Wohl dessen, der sich mit seiner Arbeit als Person verwirklicht.

Und wieder die Arbeit… und ihr innerer Wert

Die Botschaft Benedikts XVI. anlässlich der Eröffnung der sozialen Wochen der Kirche in Pistoia und Pisa befasst sich mit dem Thema der Arbeit.

Diese Themenwahl ist nicht neu; vielmehr hat der Papst dieser Frage, wenn auch auf jeweils unterschiedliche Weise, viele Male seine Aufmerksamkeit geschenkt und sie unter anderem in seiner ersten Enzyklika „Deus caritas est“ vertiefend behandelt.

Im Grunde ist die Frage von Rechts wegen Teil einer gründlichen Gesamtuntersuchung unserer Gegenwartsgesellschaft. Und letztlich unseres eigenen Lebens. Vielleicht auch deshalb, weil fast jeder von uns die Stunden seines Tages größtenteils der Arbeit widmet oder mit diversen beruflichen Aktivitäten zubringt.

Es scheint Gründe für die Annahme zu geben, die Wichtigkeit der Arbeit sei durch die Produktionsrhythmen bedingt, die die Moderne uns auferlegt hat: durch die rasante Entwicklung des Lebens und durch die industrielle und technologische Revolution, deren Tempo sich in den letzten Jahrzehnten so erheblich gesteigert hat.

Tatsächlich hat man in der jüngeren Vergangenheit oft sagen hören, die heutigen Lebensrhythmen hätten den alten Homo sapiens zu jenem Homo faber gemacht, von dem Max Frisch in seinem berühmten Roman spricht: einem pragmatischen, rationalen und für andere unsensiblen Wesen, das völlig in seinem eigenen individualistischen Aktionismus aufgeht. All das ist natürlich nur ein Bild der Fantasie, die sinnbildliche Darstellung eines Grenzfalls, über den man sicherlich immer wieder mit Gewinn nachdenken kann, der aber nicht exemplarisch ist für das, was tatsächlich in uns geschieht.

Bei näherem Hinsehen nämlich stellt sich heraus, dass die Dimension der Arbeit kein Aspekt des heutigen Lebens ist, sondern von Rechts wegen und de facto zu dem gehört, was der Mensch wirklich und nach allem, was wir wissen, immer schon ist. Deshalb werden die Arbeitsamkeit des Mannes und der Frau und das mit ihr verbundene angemessene Opfer seit der Antike von allen mit größter Bewunderung angesehen.

Wenn Platon und Aristoteles darüber diskutieren, ob der Privatbesitz materieller Güter berechtigt ist oder nicht, erkennen beide der Arbeit eine zentrale Rolle im Leben der Menschen zu und betrachten die gewollte Untätigkeit als die schlimmste Form der Sklaverei: die Sklaverei der Muße.

Zwar wird die Muße – das Otium – in der lateinischen Antike dann als ein Vorrecht der Reichen verstanden, doch bezeichnet dieser Ausdruck in Wirklichkeit etwas anderes, nämlich eine vornehmere, intellektuellere und kontemplativere, weil nicht materielle Arbeit. Der biblische Arbeitsbegriff wird gleich zu Beginn der Genesis deutlich, wo die unangestrengte Schaffensfreude des Mannes und der Frau hervorgehoben wird, die noch nicht von der unglückseligen Last der Erbsünde beschwert ist.

In den nachfolgenden Jahrhunderten ist die Bedeutung der Arbeit in der Geschichtsschreibung unumstritten und durch zahllose wissenschaftliche Untersuchungen belegt. Sie alle stimmen darin überein, dass die Selbstverwirklichung jedes Menschen untrennbar mit seinem vollen und authentischen Einsatz im Rahmen einer beliebigen Aktivität verbunden ist, die ihm konkrete, wenn auch unter Umständen je nach Alter und Situation abweichende Ziele steckt.

Augustinus beispielsweise war vom Wert der Feldarbeit so überzeugt, dass er die Ansicht vertrat, die kontemplativen Ordensleute müssten sich an dieser Tätigkeit versuchen, um autonom zu sein und in Freiheit zu überleben. Im „Ora et labora" wird die benediktinische Regel diesen Ansatz später wieder aufgreifen.

Nicht zu Unrecht hat Marx erklärt, dass der Mensch erst durch seine Arbeitsfähigkeit zum Menschen wird: durch die effektive Fähigkeit, die äußere Wirklichkeit umzugestalten.

Ich glaube, die soziale Bedeutung der Arbeit beruht auf ihrem authentisch menschlichen Charakter, das heißt auf der Tatsache, dass sie untrennbar mit der existentiellen Verwirklichung jeder einzelnen Person verbunden und für dieselbe unverzichtbar ist. Denn so, wie wir unserer eigenen Arbeit die Erfüllung unserer Träume verdanken, verdanken wir der Arbeit der anderen letztlich unser Überleben und Wohlergehen.

Aus diesem Bewusstsein erwächst die von jeder Gesellschaft schon immer empfundene moralische Verpflichtung gegenüber jenen, die ungewollt arbeitslos sind und deshalb bei ihrer Suche nach Arbeit unterstützt werden müssen. Es geht nicht nur darum, den grundlegend subjektiven Charakter der Arbeit anzuerkennen: Es geht auch um den inneren Drang eines jeden Menschen, zu arbeiten, um voll und ganz er selbst zu sein.

Der letzte Sinn der Arbeit besteht mithin nicht so sehr im Gewinn aus der Arbeit selbst, sondern in dem Gewinn daraus, dass wir uns selbst verwirklichen und andere voranbringen können. Die unentgeltliche oder Non-Profit-Arbeit (wie zum Beispiel häusliche oder pflegerische Arbeiten, die oft im privaten Rahmen verrichtet werden) muss nicht nur in jeder Hinsicht als Arbeit betrachtet werden, sondern beweist überdies den nicht unbedingt wirtschaftlichen, wohl aber ethischen und anthropologischen Wert der jeweiligen Tätigkeit.

Wenn es zutrifft, dass wir durch die Arbeit, durch die Mühe und durch den Einsatz, den jede beliebige ernsthafte berufliche Tätigkeit verlangt, viel von unserem Egoismus verlieren, dann trifft es auch zu, dass die Arbeit eines Menschen niemals zu einer Ware oder zu einem Instrument der eigenen oder gar fremder Ambitionen werden darf.

Jeder Mensch ist der erste und wichtigste Protagonist seiner eigenen Tätigkeit. Der Mensch ist in seiner Arbeit Subjekt und Person. Und gerade weil er Person ist, hat die Arbeit selbst einen nicht bloß wirtschaftlichen, sondern auch ethischen Wert. Aus dieser Ahnung heraus gründet sich jede menschliche Gesellschaft, wie es im ersten Artikel der italienischen Verfassung heißt, ebenso unumstößlich auf die Arbeit, wie sie sich auch auf die individuelle und soziale Würde jeder menschlichen Person gründet.

Intelligente Ferien

Der Sommer ist die Zeit im Jahr, in der wir, wenn alles gut geht, an nichts anderes sollten denken müssen als daran, in den Urlaub zu fahren und unsere Erholung, unsere Ferien zu organisieren.

Gewiss ist auch ein so natürlich menschliches und altbekanntes Phänomen wie die Unterbrechung unserer alltäglichen Aktivitäten Teil jener besonderen Art, das Dasein zu organisieren, die unsere Zeit und unser hektisches modernes Leben kennzeichnet. Zum Thema Ferien ließe sich vielerlei sagen, doch mir kommt vor allem der Gedanke in den Sinn, dass die Massen- und Langzeiterholung ein Privileg ist, dass bei uns im Westen nur durch die Verteilung des Reichtums möglich geworden ist. Und das noch vor vierzig oder fünfzig Jahren so nicht bekannt war.

Vielleicht macht dieser Gedanke – abgesehen von den völlig veränderten Vorstellungen, die man heute von Ferien hat – uns immer wieder neu bewusst, wie wichtig diese wenigen Wochen, in denen wir auf wunderbare Weise von den Mühen der täglichen Arbeit befreit sind, für uns sein können.

Vor kurzem hat der schwedische Ethnologe Orvar Löfgren in einer historischen Rekonstruktion des „Urlaubmachens" gezeigt, dass diese der Erholung gewidmeten Phasen des Jahres für jeden Menschen eine unverzichtbare Kraftquelle sind, weil sie ihm die Möglichkeit bieten, sich Zeit für sich selbst zu nehmen und seine Beziehungen zu anderen zu verbessern. Seiner Ansicht nach sind die Ferien „eine Art Kulturlabor, wo die Menschen die Möglichkeit haben, in den sozialen Beziehungen oder in der Interaktion mit der Natur neue Aspekte ihrer eigenen Identität auszuprobieren".

All das soll uns aber nicht denken lassen, die sommerlichen Auszeiten seien eine Notwendigkeit unserer Epoche und der Tatsache geschuldet, dass unsere Welt – wie in der Theorie des deutschen Philosophen Peter Sloterdijk – eine geschlossene „Sphäre" und nicht von äußeren Quellen gespeist wäre. Schon im neunzehnten Jahrhundert war es üblich, dass sich die Familien des gehobenen Bürgertums den gesamten Sommer über in die „Sommerfrische" begaben und die Gepflogenheiten der Stadt hinter sich ließen, um auf diese Weise eine ganze Jahreszeit in ungewohnten Bezügen und Beziehungen zu verbringen: All das galt als völlig normal und wurde als kostbare Gelegenheit wahrgenommen.

Auch wenn jene Lebenspraxis vergangener Zeiten definitiv fast nichts mit den organisierten und rationalisierten Sommerferien gemeinsam hat, deren Planung von uns allen erwartet wird, bleibt doch die Tatsache bestehen, dass ein Urlaub nur dann wirklich gelungen ist, wenn er es uns ermöglicht, bei aller Veränderung unserer Gewohnheiten eine solide Beziehung zu uns selbst aufrechtzuerhalten.

Andererseits weist das Modell des perfekten Lebens, das uns die großen klassischen Autoren vor Augen führen, doch viele Merkmale auf, die uns auch heute helfen können, unsere Erholungstage sinnvoll zu verbringen. Sowohl Aristoteles wie auch Cicero entwerfen beispielsweise ein Modell des glücklichen Lebens, das zugleich gesellig und kontemplativ ist und nichts mit der Untätigkeit oder Faulheit zu tun hat, die wir oft für erstrebenswert halten. Obwohl die aristokratische Sichtweise der Griechen und Römer nicht im mindesten mit der gehetzten Aufeinanderfolge unserer Termine zu vergleichen ist, dürfen wir dennoch auch nicht zu dem Schluss gelangen, das Glück wäre lediglich ein kostspieliges Programm individueller Selbstentfremdung für sommerliche Hitzeperioden. Sich erholen und es sich gut gehen lassen bedeutet eher, mit den Personen, die wir lieben, eine Zeit der Ruhe und des Friedens zu verbringen und, soweit dies irgend möglich ist, Dinge zu unternehmen, die vernünftig und unseren Wünschen angemessen sind.

Natürlich kann man auch das Bedürfnis haben, endlich den verdienten Sprung ins Außergewöhnliche zu tun, auf den verzichten zu müssen uns geradezu unmenschlich erschiene. Hinter der Entscheidung für unerreichbare Ziele, die Lichtjahre von unserer gewohnten Lebensweise entfernt sind, steht praktisch immer der berechtigte oder sogar bereichernde Wunsch, unbekannte Lebensgewohnheiten, Orte und Traditionen kennenzulernen. All das ist in vielerlei Hinsicht eine unbestreitbare und völlig legitime Tatsache. Auch wenn wir es in einigen Fällen mit einem sehr speziellen Phänomen zu tun haben, nämlich der Neigung, den Urlaub als eine Art von Hypnose aufzufassen, die uns ganz aus unserer Lebenswirklichkeit herausreißt: wie ein gewaltiger Rausch, aus dem wir letzten Endes mit nicht weniger gewaltigem Kopfweh wieder erwachen.

Es ist nicht gesagt, dass das alles nur eine gigantische Illusion ist: Es kann durchaus sein, dass wir unsere Sorgen auf diese Weise tatsächlich für eine Weile vergessen, auch wenn am Ende eine gewisse Enttäuschung und Müdigkeit zurückbleibt. Und das liegt oft daran, dass das, wovon wir uns niemals befreien können und das wir auch nach Tausenden und Abertausenden Kilometern der Flucht immer wieder als Erstes antreffen, wir selbst sind: unser Charakter, unsere Persönlichkeit. Wenn wir nach Hause kommen, erwarten uns dort unsere Alltagsgewohnheiten und mit ihnen die Probleme, die immer da sind.

Diese aber sind nicht selten Ausdruck existentieller Geheimnisse, die oft sogar sehr viel tiefer gehen als die Unannehmlichkeiten, die wir eigentlich im Urlaub hatten abschütteln wollen – und die wir stattdessen nur immer weiter mit uns herumgetragen haben.

Das ultimative Vorrecht, das wir als Menschen besitzen, besteht darin, das zu wählen, was wir wollen. In diesem Zusammenhang gab ein so aufmerksamer Erforscher der modernen Freiheit wie Fichte gerne zu bedenken, dass wir alles wählen können, was wir wollen, und auch das, was wir nicht wollen ... wenn wir es nur wirklich wollen. Gerade weil unser Recht auf die Freiheit übers Jahr so sehr von den Pflichten und Verantwortlichkeiten der Arbeit beschnitten wird, ist es für uns vielleicht ein so kostbares Wissen, dass wir zumindest während unserer Ferien wirklich frei sind, das zu wählen, was uns gefällt – mit den anderen oder ohne sie.

Haben wir uns erst einmal von unseren Gewohnheiten und Alltagsaktivitäten gelöst, kann es allerdings geschehen, dass wir uns am Ende entscheiden, auch auf all das zu verzichten, was wir uns im Grunde für die normalen Zeiten unseres Lebens selbst ausgesucht haben. Ein solcher Verzicht führt unter Umständen dazu, dass wir unsere Gewohnheiten für immer aufgeben – und mit unseren Gewohnheiten auch einen guten Teil unserer Freiheit. Und dass wir mit allem übrigen letztlich uns selbst verlieren.

Alles in allem ist, wie Pascal gesagt hat, unsere Situation immer ein bisschen paradox – wie die eines Individuums, das frei zwischen Tun und Nichtstun wählen kann und sich letztlich erst dann wirklich frei fühlt, wenn es auf die Freiheit selbst verzichten kann. Die es womöglich mühevoll erworben hat und die sich in seinen Alltagsgewohnheiten ausdrückt.

Hoffen wir am Ende dieses sommerlichen Spiels der Entscheidungen, dass es uns wenigstens nicht so ergeht wie Buridans Esel, der sich nicht entscheiden konnte, welchen Heuhaufen er zuerst fressen sollte. Und Hungers starb.

Weihnachten

Mit dem nahenden Weihnachtsfest verbinden wir heute, wie es scheint, in erster Linie einen Pflichtritus oder Termin, den der Kalender uns auferlegt. Darüber hinaus unterbrechen die Weihnachtstage einen harten Arbeitswinter.

Gerade dann aber tritt manchmal die ganze Traurigkeit und Trostlosigkeit unserer Existenz zutage, die völlig von einer Rolle in Anspruch genommen wird und keinerlei Anregung und Motivation mehr bietet. Die Gewohnheit der Geschenke und die Monotonie der Einkäufe scheinen alle anderen Aspekte des Alltags in den Hintergrund zu drängen und uns nur noch weitere Probleme zu bescheren.

Dieses Phänomen ist jedoch nicht neu.

Unter den vielen Geschichten, die von den Anfängen des Weihnachtsmanns erzählen, hat die des deutschen Volksschriftstellers Hermann Löns für mich eine besondere Bedeutung.

Der Weihnachtsmann stapft durch die verschneiten Wälder und begegnet dem Christkind. Die beiden treffen sich alle Jahre wieder. Doch dieses Mal ist etwas anders: Der Weihnachtsmann ist traurig. Und das geht natürlich nicht.

Das Christkind ist bestürzt, als es den Alten so sieht: Ihn bedrückt das eintönige Herumziehen von Haus zu Haus und von Ort zu Ort, und ihn bedrückt die Last seiner Jahre. Also beschließt das Christkind, ihn zu trösten. Es sieht sich um und erblickt einen prächtigen Baum. Den zeigt es dem Weihnachtsmann.

Der Weihnachtsmann schaut skeptisch drein, und so beginnt das Jesuskind den Baum zu schmücken und mit Lichtern, Kugeln und Geschenken zu behängen, die in die Häuser der Leute gebracht werden sollen. Diese wunderbare Erfindung tröstet den Weihnachtsmann und muntert ihn wieder auf, und zufrieden ruft er aus: „Endlich etwas Neues!“

Im Dorf angekommen gehen Weihnachtsmann und Christkind zu einem kleinen Haus, öffnen sachte die Tür und treten ein. Sie stellen den geschmückten Baum in die Mitte des Raums und legen sich dann zur Ruhe. Am nächsten Morgen steht der Herr des Hauses fassungslos vor dieser Pracht und beschließt, die Lichter am Baum anzuzünden. Und mit der überschwänglichen Freude der Familie kommt endlich echte Festtagsstimmung auf. Der Mann und seine Familie und auch der Weihnachtsmann danken dem Jesuskind voller Freude für dieses wunderschöne Geschenk des unbeschwerten Glücks, das sie bekommen haben.

Diese Geschichte handelt von einem wichtigen Aspekt des Weihnachtsfests.

Die Sehnsucht nach der Erfüllung eines ungewöhnlichen Wunschs und die Freude über eine Überraschung, die man uns macht, sind in der Tat wesentliche Bestandteile des Fests.

Das wird auch in anderen volkstümlichen Erzählungen deutlich und führt uns direkt zur Weihnachtskrippe. Die Entstehung dieses Brauchtums ist zugleich ein wunderbares Bild für die Bedeutung des Fests.

Nach seiner Reise nach Betlehem war der heilige Franziskus so beeindruckt von den Stätten des weihnachtlichen Geschehens, dass er zum Weihnachtsfest des Jahres 1223 in Rieti eine figürliche Darstellung der Geburt Jesu veranlasste. Dieses anschauliche Ereignis gefiel den Leuten sehr und wurde sogar von Giotto in einem berühmten Fresko in der Oberkirche von Assisi unsterblich gemacht. Die Sitte der Weihnachtskrippe etablierte und verbreitete sich und war schon bald Tradition.

Dieser durchschlagende Erfolg ist vielleicht darauf zurückzuführen, dass die Krippe das Weihnachtsgeschehen, das uns in jedem Jahr wieder neu in Erinnerung gebracht und vor Augen geführt wird, unmittelbar und mit derselben Intensität vergegenwärtigt, wie Franziskus sie vor Ort erlebte. Auch in diesem Fall verbirgt sich, vom allgemeinen Erstaunen einmal abgesehen, hinter der szenischen Darstellung die tiefe Bedeutung dessen, was Weihnachten für den Menschen ist.

Jedes Kind, das aufmerksam betrachtend vor den Krippenfiguren steht, lernt eine ganze Menge über grundlegende Aspekte seines

Lebens. Die szenische Darstellung der Ankunft führt es mitten hinein in die eigentliche Bedeutung eines neu geborenen Lebens – in seine Zerbrechlichkeit, aber vor allem in den ungeschuldeten Charakter des menschlichen Daseins.

Im Grunde ist Weihnachten das Sinnbild schlechthin für eine schöne Überraschung. Es ist die Feier und die rituelle Erwartung der Freude über das einzige Ereignis, das die Dinge wirklich zu ändern vermag: die unerwartete Ankunft von jemandem, der größer ist als wir. Die Geburt Jesu ist etwas ganz Neues, und es zeigt ganz deutlich, was sich im Inneren der Geburt verbirgt: das Mysterium des ungeschuldeten Geschenks.

Natürlich glaubt niemand, der vor einer Krippe steht, dass das Geschehen sich wirklich wiederholt, aber alle fühlen sich in die innerste und tiefste Dimension des personalen Lebens hineingezogen, die sich im unerbittlichen Vergehen der Zeit manifestiert.

Gerade deshalb ist Weihnachten nicht nur das Fest schlechthin für die Kinder, sondern auch ein Fest für Erwachsene, die sich der Flüchtigkeit des Augenblicks einen Moment lang entziehen können.

Die Erwachsenen, die ganz und gar in ihren jeweiligen Aktivitäten aufgehen, werden – ein bisschen wie die Hirten an der Krippe – von der großen Neuigkeit abgelenkt. Das, was da geschieht, lässt sie nicht kalt, sondern bezaubert und fasziniert sie, bis sie sich darauf einlassen, sich von sich selbst und ihrem eigenen, bedeutungslosen Solipsismus befreien und so den letzten Sinn ihres Daseins entdecken.

Wie die Weisen aus dem Morgenland lassen auch wir uns auf unserem Weg von der Gewissheit leiten, dass die Ankunft der erwarteten Person unmittelbar bevorsteht. Und so schreiten wir langsam, beständig und beharrlich voran, bis wir uns endlich öffnen für die Gegenwart des anderen.

Obwohl – oder vielleicht gerade weil – Weihnachten auch ein Ereignis von ganz außergewöhnlicher theologischer Vielschichtigkeit ist, enthüllt sich seine eigentliche Bedeutung eher durch die suggestive Kraft des poetischen Elements. Doch auch in den leuchtenden Augen eines Kindes, das dem Weihnachtsmann schreibt, von seinen Geschenken träumt oder sie mit ungeduldiger Begeisterung auspackt, strahlt jener Traum auf, etwas lange Ersehntes, Erhofftes, Ungeschuldetes zu bekommen. Wir tragen ein ähnliches Vertrauen in uns wie die Figuren an der Krippe: die Gewissheit, das versprochene Geschenk zu erhalten, weil es uns von jemandem verheißen worden ist, der uns wirklich liebt.

Wenn man sagt, dass Weihnachten das Fest der Kinder ist, dann meint man mit Weihnachten, dass etwas Neues anbricht, dass sich Erwartetes oder Unerwartetes einstellt, aber auch, dass man darauf vertraut, von jemandem geliebt zu werden. In diesem Sinne bietet sich uns, wenn wir vor dem Stall von Betlehem stehen, eine wahrhaft unerhörte, ja unbegreifliche Gelegenheit. Vor dieser Szenerie können die Erwachsenen wieder ein wenig zu Kindern werden, über etwas staunen und die Monotonie und Routine des Alltags verlassen. Und die Kinder können sich einer endgültigen und bedeutsamen Dimension des Lebens öffnen, deren letzter Sinn sich in der Gnade erfüllt, dem erhaltenen Geschenk die Treue zu bewahren.

Im Grunde erweist sich unser Leben, das sich so gerne gegen alles Unkontrollierbare und Unvorhergesehene sträubt, angesichts einer neuen Geburt als abgründig und dem Unbekannten unmittelbar ausgesetzt. Doch während die Kinder in das Geheimnis des Daseins eintauchen und das Geschenk des neuen Lebens, das sie leben werden, als unantastbar erfahren, können die Erwachsenen die beeindruckende Kraft ihrer Großzügigkeit in sich wiederentdecken und wirken lassen.

Deshalb ist es nicht dasselbe, ob man zu Weihnachten oder zu einer anderen Gelegenheit beschenkt wird. Weihnachtsgeschenke sind grundlos und auf keinen Verdienst unsererseits zurückzuführen. Sie sind echte Geschenke, die unser Innerstes berühren und uns für die anderen öffnen, weil wir sie ungeschuldet von den anderen erhalten haben. In diesem großzügigen Akt liegt die eigentliche und authentische Bedeutung von Weihnachten.

Geboren zu werden ist definitiv etwas Originelles und Unvorhersehbares, das sich in der unkontrollierbaren Entwicklung unserer Gegenwart auf unsere Zukunft hin beständig wiederholt und im Geschenk eines neuen Lebens seinen letzten Sinn findet.

Mit ebendiesem Gefühl erlebt der Mensch die letzten Tage vor Weihnachten und wartet voller Ungeduld auf das, was normalerweise geschieht, ohne gesehen und ohne enthüllt zu werden. Deshalb beeilen wir uns, die letzten Einkäufe zu erledigen und uns mit einer unerklärlichen Hoffnung und Freude im Herzen auf das Fest vorzubereiten.

An Weihnachten zehren wir letztlich vom täglichen Gefühl des Staunens; wir kosten von der Unvorhersehbarkeit des Lebens und von vielen anderen Dingen; doch vor allem erleben wir glücklich den echten Wunsch nach etwas Neuem, der unser persönliches Dasein durchzieht. Denn im Grunde ist Weihnachten ein Fest, das uns ein wenig von unserer Gegenwart ablenkt und uns drängt, das vernachlässigte Geschenk der anderen bereitwilliger anzunehmen.

Und wer weiß, ob es uns dann nicht wie dem Weihnachtsmann ergeht und auch wir am Ende in freudiger Überraschung ausrufen: „Endlich etwas Neues!“

Zölibat – ja oder nein?

Die jüngsten Äußerungen des Präfekten der Kongregation für den Klerus Claudio Kardinal Hummes über den Zölibat haben für Aufsehen gesorgt. Dabei ist es keineswegs skandalös, wenn jemand darauf hinweist, dass der Zölibat kein Dogma, sondern eine institutionelle Entscheidung ist. Und die Aussage, die Kirche sei „nicht unbeweglich, sondern ändert sich dort, wo sie sich ändern muss“, ist erst recht nicht skandalös.

Schließlich hat der französische Kirchenrechtler Ivo von Chartres schon Anfang des zwölften Jahrhunderts im Prolog zu seinem berühmten Werk „Panormia“ dieselbe These vertreten, und Gratian hat sie in seinem „Decretum“, also jenem Opus, auf dem das gesamte Kirchenrecht aufbaut, wiederaufgegriffen.

Es gibt nicht viele unabänderliche Gesetze der Kirche, tatsächlich sind es vielleicht sogar nur ganz wenige, und zu ihnen gehört das Gebot der Liebe, aber nicht das Gesetz des Zölibats. Der Bedeutung dieser Institution tut dies jedoch keinen Abbruch, sondern steigert sie eher noch. Deshalb hat auch Benedikt XVI. die Leiter der Dikasterien der römischen Kurie noch einmal nachdrücklich auf die Notwendigkeit hingewiesen, die Sitte des priesterlichen Zölibats aufrechtzuerhalten, während sich Bischof Milingo zur gleichen Zeit automatisch die Exkommunikation latae sententiae einhandelte. Wie Ratzinger schon als Kardinal in seinem Interviewbuch „Salz der Erde" erklärt hatte, muss der Priester schon in diesem Leben für seine eigene Entscheidung Zeugnis geben und daher auf die Ehe und die natürliche Fortpflanzung verzichten. Mit dieser Enthaltsamkeit wird die Ehe nicht abqualifiziert; vielmehr geht es um einen Verzicht „auf das, was das menschlich eigentlich nicht nur Normalste, sondern auch Wichtigste ist". Der religiöse Charakter des Priestertums, so fährt der Papst fort, führt dazu, das auszulassen, „was normalerweise eine menschliche Existenz erst erwachsen und zukunftsträchtig macht".

Mit dem Zölibat geht der Priester mithin die Verpflichtung ein, ein neues Leben zu führen.

Wenn wir die Geschichte der Institution des Zölibats nachzeichnen wollen, müssen wir zwar nicht gerade bis zu den Aposteln, aber doch sehr weit in die Vergangenheit zurückgehen. Die Apostel nämlich wurden aus dem Familienstand heraus, in dem sie sich bereits befanden, in die Nachfolge des Meisters gerufen. Ausdrückliche Stellungnahmen zu dieser Frage ließen bis ins vierte Jahrhundert auf sich warten. 306 legte das Konzil von Granada-Elvira den Priestern den Zölibat nahe, und 386 wurde diese Entscheidung von der Synode von Rom bekräftigt.

Dass diese Empfehlung in den Jahrhunderten danach nicht bestätigt wurde, ist nicht weiter verwunderlich, wenn man bedenkt, welche Auswirkungen es hatte, dass diese Gepflogenheit in der Folgezeit wieder aufgegeben wurde. Zu den tiefgreifendsten Ursachen für den Niedergang der Kirche in den zentralen Jahrhunderten des Mittelalters zählen ja bekanntlich die von den mächtigen Feudalherren begünstigten Verbindungen zwischen dem Klerus und den weltlichen Mächten.

Namen wie Tuscolo und Crescenzio sagen uns Heutigen nicht mehr allzu viel, doch so hießen einige dieser einflussreichen Familien, die zwischen dem 10. und dem 11. Jahrhundert das Sagen hatten, einige Päpste in ihren Reihen hatten und größtenteils für die Korruption innerhalb der Institution Kirche verantwortlich waren.

Bekanntlich haben die gregorianische Reform und die ersten großen Konzilien des Mittelalters den Zölibat nachdrücklich bestätigt, und zwar nicht als eine noch nicht dagewesene Neuerung, sondern als ein Wiederanknüpfen an die ursprüngliche Berufung zum christlichen Priestertum. Das Beispiel des von Dante hochverehrten und vielzitierten Mönchs Petrus Damiani, der kurz vor der gregorianischen Reform gelebt hat, beweist, dass die Gläubigen damals die Wiedereinführung dieser alten Gepflogenheit als wichtige Voraussetzung dafür betrachteten, nicht so sehr die christliche Identität, wohl aber die Bestimmung zum Priestertum und das Ende der moralischen Verderbtheit des Klerus zu besiegeln.

Seit der Absetzung der verheirateten Priester durch Gregor VII. im Jahr 1074 sind alle Zweifel bezüglich des Zölibats in der lateinischen Kirche ausgeräumt. Der Osten dagegen beschritt bekanntlich einen anderen Weg, als er von 692 an den Zölibat für die Bischöfe festlegte, den vor der Weihe bereits verheirateten Priestern jedoch Dispens erteilte.

Seit den Ereignissen im Zusammenhang mit der Abspaltung der anglikanischen Kirche und der reformierten Kirchen, die ein anderes Bild des Priestertums vertreten, richtet sich die priesterliche Praxis in der katholischen Kirche nach dem, was das Konzil von Trient Mitte des 16. Jahrhunderts über den Zölibat festgelegt hat.

Man darf nicht vergessen, dass die Entscheidung zum Priestertum noch zu Beginn des 20. Jahrhunderts von sehr jungen Menschen getroffen wurde und die Seminare vor allem von Jugendlichen bevölkert waren. Heute hat sich die Situation natürlich verändert, denn zum einen sind die Kleriker in puncto Herkunft und Kultur deutlich heterogener und zum anderen ist das Berufungsalter höher. Was zugegebenermaßen auch positiv ist, weil es zu einem gesteigerten Bewusstsein der christlichen Identität führt. Und diese wiederum kann bei der Entscheidung für das Priestertum den Ausschlag geben. Ich glaube, der eigentliche Punkt ist folgender:

Das, was einen Mann wirklich dazu bewegt, sich für das Priestertum zu entscheiden, ist der späteren Zustimmung zum Zölibat grundlegend vorgeordnet, denn es geht um das Warum und das Wie einer so schwerwiegenden Entscheidung: eines Schritts, der sein ganzes Leben beeinflusst.

Infolge der Säkularisierung leben wir heute womöglich in einer soziologischen und historischen Situation, in der sich das Band zwischen einer einmal getroffenen Entscheidung und der Dauerhaftigkeit oder zeitlichen Stabilität einer definitiv übernommenen Verantwortung gelockert hat. Dieses Problem betrifft jedoch weder den Zölibat noch die Ehe, sondern den Menschen selbst in seiner tiefsten existentiellen Struktur. Wo ein wirklicher Anlass zur Endgültigkeit fehlt, liegt es auf der Hand, dass sich in den Ergebnissen einer freien Entscheidung – selbst der für die Ehe oder für einen Beruf – nur wenig ändern kann.

Aus ebendiesem Grund nimmt auch dort, wo das Priestertum vom Zölibat getrennt ist – zum Beispiel in den nichtkatholischen christlichen Konfessionen wie Anglikanern, Lutheranern usw. –, die Zahl der Berufungen nicht zu: Der Zölibat ist gar nicht das Problem. Die alles entscheidende Frage ist vielmehr die, ob ein Mensch vertrauensvoll und aufgeschlossen ist für ein Geschenk, eine Gnade und eine Kraft, die nicht aus ihm selbst stammen, sondern ihm ungeschuldet zuteilwerden – und die es ihm gerade deshalb ermöglichen, sein Leben lang weiterzumachen.

Bei alledem ist das menschliche Versprechen von elementarer Bedeutung. Und wie sollte es auch anders sein? Fakt ist doch, dass es nicht dasselbe ist, ob man sich für einen Lebensweg entscheidet, weil man auf die Hilfe und Kraft eines anderen vertraut, oder ob man seine

Entscheidung für sich alleine trifft. Jedes Kind verlässt sich darauf, dass es täglich wächst und lebt, weil es den Menschen vertraut, die für es sorgen, weil es seinen Eltern vertraut und denen, die es lieben, denn sonst müsste es verzweifeln – wie ja auch wir Erwachsene so oft verzweifeln, wenn wir uns einsam fühlen.

Vielleicht also müsste man eher über die Säkularisierung und über die heutigen Lebenseinstellungen sprechen, die in der Instabilität und der Beliebigkeit der Entscheidungen wurzeln, als auf die Folgen zu schauen, die aus solchen Gegebenheiten erwachsen können.

Alle Entscheidungen des Menschen sind zwangsläufig schwach und provisorisch, solange er sich nicht frei auf eine Stabilität hin öffnet, die er nicht aus eigener Kraft besitzen und beanspruchen kann. So gesehen sind alle menschlichen Entscheidungen, die eine lebenslange Verpflichtung beinhalten, entweder völlig bedeutungslos und damit unmöglich, oder sie haben einen Sinn, der sich nur im Rahmen einer unbegrenzten Verbindlichkeit erfüllen kann.

Marilyn, Plato und das Problem der Authentizität

Heute wäre Marilyn Monroe 82 Jahre alt. Schier unvorstellbar, wenn man bedenkt, wie man sie in Erinnerung hat. Fast immer, wenn ein Mensch in jungen Jahren stirbt, hat man den Eindruck, dass die Tragik dieses frühen Todes ein wenig dadurch abgemildert wird, dass dem Betreffenden immerhin die Gebrechen des Alters erspart geblieben sind. Das ist allerdings ein schwacher Trost. Das konkrete Leben lebt man in der Zeit, und indem sie vergeht, lässt sie die Menschen sowohl wachsen als auch altern – aber immerhin leben. Nur leblose Dinge altern nicht – und die unzerstörbaren Spuren, die die Menschen in der Geschichte hinterlassen. Das ist auch der eigentliche Grund dafür, dass Mythen und Legenden so viel schneller wuchern, wenn ihre Protagonisten zu früh von der Bühne abgetreten sind: Das künstlich produzierte Bild kann unversehrt überleben und wird nicht mehr von der realen Person und ihrem unvermeidlichen und unwesentlichen physischen Verfall beeinträchtigt.

Das Verhältnis zwischen der realen Person und ihrem Bild ist tatsächlich einer der bedeutendsten Aspekte des menschlichen Daseins, obwohl es im Fall einer so exemplarischen und aufsehenerregenden Existenz wie der von Marilyn Monroe geradezu tragische Züge annimmt. Oscar Wilde war von dieser dramatischen Beziehung zwischen der Wirklichkeit und ihrer Darstellung so fasziniert, dass er dieses Verhältnis umkehrte und den realen Verfall des Dorian Gray auf sein Portrait übertrug.

Doch was verbirgt sich wirklich hinter der Kraft eines Bildes?

In den meisten Fällen hat jeder von uns es zunächst einmal mit dem Bild zu tun, das er den anderen durch sein Verhalten von sich selbst suggeriert. Mit diesem Bild befassen wir uns, wenn wir uns fragen, was die anderen wohl von uns denken, wie sie unsere Misserfolge bewerten oder welchen Eindruck wir mit einem glänzenden Auftritt auf sie gemacht haben. Bei Persönlichkeiten des öffentlichen Lebens – und das gilt insbesondere auch für die Politiker – wird dies alles noch verstärkt, weil Tausende, wenn nicht gar Millionen von Personen beteiligt sind. Heute kann das Bild eines Menschen ohne große Schwierigkeiten zum öffentlichen Eigentum werden – oft sogar ohne dass der Betroffene informiert oder gefragt wird. Die Zerbrechlichkeit gequälter Existenzen wie der von Marilyn Monroe ist genau dadurch bedingt, dass ein Mensch miterlebt, wie seine Selbstdarstellung sich zu einer Außenansicht verselbständigt, die von allen benutzt und konsumiert wird. Dieses Übermaß an Öffentlichkeit kann die realen Grenzen, die jede Person nun einmal hat, unerträglich werden lassen und das Gefühl verschärfen, dem, was die anderen auf der Bühne sehen wollen, „nicht gerecht zu werden“.

Auf der anderen Seite läuft eine Person des öffentlichen Lebens ständig Gefahr, gemeinsam mit den anderen zu einem Nutznießer ihres eigenen Bildes zu werden, die Vorzüge des eigenen Produkts in höchstem Maße zu goutieren und ihr wirkliches Ich zu verachten. Dann geht sie das Risiko ein – und das sollten auch die Politiker bedenken, deren Bild uns immer wieder bis zum Überdruss vor Augen geführt wird –, in jene psychopathologischen Verhaltensweisen zu verfallen, die durch die Vervielfältigung des eigenen Selbst und die Abspaltung des wirklichen, vom öffentlich vermarkteten Ich ausgelöst werden können. Es ist eine Ironie des Schicksals, dass dadurch paradoxerweise gerade die höchste Form der dem Menschen zugestandenen Freiheit – nämlich die Freiheit, Ursache seiner selbst zu sein, wie die Alten es formuliert haben – zu einer denkbar komplexen und ausgeklügelten Form der Knechtschaft wird. Wenn es nämlich dem öffentlichen Protagonisten, sei er nun Politiker oder Künstler, nicht mehr gelingt, eine gewisse Distanz zu dem von ihm hervorgebrachten Bild oder Image zu wahren, gerät er in eine Spirale der Abhängigkeit von seiner eigenen Selbstdarstellung, die in fataler Weise zu Selbstbetrug und Verzweiflung führt.

Kommen wir auf den exemplarischen Fall der Marilyn Monroe und ihres rätselhaften und unerklärlichen Todes zurück. Es ist immer gesagt worden, dass sie von Psychopharmaka abhängig gewesen sei. Vielleicht aber hat man nicht gründlich genug darüber nachgedacht, dass die eigentliche Droge, von der sie in hohem Maße abhängig war, ihr Erfolg gewesen ist. Der unglaubliche Anklang, den sie bei ihrem Publikum gefunden hat, hat ihr letztlich das Bewusstsein ihres wirklichen Selbst genommen – und sie zu einem Abfallprodukt ihrer eigenen Medienikone gemacht.

Jetzt verstehen wir auch, warum die Schauspielerei in der Geschichte so oft verurteilt worden ist. Schon Platon hat mit leiser Ironie die Produkte der Kunst als unmoralische „Nachbildung der Nachbildung der Wirklichkeit“ definiert. Zwar ist jeder Mensch ein Einzelfall, und man muss auch nicht in jedem Punkt mit Platon einig sein, doch eines scheint für alle Zeiten gültig: Ein erfolgreicher Mensch ist entweder in der Lage, ein Gleichgewicht zu seinem öffentlichen Image herzustellen, oder ihm bleibt keine andere Wahl, als Opfer seines eigenen Schicksals zu werden. Alles hängt davon ab, ob man den Einflüsterungen der Masse widersteht und in der Lage ist, Ursache und Wirkung, Produkt und Hersteller, Realität und Bühne zu unterscheiden. Und dabei geht es nicht um eine willkürliche Option, sondern um eine echte persönliche Freiheit – und um die Stärkung der inneren und charakterlichen Ressourcen, die in jedem von uns schlummern. Wir alle sollten nicht nur an unserem Äußeren, sondern auch ein wenig an unserem Inneren arbeiten – denn was nutzt der schönste Lack, wenn er keine solide Stahlkarosserie, sondern nur einen rostigen Haufen Schrott bedeckt?

Schopenhauer hat wie mir scheint sehr treffend bemerkt, dass die obsessive Suche nach der eigenen „Darstellung“ die eigentliche Ursache der menschlichen Verzweiflung ist, der man nur mit einem starken und ernsthaften Willen zur Authentizität begegnen kann. Das ist ein hochgestecktes Ziel, und der Weg dorthin ist voller Gefahren, doch es lohnt sich, das Wagnis einzugehen. Denn letztlich steht das Überleben der Person auf dem Spiel – und da genügt es nicht, Wünsche zu haben. Viel wichtiger ist die Fähigkeit, sich selbst jene Dinge zu verbieten, die das eigene Leben irreparabel beschädigen könnten.

Merediths Tod und die Angst vor der letzten Entscheidung

Der tragische Mord an einem englischen Mädchen in Perugia in der Halloweennacht 2007 hat in unserem Bewusstsein jäh eine Reihe von dunklen Ängsten und Befürchtungen ausgelöst.

Angesichts derartiger Meldungen über ebenso willkürliche wie grausame Taten ist das jedoch völlig normal und gesund. Wir reagieren mit Furcht und Bestürzung, weil solche entsetzlichen menschlichen Schicksale uns innerlich aufwühlen. Und in vielen Fällen nie gänzlich geklärt werden.

Der bekannte englische Psychologe und Kriminologe Ray Wyre, weltweit einer der angesehensten Experten auf dem Gebiet der

Sexualverbrechen, hat nach unzähligen Verhören mit mutmaßlichen Mördern jeglicher Art zugegeben, dass jemand, der ein schweres Verbrechen begeht, nur selten gefasst wird und praktisch nie gesteht.

Vielleicht ist das die tiefere Ursache unseres Entsetzens angesichts so finsterer Mordtaten: das völlige Fehlen eines Grundes, einer Antwort auf die Frage nach dem Warum, oder, wie die Juristen gerne sagen, eines Motivs, das den Täter bewogen haben könnte, willentlich in dieser Weise zu handeln. Und so ist ja auch das Fehlen gültiger Motive, die eine Gewalttat zumindest erklären könnten, das entscheidende Merkmal, das einen Psychokiller von jedem anderen Täter unterscheidet, der aus dem einen oder anderen Grund – oder auch ohne Grund – Straftaten begeht.

Ein krimineller Akt ist ein krimineller Akt und „basta", könnte man an dieser Stelle anmerken. Das stimmt natürlich, insofern die Schwere einer Tat vom verursachten Schaden und nicht ausschließlich von der Motivation des Täters abhängt. Die Vielschichtigkeit der Beweggründe erlaubt es uns jedoch zumindest auf logischer Ebene, einer Handlung, die weder rational noch normal ist, ein rationales und normales Muster zugrundezulegen.

Der fragliche Punkt betrifft mithin nicht nur die soziologische und psychologische Seite der Motivationen, wie etwa die Frage, wer aus welchem Grund einer anderen Person Gewalt angetan hat und so fort; es geht vielmehr darum, auch die realen Lebensbedingungen zu berücksichtigen, die von manchen Personen frei gewählt worden sind. Denn immer häufiger sehen wir uns buchstäblich mit Tätern konfrontiert, die für diese Lebensumstände selbst verantwortlich sind.

Die düsteren Ereignisse von Perugia sind deshalb so erschütternd, weil sie im frei gewählten Lebenskontext einiger junger Leute geschehen sind, die ihre Existenz in gewisser Weise freiwillig, wenn auch unbewusst, auf ein gefährliches Ziel ausgerichtet hatten. Jeder von uns – und das wissen wir genau – kann von einem verrückten Kriminellen auf der Straße ausgeraubt werden und dabei sogar sein Leben verlieren. Im vorliegenden Fall aber haben sich einige junge Menschen ohne

Zwang dazu entschieden, ihr eigenes Dasein einfach so und leichthin zu vergeuden, ohne sich der vorhersehbaren Risiken wirklich bewusst zu sein oder zu wissen, was auf dem Spiel steht.

Das eigentlich Quälende und Traurige sind die Auswüchse, die die Betreffenden in ihrem normalen Leben willentlich kultiviert haben – womöglich in dem Irrglauben, jener besondere, ausschweifende Stil wäre die folgerichtige und natürliche Verwirklichung ihrer eigenen personalen Existenz.

An dieser Stelle kommt mir unwillkürlich jenes Kriterium in den Sinn, das Cicero – in Anlehnung an den großen Aristoteles – für ausschlaggebend hielt, um ein „gutes Leben" von jeder anderen, unvollständigen und mangelhaften Daseinsverwirklichung zu unterscheiden. Ob wir gut leben, hängt nämlich, so Cicero, in keiner Weise davon ab, was wir sind, woher unsere Familien stammen oder wie es um unseren Lebensstandard bestellt ist. Ob wir gut leben, hängt ausschließlich davon ab, was wir normalerweise aus uns selbst und aus unserer Freiheit machen.

Ja, wo die Freiheit endet, lässt sich alles rechtfertigen. Doch wo unsere Willkür herrscht, müssen wir uns als Allererste zur Verantwortung und zur Rechenschaft ziehen lassen. Und zwar zuallererst von unserem eigenen Gewissen. Das liegt daran, dass das Scheitern der Freiheit letztlich die einzige Art ist, auf die eine Person wirklich ganz und gar scheitern kann. Wenn nämlich die menschliche Freiheit preisgegeben wird, bleibt nur die Wut darüber, dass man das Schlimmste nicht hat verhindern können. Dass man nicht mehr an die Möglichkeit geglaubt hat, sein eigenes Verhalten und das des Nächsten zu ändern. Dass man das Steuer eines abtreibenden Schiffes nicht mehr rechtzeitig hat herumreißen können.

Es ist unbestreitbar richtig, dass die einzige Art der Selbstverwirklichung immer und für alle im menschlichen Wachstum besteht – und darin, das eigene und eigentliche Ziel, auf das man seine Bestrebungen und alltäglichen Bemühungen ausrichtet, immer klarer zu erkennen. Maine de Biran hat zu Recht von einer Anstrengung gesprochen, die jeder aus freiem Willen auf sich nehmen muss, um seine Ziele zu erreichen und sein Schicksal zu erfüllen. Noch wichtiger aber ist es, dass man nicht den Fehler macht, sein eigenes Leben unbedacht und nutzlos wegzuwerfen und sich nicht um eine authentische Perspektive zu bemühen – vielleicht weil man sich so stark fühlt, dass man sich für unverwundbar und unsterblich hält.

In Anlehnung an Hobbes müssen wir einräumen, dass ein Mensch immer sterben kann, auch dann, wenn er am wenigsten damit rechnet: in jedem Augenblick und von jeder beliebigen Hand. Deshalb kann die Wahlfreiheit unserem Leben eine tragische Note verleihen: weil es eben nicht nur von uns abhängt, ob wir am Leben bleiben, sondern von vielen unwägbaren und unkalkulierbaren Faktoren und nicht zuletzt auch von der Freiheit der anderen. Doch unsere Entscheidungen haben auch die Macht, unserem Dasein einen authentischen Sinn zu geben und uns mit der Zufriedenheit derer zu beschenken, die auf die richtige Sache und auf eine Existenz gesetzt haben, für die sich auch das eine oder andere Opfer lohnt.

Vielleicht ist das, was uns wirklich und zutiefst ängstigt, also gar nicht die Frage, wer für dieses oder jenes Geschehen verantwortlich ist und ob der Täter angesichts der von ihm begangenen Abscheulichkeit auch dieses Mal wieder schweigen wird. Sondern das Unbehagen und die existentielle Beklemmung, die wir immer dann in uns aufsteigen fühlen, wenn wir innehalten: um festzustellen, dass eine persönliche Freiheit und ein Leben einfach so weggeworfen worden sind. Für nichts und wieder nichts. Und ohne jede Not.

Die Frauen und der Geschlechterunterschied

Liest man Adrian Michaels' kürzlich erschienenen Artikel über „Das Land, das den Feminismus vergessen hat", dann staunt man darüber, dass die öffentliche Zurschaustellung weiblicher Nacktheit einen Ausländer, der in Rom auf der Durchreise ist, so in Rage bringen kann.

Man staunt, weil der männliche und der weibliche Körper mittlerweile in der Werbung zu einer Art ästhetischer Ikone geworden sind. Die Reaktionen auf den provokativen Artikel, die sich in fast allen italienischen Tageszeitungen fanden, beweisen, dass er seinen Zweck erreicht hat – ganz sicher auch deshalb, weil seine ketzerische Darstellung ein Körnchen Wahrheit enthält. Überdies muss man einräumen, dass eine so auffällige Ausbeutung des weiblichen Körpers zwar im Westen weit verbreitet, aber doch nicht in der ganzen Welt im gleichen Ausmaß zu beobachten ist.

Ich erinnere mich zum Beispiel daran, wie am Rande der UN-Weltfrauenkonferenz 1995 in Peking einige Nichtregierungsorganisationen für die Homosexualität protestierten. Vor einem Spruchband mit der Aufschrift „Freedom for Lesbians“ fragte ich eine junge Chinesin, die neben mir stand und die Ereignisse beobachtete, was sie davon halte. In etwas zögerlichem Englisch erklärte sie mir, sie sei voll und ganz damit einverstanden. Dann aber fragte sie unvermittelt: „Können Sie mir vielleicht sagen, wo Lesbien liegt?“

Die Frage, der ich zunächst keine Bedeutung beimaß, ist mir gerade deshalb im Gedächtnis geblieben, weil sie das Unbehagen veranschaulicht, das ein unerfahrenes Gewissen angesichts einer von seiner Warte aus völlig unverständlichen Freiheitsforderung empfinden muss.

Natürlich muss man hin und wieder darüber nachdenken, was man unter Freiheit versteht, und man muss, wie Isaiah Berlin es getan hat, auch unterscheiden lernen, was daran im jeweiligen Einzelfall „negativ“ und was „positiv“ ist: am Vorführen und Zur-Schau-Stellen einerseits und am nachdrücklichen Vorbringen persönlicher Forderungen andererseits.

Im Grunde will ich vor allem darauf hinweisen, wie wichtig die schrittweise Wiederentdeckung der der Frau eigenen Würde im Lauf des 20. Jahrhunderts gewesen ist: ein Bewusstwerden, das sich sicherlich auch den feministischen Bewegungen verdankt, sich jedoch auf eine Identität bezieht, die wesentlich zur abendländischen Kultur gehört. Der Feminismus war ja gerade deshalb ein Phänomen unserer Gesellschaften, weil die Identität der Frau einen notwendigen Bestandteil unserer Kultur und Mentalität darstellt. Obwohl viele Jahrhunderte lang nicht alle Rechte der Frau anerkannt und in einigen Epochen sogar mehrheitlich mit Füßen getreten worden sind.

Wie man weiß, haben die feministischen Bewegungen in diesem Prozess der Rückeroberung der Frauenrechte eine gewisse Rolle gespielt: eine Rolle, die nach der ersten Protestphase in den Sechzigerjahren heute nachdenklicher und tiefgründiger geworden ist. Das sogenannte „Differenzdenken" hat zum Beispiel deutlich gemacht, wie wichtig es ist, die personale Identität auch theoretisch in der Geschlechterdifferenz zu verankern. Die nicht zwangsläufig Antagonismen erzeugt, sondern ursprünglich nichts anderes ist als die konkrete Manifestation der eigentlichen Würde jeder Frau und jedes Mannes.

Denn wenn ich mich authentisch verhalten will, muss ich natürlich wissen, wer ich als Person bin und welchem „Geschlecht" ich angehöre. Die Sexualität ist ein wesentlicher Bestandteil meines Seins: Mittels meiner Körperlichkeit ordne ich mich in die Welt und in die Geschichte ein, und ohne meinen Körper habe ich keinen wirklichen Zugang zu einem persönlichen Erleben.

Diese Logik hat nach und nach dazu geführt, dass der Unterschied zwischen den Geschlechtern als etwas Natürliches gedacht wurde: als eine Art Grundvoraussetzung, von der man ausgeht, um zu verstehen, wie man sich als Individuum verhalten muss. Erst wenn ich die Bedeutung meiner Sexualität voll und ganz verstanden habe, kann ich auch den Sinn und die Bedeutung metakultureller – weil anthropologischer – Gegebenheiten wie Scham oder Zurückhaltung begreifen. Der Weg zum Verständnis dieses ethischen Ansatzes führt letztlich immer über die Erziehung und niemals an der Kultur vorbei. Wobei der Ausgangspunkt allerdings nicht nur auf kognitiver Ebene, sondern im Kontext einer allgemeineren direkten Zugehörigkeit des Einzelnen zur menschlichen Natur begriffen werden muss, die als solche ursprünglich in männlich und weiblich geschieden ist.

All das ist der Kern der doppelten, nämlich griechisch-lateinischen und jüdisch-christlichen Wurzel der abendländischen Anthropologie. Ein Beispiel hierfür ist Aristoteles. In seinen Gedanken über die Frau stellt er das Weibliche, auch wenn es ihm noch nicht gelingt, sich gänzlich vom Machismo seiner Zeit freizumachen, dennoch bereits als eine grundlegende Dimension des Menschseins dar. Nicht zuletzt aufgrund ihrer Beziehung zu ihrem Mann und ihren Kindern kommen der Frau in der Gesellschaft eine aktive Rolle und eine eigene, eindeutige Identität zu. Dieser von Aristoteles vorgegebenen und auf Plato zurückgehenden gedanklichen Linie sind in der Folgezeit im Grunde alle großen abendländischen Philosophen treugeblieben.

Deswegen bleiben die Erwägungen der britischen Zeitung über die Frauenfrage, die auf der Überzeugung von der Instrumentalisierung der Schönheit fußen, unvollständig, solange sie nicht in einen größeren Kontext eingeordnet werden.

Denn einerseits trifft es zwar zu, dass die Frau der ihr eigenen Würde beraubt wird, wenn sie lediglich als Werbewerkzeug im Dienst männlicher Genusssucht benutzt wird. Doch andererseits trifft es ebenso zu, dass dieses Bild ausschließlich im Lebensraum der Werbung existiert. Und der ist keineswegs repräsentativ für die vielfältige Art und Weise, wie die Frau heute insbesondere in Italien die Großartigkeit ihrer weiblichen Würde lebt.

Es gibt heutzutage in diesem Land keine Berufsgruppen, in denen die Frauen nicht vertreten wären und ihren besonderen, individuellen, spezifisch weiblichen und wesentlich positiven Beitrag leisteten: All das ist in zahllosen Fällen auch mit schweren Belastungen verbunden, die die Frauen mit großer Stärke und Lebenskraft schultern, ohne dass dies eigens gewürdigt wird.

Statt sich auf oberflächliche und unvollständige provokative Darstellungen zu beschränken, sollte man sich vielleicht besser auf die großen Leistungen besinnen, die viele Frauen Tag für Tag vollbringen, wenn sie ganz normalen Berufen nachgehen und nebenher oft auch noch die Zeit und den Raum finden, ihren familiären Pflichten nachzukommen.

In dieser Hinsicht bin ich mit der Bewertung der englischen Zeitung vollkommen einverstanden. Dennoch ist es wichtig, den einzelnen Ausschnitt nicht mit dem ganzen Bild zu verwechseln, das heißt, die Wirklichkeit nicht auf der Grundlage eines schlichten kommerziellen Phänomens zu lesen. Denn außerhalb ihres Bezugsrahmens – in diesem Falle der Werbung – sind derartige Schlussfolgerungen nutzlos.

Die neuen Drogen

Nahezu alle Statistiken belegen inzwischen einhellig, dass die Verbreitung und der Konsum von Drogen in unseren Gesellschaften kontinuierlich zunehmen.

Wer zu künstlichen Substanzen greift, die das Verhalten von außen beeinflussen können, tut dies zweifelsohne aus verschiedenen persönlichen Gründen, aber immer aus einer irgendwie gearteten Unzufriedenheit heraus. Ein solches Unbehagen kann an einer Ablehnung des eigenen Umfelds, aber auch an einer Ablehnung des eigenen Selbst liegen.

Die Wissenschaftler, die sich mit dem Phänomen befasst haben, weisen übereinstimmend darauf hin, dass die veränderten Tendenzen des wachsenden Drogenkonsums für eine neue Sozialdiagnose sprechen. In den letzten Jahren griff man nämlich nicht nur in den sogenannten Randgruppen vermehrt zu Betäubungsmitteln. Vielmehr haben wir es inzwischen mit einem Gebrauch von Aufputschmitteln zu tun, der gewährleisten soll, dass die Betreffenden nach außen hin ein vollkommen normales oder in manchen Fällen auch außergewöhnliches Leben führen können. Die weite Verbreitung von Kokain beispielsweise ist eine Folge dieses bisher unbekannten Bedarfs an „zusätzlichen Anreizen“, die notwendige Voraussetzung für einen angemessenen Umgang mit der Alltagswirklichkeit geworden sind.

Für gewisse Personen ist die gewohnheitsmäßige Zuhilfenahme chemischer Stimulanzien der kulturelle Ausdruck eines Bedürfnisses, ihre psychophysischen Kapazitäten und Möglichkeiten zu erweitern. Doch die Motive und der Zweck dieser Maßnahme sind sehr unterschiedlich. Traditionell – und das trifft zum Teil natürlich auch heute noch zu – erfolgte die Einnahme vor allem, um sich gegen eine ungeeignete Realität zur Wehr zu setzen, sich einer Gegenwart zu entziehen und die individuelle Kreativität auf andere Weise auszudrücken. Heute dagegen suchen die Menschen eher nach etwas, das sie selbst auf künstlichem Weg realitätsgeeignet, das heißt fähig macht, die Ereignisse zu beherrschen. Wir haben es also eindeutig mit zwei unterschiedlichen Phänomenen zu tun.

Im ersten Fall betrachtet ein Mensch seinen existentiellen Horizont als nicht geeignet, seine eigene Individualität auszudrücken. Wie bei Sartre versucht der Mensch mit seiner Freiheitssehnsucht die natürliche Monotonie der Dinge und Ereignisse zu überwinden. Der Drogenkonsum ist somit vor allem bei Jugendlichen eine Haltung der Rebellion und der Emanzipation von allem, was als „etabliert", „institutionalisiert" und deshalb in der Realität als „unanfechtbar" gilt: Die Droge dient der Flucht aus der Gegenwart und als Befreiung von der Last der Verantwortung, die uns von Familie und Gesellschaft und letztlich von der Realität selbst, wie sie eben ist, auferlegt wird.

Im zweiten Fall dagegen sind gerade die Realität und die Gegenwart das, was fehlt. Die anfängliche psychologische Situation ist die einer Lücke, eines Mangels an Energie, an Kraft und an der Fähigkeit, völlig man selbst zu sein. Auch in diesem Fall fügen die stimulierenden Aufputschmittel von außen etwas hinzu, das man nicht besitzt: Der Konsument ist auf sie angewiesen und setzt sie ein, um der Wirklichkeit selbst und den konkreten Situationen gewachsen zu sein, die er immer wieder erlebt. Der Unterschied besteht darin, dass er die künstliche Ergänzung diesmal braucht, um endlich wettbewerbsfähige Leistungen erbringen und den Situationen und Erwartungen einer gelungenen sozialen Integration entsprechen zu können – und nicht, um sich seiner individuellen Verantwortung zu entziehen.

Diese Dynamik würde die demografische und soziologische Verlagerung auf neue Bereiche und neue Konsumenten erklären, die, was

Alter und finanzielle Möglichkeiten betrifft, eher der gehobenen Mittelklasse angehören.

Die Schaffung dieses neuen sozialen Bedürfnisses, das nicht länger nur ein Ausweg aus der Routine, sondern ein Weg ist, seinem Umfeld gewachsen zu sein, macht deutlich, dass das Leben in seinen Ansprüchen so exzessiv geworden ist, dass es selbst schon als künstliches Phänomen empfunden wird. Um in die Realität „einzutreten", muss man besser sein als die anderen, besser als man selbst: Man muss ein Sieger sein, ohne Schwächen, perfekt. Alles andere bedeutet Scheitern.

Kokain ist in bestimmten beruflichen und sozialen Bereichen Ausdruck eines manischen Bedürfnisses, „mithalten zu können" – nicht unähnlich dem, was Proust als die „Suche nach der verlorenen Zeit" definierte und was Giacomo Marramao kürzlich als die „Sehnsucht nach der Gegenwart" bezeichnet hat. Vielen fehlt offenbar die Zeit, um „angesagt" und erfolgreich zu sein – und da bietet sich die Droge an. Als Antwort auf eine berechtigte Sehnsucht nach einer unerreichbaren Normalität und Effizienz.

Die dramatische Verbreitung dieses neuen Unbehagens müsste uns eigentlich alle ein wenig nachdenklich machen. Wir alle müssten uns noch einmal ganz neu mit der Frage auseinandersetzen, was es denn eigentlich heißt, sein eigenes Dasein wirklich gut zu leben. Die Vorstellung, das Glück bestehe darin, ein Ziel zu erreichen, ist die schlimmste Konsequenz einer Sichtweise, die das Leben nicht als Voraussetzung, sondern als Endresultat betrachtet. Entweder man siegt, oder man bleibt für immer ein Verlierer. Statt zu denken, dass das Handeln eine Folge des Seins ist, kommt man zu dem Schluss, dass das Sein eine Folge des Handelns ist. Somit ist die Droge eine Bedingung, um „Sozialkapital" zu erwirtschaften: Erfolg, Macht und wirtschaftlichen Status.

Was für einen Sinn aber hat es, wenn wir uns an der Forderung aufreiben, besser zu sein als die anderen, und uns am Ende nur ein sinnentleertes Leben bleibt, das künstlich ernährt werden muss, um den Anschein der Normalität zu wahren? Und wie kann man ein Leben für normal halten, dem wir ohne „Doping" gar nicht gewachsen sind?

Alles in allem scheint es mir sehr viel sinnvoller und hilfreicher zu sein, wenn wir unsere Unvollkommenheiten und emotionalen Verwirrungen als wichtig wahrnehmen: aus dem einfachen Grund, weil solche Mängel grundlegende Bestandteile des Menschseins und wir deshalb nicht schlechter als die anderen sind. Vielleicht ist das die große Entdeckung, die wir erst noch machen müssen: Schwäche ist eine unverzichtbare Voraussetzung nicht nur für unsere Normalität, sondern auch für die Entwicklung einer soliden und kreativen individuellen Persönlichkeit.

Etienne Gilson hat in diesem Zusammenhang gesagt, es gebe keine deprimierteren und intoleranteren Menschen als die idealistischen Philosophen, die das wirkliche Leben durch vorgestellte und unerreichbare Ziele ersetzen: Denn wem es gut geht und wer glücklich ist, der liebt die bescheidene und nüchterne „Unreinheit des Konkreten".

Hoffentlich haben wir uns nicht schon alle so tief in unseren Utopien verstrickt, dass dieses Denken uns nichts mehr sagt. Hoffentlich haben wir nicht aus den Augen verloren, dass das Glück im Grunde immer darin besteht, sich selbst angemessen zu bleiben – auch wenn wir uns natürlich zu Recht darum bemühen, unsere Schwächen ein wenig zu verbessern. Wichtig scheint, dass man nie vergisst – Hegel möge mir verzeihen! –, dass alles, was real ist, seiner Natur nach nicht immer vollkommen rational sein kann. Ja, nicht einmal einfach vollkommen.

Mensch und Tier – eine ahnungsvolle Beziehung

Neulich bin ich auf einer Reise zu Fuß durch einen Stadtpark gegangen und stand plötzlich vor dem Eingang eines großen Zoos.

Ich blieb einige Minuten lang vor dem Gitter stehen. Mir war bewusst, dass diese Käfige mitten in einem menschlichen und großstädtischen Lebensraum mir etwas ganz anderes bieten würden als die großartigen Ökosysteme, die ich im Serengeti-Nationalpark in Tansania und in der Masai Mara in Kenia habe besuchen dürfen.

Dann jedoch fasste ich mir ein Herz und gab der Versuchung nach, wie ein Kind in diese unglaubliche und faszinierende Welt der Unterhaltung und des Vergnügens einzutreten, die das städtische Reich der Tiere seit meiner Kindheit für mich gewesen ist.

Um ehrlich zu sein, kamen mir die Bewohner des Zoos nicht so vor, als würden sie leiden oder hätten auch nur das Bedürfnis, in ihr ursprüngliches Habitat zurückzukehren, nach dem sie offenbar keine Sehnsucht verspürten; entscheidend aber ist, dass mein Tag im Zoo weniger banal und weniger unbekümmert war, als ich zunächst vermutet hatte.

Ich war aufgebrochen, um zwischen zwei Terminen, die auf dem Programm standen, ein paar Schritte zu gehen, und fand mich plötzlich in einer Welt wieder – der Welt der Tiere –, der wir angehören, für die wir uns aber im Grunde wenig interessieren und von der wir noch weniger wissen.

Zwischen Zebras, Flusspferden, Reptilien und allen Arten von Dickhäutern war es eine Gruppe Affen, die meine Aufmerksamkeit erregte. Ich weiß nicht, ob es das Bedürfnis war, mit jemandem zu kommunizieren, zumal das Handy glücklicherweise noch nicht geklingelt hatte – jedenfalls verbrachte ich fast meine ganze Zeit in diesem Bereich, ohne sonst allzu viel zu sehen.

In einem umgrenzten, aber recht großen Areal des Zoos nämlich lebte die sympathische Gemeinschaft der Affen – genauer gesagt handelte es sich um mehrere Arten –, die dort herumsprangen und -liefen, schimpften und sich zankten. Ich fand es interessant zu beobachten, wie sehr sie alle darauf bedacht waren, ihre eigene, sehr präzise Rolle innerhalb der Gruppe zu verteidigen, zu behaupten oder zu erringen. Nachdem ich ihnen ein wenig zugesehen hatte, fiel mir vor allem die beinahe rituelle Regelmäßigkeit der Gesten auf, die einer klaren Hierarchie perfekt geordneter Beziehungen entsprach – ein Gleichgewicht, das auch dann nicht ins Wanken kam, wenn die Protagonisten sich auf nicht selten wütende Streitigkeiten und Kämpfe einließen, bei denen es zuweilen nur um winzige Raumgewinne ging.

Nachdem ich mich sofort mit einer Tüte Nüsse bewaffnet hatte – was in dem betreffenden Zoo damals noch erlaubt war –, trat ich näher an das Geländer heran, um Blickkontakt aufzunehmen und auf diese Weise Gast in ihrer Welt zu werden.

Das Futter, das ich mitbrachte, rief zunächst ein ungeahntes Chaos hervor, erlaubte es mir dann aber, eine besondere Verbindung zu einem Affenweibchen herzustellen, das, nachdem es die anderen fortgejagt hatte, alleine vor mir sitzenblieb.

Wir kamen sofort in Kontakt.

Nach etwa einer halben Stunde wurde mir bewusst, dass es, auch dank meines aktiven Engagements und meiner geduldigen Bereitschaft, wirklich sehr befriedigend war, dort zu sein. Mir fiel auf, dass ich gar nicht mehr auf die Uhr gesehen hatte – vielleicht, weil ich stillschweigend davon überzeugt war, dass ich keine Zeit vergeudete. Tatsächlich amüsierte ich mich prächtig.

Wenig später musste ich den Zoo wieder verlassen. Zurück im Hotel dachte ich noch einmal über das Vorgefallene nach und begriff, was mich an diesem Besuch so fasziniert hatte. Es war nicht zu leugnen, dass meine kleine Freundin großes Vergnügen daran gehabt hatte, von mir etwas Leckeres zu fressen zu bekommen, und ich konnte auch nicht verhehlen, dass meine Interaktion mit ihr etwas Vergnügliches und Unbekümmertes gehabt hatte. Letzten Endes jedoch konnte ich trotz der Beziehung der Sympathie, die zwischen uns entstanden war, nichts finden, was wirklich einer persönlichen Begegnung geähnelt hätte.

Auch ihr vermeintlicher Egoismus – sie blieb, weil sie Nüsschen und Zuwendung von mir bekam – war weder bewusst noch frei von primären Notwendigkeiten und schien mir nicht im Mindesten mit einer Bekundung von menschlichem Egoismus vergleichbar. Tatsächlich war es ein Egoismus ohne irgendeine Spur von Egoismus.

Natürlich wies das Verhalten der Affendame Züge auf, die meinem Verhalten ähnelten. Doch selbst wenn die Kleine in mir eine freundliche Präsenz wahrgenommen hatte, begriff ich doch, dass zwischen einer Person und jedem anderen noch so hochentwickelten Lebewesen ein Abgrund klafft. Das meine ich keineswegs verächtlich; vielmehr war mir klar, dass das Tier innerhalb seiner spezifischen Daseinsform, die anders war als die meine und nicht damit verglichen werden konnte, vollkommen war.

Wenn ich noch eine Weile gewartet hätte, hätte ich mich vielleicht sogar lieber mit jemandem gestritten, als noch länger bei dem netten Tierchen sitzen zu bleiben – und das nicht, weil ich die Gattung der Tiere in irgendeiner Weise verachte, sondern weil letztlich das Sprichwort gilt: „Gleich und gleich gesellt sich gern" oder, um es mit dem spätantiken latinischen Schriftsteller Boëthius zu sagen: „Similitudo est appetenda". Menschliches kann man eben einfach nur mit menschlichen Personen teilen.

Wenn wir handeln, dann tun wir das zumindest meistens absichtsvoll und bewusst, und wir sind in der Lage, jene Distanz zu dem, wonach wir uns sehnen, zu verinnerlichen. Das ist typisch für uns und bringt oft Unverständnis und Leid, aber auch große Gefühle hervor. Im Verhalten eines Tieres dagegen ist alles vorhersehbar und perfekt und geht ohne sogenannte „Bewusstseinssprünge" vonstatten. Von der Affendame im Zoo konnte ich nichts anderes erwarten, als dass sie einige unmittelbare und instinktive Bedürfnisse zum Ausdruck brachte, und zwar in Form von emotionalen Zuständen, die auf ihre Weise vollständig, letztlich auf ihren Bereich beschränkt und nur in diesem Kontext anregend, interessant und bewundernswert waren.

Die fehlende Distanz zwischen dem eigenen Verhalten und dem eigenen Ich erlaubt es dem Tier nicht, eine Absicht zu äußern, die schon das einfache Schreien eines Kindes oder der bloße Atemzug einer Person unmittelbar zum Ausdruck bringt.

Am Ende des Tages habe ich den Besuch im Zoo wirklich nicht bereut, weil ich dort begriffen hatte, dass alles, was der Mensch tut, und sei es noch so instinktiv und animalisch, sich niemals auf etwas rein tierisches reduzieren lässt, während die anderen Spezies in dem, was sie sind, und auch nur solange sie als das betrachtet werden, was sie wirklich sind, eine eigene Perfektion besitzen.

Zwar trifft es zu, dass die Zoologen uns und einige Affenarten – Orang-Utans, Gorillas, Schimpansen und Bonobos – unter derselben Familie der Hominidae zusammenfassen und sich in ihren Klassifizierungen vor allem auf die Verwandtschaft, also die morphologischen und molekularen Gemeinsamkeiten konzentrieren. Doch unsere Art, ein Lebewesen zu sein, ja sogar unsere Art – oder unsere Motivation –, uns zu ernähren und zu bewegen, übersteigt bereits die schlichte Unmittelbarkeit des Instinkts, weil unser Leben immer ein „anders und mehr" beinhaltet, aus dem letztlich unsere Bewusstseinsfähigkeit erwächst und das uns auf die Möglichkeit hin öffnet, für das, was wir tun, frei verantwortlich zu sein. Ja, sogar für das, was wir uns zu fühlen entschließen und wovon wir uns beeindrucken lassen.

Am Ende des Tages kam ich mit diesen und anderen Gedanken im Kopf in mein Hotel zurück und trug dabei ein gewisses Glücksgefühl und ein gewisses Interesse im Herzen, das mich bei Gelegenheit sicherlich zu meiner kleinen, jungen Freundin zurückbringen wird – allerdings in dem Bewusstsein, dass ich keinen Kranken, keinen Freund und kein Kind, sondern einen Affen besuche. Nur so wird mein Verhältnis zu der Affendame loyal und im Rahmen unserer beiderseitigen Interaktionsmöglichkeiten perfekt sein.

Verstand und Begehren

Wenn es einen Vorteil hat, in einer von den Medien beherrschten Welt zu leben, dann den, dass wir alle zu jeder Zeit alles voneinander wissen. Oder zu wissen glauben.

Man muss nur einmal durch das Nachmittagsprogramm zappen, um festzustellen, dass wirklich jeder Aspekt des Privatlebens völlig uneingeschränkt zu einer frei zugänglichen Sendezeit vor einem insgesamt eher schlichten Publikum breitgetreten wird.

Ich will mich an dieser Stelle nicht zu einer oberflächlichen Missbilligung von Sachverhalten oder Personen hinreißen lassen, sondern einfach nur über einige Klischees nachdenken, die das derzeitige kollektive Verhalten in einer Welt steuern, die überwiegend, wenn nicht völlig, von Emotionen beherrscht ist. So sehr, dass man den Eindruck hat, die Leute argumentieren nicht mehr mit dem Verstand, sondern mit ihren Gefühlen.

Man könnte meinen, es handelte sich um ein modernes Phänomen – wenn ein solches Verhalten nicht auch schon in der Vergangenheit wohlbekannt gewesen wäre.

Die griechische Kultur, Wiege unserer Zivilisation, liefert in dieser Hinsicht einen aufschlussreichen Beitrag. Die Philosophenschule der Stoiker beispielsweise hat sich mit all jenen typisch menschlichen Handlungsweisen befasst, die sich in einer natürlichen oder irrationalen Neigung zum Vergnügen ausdrücken. Impulse, Leidenschaften und Begehrlichkeiten, die oft miteinander verknüpft sind, entstehen aus der in allen Lebewesen absolut grundlegenden Tendenz, das eigene Leben zu erhalten und das zu erringen, was für das Überleben der Art notwendig ist.

Im Fall des Menschen sind die Dinge allerdings komplizierter. Deswegen achteten die Kyrenaiker, eine für ihren Lustkult bekannte philosophische Schule, mit großer Aufmerksamkeit und Klugheit auf die verschiedenen irrationalen Aspekte, die den Menschen zu einer unbeherrschten Befriedigung seiner elementaren Bedürfnisse treiben.

Epikur vertrat in diesem Zusammenhang die Ansicht, dass in der Beziehung zwischen dem Menschen und dem Vergnügen ein ganz besonderer Aspekt ins Spiel kommt, den man mit dem modernen Begriff der „Unruhe" definieren könnte. Der Konsum einer Lust oder eines Vergnügens als Selbstzweck bringt die Seele fast immer in einen „aufgewühlten" Zustand, weil der Mensch im Unterschied zu den anderen Lebewesen im Vergnügen mehr finden will als den rein zeitlichen Genuss einer Empfindung – er sehnt sich immer nach etwas, das sich auf die spirituelle Sphäre zurückführen lässt.

Eine solche Schlussfolgerung erinnert an das Fazit des symbolistischen Dichters Baudelaire: Der enthemmte Konsum eines Vergnügens bringt am Ende nur große Einsamkeit hervor. Das scheint mir alles in allem ein guter Ausgangspunkt, um den Menschen von heute mit seiner Unruhe und seiner Bitterkeit zu verstehen. Zumindest teilweise.

Wenn man über Instinkte und Vergnügungen nachdenkt, sollte man sie weder verurteilen noch in den Himmel heben. Man sollte sie vielmehr im Rahmen eines umfassenden anthropologischen Diskurses bewerten, der alle authentisch menschlichen Aspekte berücksichtigt, seien sie nun sinnlicher oder intellektueller, emotionaler oder rationaler Natur. Die Frage, ob die Befriedigungen der Leidenschaften ein Gut oder ein Übel seien, beantwortete Platon stets mit einem entschiedenen: „Das kommt darauf an." Denn im Menschen geht das Streben nach eher spirituellen Idealen immer mit der Dynamik des Begehrens und der subjektiven Befriedigung einher. Das Entscheidende ist auf jeden Fall, dass wir unsere Freiheit nicht verlieren, denn sie verleiht uns Selbstbeherrschung und speist sich nicht nur aus emotionalen Impulsen, sondern aus rationalen Beweggründen.

Die Besonderheit der menschlichen Person besteht nicht nur darin, dass sie weiß, wonach sie strebt, sondern dass sie ihr Streben und Begehren selbst bewerten kann. Diese Fähigkeit, sich von seinen Gefühlen zu distanzieren, um sie zu beurteilen, zählt zu denjenigen Eigenschaften, die den Homo sapiens grundlegend von jeder anderen Lebensform und damit auch von den höchstentwickelten Primaten unterscheiden. Und den Angehörigen der Gattung Mensch zu einer Person machen.

Keine Person kann sich darauf beschränken, die Speisen, die sie isst, zu begehren, und die Dinge, die sie für schön hält, zu lieben; vielmehr sehnt sie sich danach, den Wert dessen, was sie liebt und was sie als angenehm betrachtet, zu kennen. Das zu leugnen hieße zu glauben, dass ein Mensch einen anderen lieben kann, ohne ihn jemals kennengelernt zu haben; oder dass ein Mensch sich danach sehnen kann, ein Gemälde zu betrachten oder eine Sinfonie anzuhören, ohne wirklich zu wissen, worum es sich handelt, was dieses Werk bedeutet usw.

Die Tatsache allein, dass er Wünsche und Sehnsüchte in sich trägt, bedeutet für den Menschen natürlich nicht automatisch, dass er auch den Wert des Ersehnten kennt oder gar weiß, warum er etwas begehrt. Doch haben wir den authentischen Wert einer Sache erst einmal entdeckt, wäre niemand von uns in der Lage, sie für etwas anderes aufzugeben, das er für weniger wertvoll hält. Wenn wir zum Beispiel die Erfahrung gemacht haben, dass die Gesellschaft einer Person besser ist als die eines Kartenspiels, dann liegt es auf der Hand, dass wir lieber mit unseren Freunden essen gehen als alleine zu Hause zu bleiben und eine Patience zu legen.

Natürlich wissen wir alle, wie schwierig es sein kann, der Kraft unseres Begehrens gegenüber rational zu bleiben, weil unser Begehren, wenn es nicht unter Kontrolle gehalten wird, in uns ein unwiderstehliches, verzerrtes und verändertes Bild der Wirklichkeit und unseres eigenen Selbst zu produzieren vermag. Dennoch sind, wie Robert Spaemann herausgestellt hat, „Akte des Meinens, des Vorziehens und des Wollens beim Menschen“ anders als beim Tier „jeweils voneinander unabhängige Variablen“, die es ermöglichen, die eigenen Instinkte zu „beurteilen“ und zu „steuern“ – und sich damit von ihrer Herrschaft zu befreien.

Eine im menschlichen Sinne ausgewogene Einstellung kann deshalb natürlich ebenso wenig über die Leidenschaften hinwegsehen wie sich von ihnen hinreißen lassen. Vielmehr sollte sie Willen und Verstand in der Persönlichkeit zum Einklang bringen und es dem Menschen auf diese Weise erlauben, Gutes zu begehren und zu fühlen. Und sie sollte gleichzeitig verhindern, dass die Instinktkräfte, die auf das Leben und Überleben ausgerichtet sind, zu Werkzeugen der Zerstörung verkommen.

Sich selbst zu kennen heißt letztlich, an seinen eigenen instinktiven Neigungen und an sich selbst zu arbeiten, um die Vitalität der Leidenschaften mittels der Vernunft zu kanalisieren und auf das hin zu orientieren, was dem menschlichen Personsein – oder besser: Personwerden – dient.

Oscar Wilde würde uns in seiner humorigen Art vermutlich zugestehen, dass diese Übung eine tägliche Arbeit ist, die im Verhalten einer Person „spürbare Verbesserungen“ hervorbringen könnte. Angefangen beim Wissen um den Wert der Dinge. Vom Wissen um unseren eigenen Wert einmal ganz abgesehen.

Globale Fragen

Ein asymmetrisches Ethos

Das wichtigste Ereignis der internationalen Politik in diesem Herbst 2006 sind ganz sicherlich die Halbzeitwahlen in den USA, die in der nächsten Woche stattfinden.

Dieser Wahltermin ist keine Endabrechnung mit der US-Politik. Das Ergebnis vom 7. November wird nur der Anfang, die erste Etappe auf einem langen Weg sein, der die Vereinigten Staaten zu den Präsidentschaftswahlen 2008 führen wird.

Doch wie es bei einem Wahlkampf dieser Größenordnung eigentlich immer der Fall ist, kommen auch dieses Mal wieder wesentliche Streitfragen unserer Zeit auf brisante Weise zur Sprache, und die Diskussion über die wirklichen Prioritäten und die eigentlichen Erwartungen der Wähler beginnt von Neuem.

Bekanntlich ist ja die Weltpolitik in den letzten Jahren von den beiden großen internationalen Konflikten in Afghanistan und im Irak beherrscht gewesen, die eine Folge der tragischen Ereignisse vom 11. September 2001 waren. Die Lebensweise der Bürger hat sich den Auswirkungen dieser Ereignisse angepasst und die Einschränkungen und Bedingungen akzeptiert, die durch die neuen Gegebenheiten des Terrorismus und der Massenimmigration nötig geworden sind.

Nicht zufällig war der jüngste Wahlkampf von den Lebensgewohnheiten und der Werteskala der Amerikaner beherrscht, und vermutlich werden diese Faktoren auch über Sieg oder Niederlage entscheiden. In diesem Zusammenhang ist es vielleicht interessant, sich zu fragen, welche Konsequenzen die politischen Kräfte in den USA aus dieser Erfahrung gezogen und ob sie die Denkweise ihrer Wähler wirklich von Grund auf richtig interpretiert haben. Ein kurzer Blick auf die politische Debatte, die den Wahlkampf beherrscht hat, zeigt bereits, dass die Diskussion der Kandidaten unweigerlich eine ethische Dimension erreicht hat und dass sogar die programmatischen Inhalte nach ethischen Maßstäben bewertet werden.

Man denke nur an die Ereignisse in Virginia, wo der demokratische Kandidat James Webb Einbußen in der Wählergunst hinnehmen musste, nachdem die Republikaner einige Thesen aus einem seiner Romane als „unmoralisch" gebrandmarkt hatten. Oder an die jüngste republikanische Entscheidung, eine Mauer zu bauen, um die südlichen Grenzen vor illegalen Einwanderern aus Mexiko zu schützen.

Die Strategie der Republikaner bestand darin, ethische Vorwürfe gegen die gegnerischen Kandidaten vorzubringen und persönliche Einstellungen oder Lebensweisen anzuprangern, die ihrer Meinung nach dem tiefen Empfinden des amerikanischen Volkes zuwiderlaufen. Das Aufsehen, das John Kerry mit seiner ironischen Äußerung über den Krieg erregt hat, war deshalb so besonders aufschlussreich, weil es den Wertekontrast in der amerikanischen Gesellschaft entlarvt hat: die militärische Sichtweise einerseits und das nationale Ethos andererseits.

Für die Konservativen war es überaus wichtig, auf die in ethischer Hinsicht strittigen Inhalte der Opposition hinzuweisen: Die Befürwortung der Abtreibung, der illegalen Einwanderung oder der Pille danach kommt – für die Anhänger der GOP, wie die republikanische Partei genannt wird – einer unethischen Weltanschauung gleich. Ein exemplarischer Fall ist die Stammzellenforschung, die den Konservativen als klassische Form einer wissenschaftlichen Forschung ohne moralische Kriterien und Werte gilt.

Diese unter ethischen Aspekten geführte Auseinandersetzung zwischen Republikanern und Demokraten hatte wichtige praktische Konsequenzen – zum Beispiel die Liberalisierung der Forschung und der medizinischen Therapien mithilfe neuer experimenteller Techniken. Die Argumente, mit denen die Konservativen gegen bestimmte Forschungsmethoden zu Felde ziehen, zielen darauf ab, die Ansichten ihrer politischen Gegner als ethisch nicht vertretbar darzustellen, während die Demokraten ihrerseits besagte experimentelle Techniken als eine eindeutigen Fortschritt in Sachen Freiheit betrachten.

Interessanterweise ist nun aber in beiden politischen Lagern eine ganz ähnliche Grundeinstellung zu beobachten.

Nimmt man zum Beispiel die Vorschläge der demokratischen Opposition, dann wird deutlich, dass auch diese sich im Grunde als Verfechter eines spezifischen Ethos verstehen. Das lässt sich sehr gut anhand der jüngsten Ereignisse in Missouri veranschaulichen. Der Auftritt einer an Parkinson erkrankten Hollywoodgröße wie Michael J. Fox hat das Gewissen der Bürger für die Bedürfnisse von Menschen sensibilisiert, die an unheilbaren Krankheiten leiden. Natürlich lassen sich Inhalte wie der Einsatz für die Gesundheit, für das Recht auf Bildung, für Mindestlohn und Umweltschutz in einem fortschrittlichen demokratischen Programm ethisch begründen. Doch es gibt Grenzen.

Der Gegensatz zwischen den politischen Lagern nimmt also die komplexen Züge eines ethischen Aufeinanderpralls verschiedener Weltanschauungen an, die den politischen Wettstreit der Parteien und Kandidaten befeuern. Der praktisch vollkommen bipolare Charakter der amerikanischen Politik macht die Wahl für die Bürger damit zu einer Option zwischen zwei ganz unterschiedlichen Alternativmodellen.

Dasselbe Phänomen lässt sich auch beobachten, wenn wir das zweite große Thema dieser Wahlrunde in den Blick nehmen: den Krieg.

Die öffentliche Meinung in den Vereinigten Staaten hat sich ein insgesamt negatives Bild vom Irakkrieg gemacht. Inzwischen möchte wirklich fast niemand mehr leugnen, dass es sich um eine echte und ausgemachte Katastrophe handelt. Man diskutiert allenfalls noch über das Wie und Wann eines endgültigen Abzugs.

Doch es ist auch klar, dass eine Betrachtungsweise, die den Irakkrieg als „catastrophic failure" bewertet, kein ethisches Urteil über den Krieg an sich, sondern eher eine geopolitische oder schlicht militärische Bewertung darstellt. Das aber wirft eine Frage auf, die auf rein politischer Ebene gar nicht beantwortet werden kann: Ist es wirklich möglich, diese Ereignisse losgelöst von jenen ethischen Voraussetzungen zu bewerten, auf die man sich in anderen Bereichen doch ständig beruft?

Es ist bestürzend, dass ein Demokrat vermutlich kein Problem damit hätte, das ethische Scheitern im Irak einzugestehen, andererseits aber nicht bereit wäre, die ethische Dimension und die sozialen Auswirkungen anzuerkennen, die mit der Relativierung der Familie und der Forschung an embryonalen Stammzellen verbunden sein können.

Und umgekehrt ist die Unterstützung des Krieges für einen „Theokonservativen" auf einer anderen ethischen Ebene angesiedelt als der Schutz der Umwelt oder der Bau von Schulen in der Dritten Welt.

Ist das alles überhaupt noch rational?

Ein Ethos ist dann authentisch, wenn es Teil einer umfassenden Sicht auf das Leben ist. Andernfalls verliert es jegliche Glaubwürdigkeit. Einem asymmetrischen oder partiellen Ethos fehlt es an Rationalität. Eine ethische Teilansicht ähnelt einem Menschen, der nur ab und zu die Wahrheit sagt und dennoch verlangt, dass man ihm immer Glauben schenkt. Man darf ethische Werte nicht als Waffen gegeneinander einsetzen – ebenso wenig, wie man zum Schutz des Lebens Leben zerstören darf.

In seiner Nikomachischen Ethik hat Aristoteles uns gelehrt, dass die Kräfte – nicht die Grundsätze! –, die miteinander im Wettstreit liegen, um das Leben zu stärken und zu bewahren, dieselben sind, die es auch vernichten können. Alles hängt davon ab, welche Kriterien man anwendet und welche Handlungen daraus folgen. Diese Kriterien aber sind das Ethos eines Menschen. Und das ist entweder in allen Teilen stimmig, oder es steht auf tönernen Füßen.

Kann man den Krieg moralisch verwerfen und aus derselben ethischen Einstellung heraus den Umweltschutz und die Forschung an embryonalen Stammzellen befürworten?

Ich glaube, genau hier liegt das eigentliche Problem, das es zu lösen gilt.

Der Krieg gegen den Terrorismus und die Bemühungen um den Frieden müssen sich auf dasselbe Ethos gründen, und ebenso muss auch der Lebensschützer vom selben Ethos angetrieben sein wie der, der sich für das Recht auf Leben von unheilbar Kranken einsetzt.

Nicht zufällig hat der österreichische Jurist Hans Kelsen erklärt, „der tiefere Sinn der Demokratie“ bestehe darin, dass „jeder die Freiheit nicht nur für sich, sondern auch für die anderen will“. Und das ist nur im Rahmen eines Ethos möglich, das allen Menschen und insbesondere allen Aspekten des Lebens ihren eigenen Platz zuweist. In einem stimmigen System.

Im Grunde hatte Hobbes gar nicht so unrecht mit seiner Ansicht, dass die eigentliche Voraussetzung des Krieges der einseitige und partielle Charakter der Sichtweisen ist, denn genau dies führt dazu, das gemeinsame Ethos zu verkennen und Teilinteressen einander gegenüberzustellen. Mit dem Bezug auf die allen gemeinsamen Grundaspekte geht aber auch die ethische Gültigkeit der Einzelinteressen verloren.

Und damit beginnt ein Zersetzungsprozess, der die Politik an sich bedroht.

Zum einen sind die aktuellen Probleme untrennbar mit der Gesellschaft verbunden, und zum anderen ist es offenbar schwierig, sie ohne erbitterte Inkohärenzen in eine Gesamtsicht einzuordnen. Genau das aber ist es, was die politischen Entscheidungsprozesse nicht nur in Amerika lähmt. Auch Europa ist von ähnlichen Kohärenzfragen geplagt wie etwa der, ob ein Friede auch dann aufrechterhalten werden kann, wenn dies nach Maßgabe desselben Ethos zulasten grundlegender Menschenrechte geht.

Sich für das Wohl aller und des Ganzen einzusetzen erweist sich letzten Endes immer als ein schwieriger, aber auch als der einzig gangbare Weg, und zwar gerade weil das Ganze, wie Josef Pieper gesagt hat, niemals nur die Summe seiner Teile ist.

Krise des Kapitalismus oder Krise der Ethik?

Es war unvermeidlich, denn es ist sowieso immer dasselbe: Der wichtigste Wahlkampf der Welt, der mit der Wahl von Obama endete, war nicht planbar. Auch diesmal haben die unvorhersehbaren Ereignisse gesiegt – sie hatten das letzte Wort bei den amerikanischen Präsidentschaftswahlen des Jahres 2008. Die aktuelle Wirtschaftskrise ist zu einer Finanzkrise geworden, die die Weltpolitik in den kommenden Jahren unangefochten beherrschen wird. Wir erleben eine Zeit der Unsicherheit und Nervosität am Markt, wie sie sich nur noch mit dem schwarzen Freitag von 1929 vergleichen lässt. Allerdings waren die spekulativen Ursachen der Instabilität damals vielleicht deutlicher zu erkennen als heute. Denn wer kann zurzeit sagen, was wirklich hinter der globalen Krankheit steckt, die die amerikanische Wirtschaft befallen hat?

Vielleicht ein internationales Treffen wie der jüngste G20-Gipfel – auch wenn die Staatsoberhäupter der Welt schon lange wussten, was vor sich ging, ehe sie endlich zusammenkamen, um wenigstens einige Antworten gemeinsam zu finden. Bush ist genau wie die anderen nicht als „Lame Duck" aufgetreten. Er hat sich nicht im Hintergrund gehalten. Er hat sich nicht hinter seiner bevorstehenden Pensionierung verschanzt, um die Probleme nicht mehr zu lösen und nicht mehr anzupacken, auch wenn seine Politik unweigerlich eher Krankheitserreger als Heilmittel gewesen ist. Man könnte seine Reaktion mit dem verzweifelten Nierentreffer eines angeschlagenen Boxers bezeichnen – unter dem Strich war die Initiative jedenfalls nicht wirklich hilfreich. Letztlich ist seine Präsidentschaft im Guten wie im Schlechten als ein Widerstreit von ideellen Prioritäten in die Geschichte eingegangen, und er hat versucht, mit einer wenig glaubwürdigen Wohlfahrtsstaatlichkeit auf das vernichtende Urteil der öffentlichen Meinung zu reagieren. Alle hatten sofort Zweifel an der Durchführbarkeit seines Plans, wenn auch vermutlich nicht an der Wirksamkeit der Idee. Obama hat bereits erklärt, dass er seine erste Amtszeit mit einem neuen „New Deal" beginnen wird – allerdings auf seine Weise. Sicher ist, dass die Krise aus Übersee gekommen ist und auch nur von dort aus gelöst werden kann.

Deshalb ist es wichtig, genau zu bedenken, was 2009 in den Vereinigten Staaten geschehen wird. Die Krise des US-Bankensystems hat der Welt gezeigt, dass die allgemeine Situation des Kapitalismus keine Finanzspekulationen, sondern Realitäten braucht. Wie man ja auch eine Biopsie nicht an einem Röntgenbild, sondern an einem kranken Organ vornimmt.

An der derzeitigen atlantischen Problematik gibt es noch vieles zu klären. Nach wie vor unbeantwortet ist beispielsweise die Frage, warum die großen Kreditinstitute eigentlich untergegangen sind, obwohl sie in der Vergangenheit doch schon schlimmere Stürme überstanden haben. Darüber wird in Amerika sehr lebhaft diskutiert. Manche haben den Eindruck, das Erdbeben sei nur oberflächlich gewesen und habe weder die Sparer noch die Privatkunden, sondern nur die Großaktionäre ins Verderben gestürzt. Letztere, die in den fetten Jahren von den politischen und strategischen Vorteilen der Hochfinanz profitiert hätten, stünden nun alleine vor der rauen Wirklichkeit der Bilanzen. Andererseits sind nicht nur die Produktion, die Verteilung und der Konsum der Güter marktentscheidend. Eine gesunde Wirtschaft ohne ein gut aufgestelltes Bankensystem ist wie ein Berg ohne Bäume: zum Scheitern verurteilt. Es steht also zu erwarten, dass eine Finanzkrise von dieser Größenordnung die Tiefenstruktur der Gesellschaft nicht gleichgültig und unberührt lassen wird. In unserem besonderen Fall bieten die fehlenden sozialen Stoßdämpfer und die unabhängige Struktur der Gesellschaft den Schwächsten keinen Ausweg mehr. Den Finanzunternehmern ist das bekannt, und vermutlich ist dies auch die Ursache für die umfassende Stagnation des Systems und für die reflexartigen Anfälle von Skeptizismus, mit denen man hier in Europa reagiert.

Doch das eigentlich Brutale an der ganzen Angelegenheit ist die Tatsache, dass die Reaktion der amerikanischen Politik auf die derzeitige Wirtschaftskrise als eine rein monetaristische Lösung daherkommt.

Man hat ein finanzielles Problem und findet eine finanzielle Lösung. Und genau das scheint der eigentlichen Schwachpunkt der Therapie zu sein: Die geplante Kur hat einen überwiegend wohlfahrtsstaatlichen Charakter. Das erklärt auch die eher verhaltene Reaktion der Beitragenden und der Märkte. Bushs politische Bewertung scheint das Grundproblem nicht berücksichtigt zu haben, das das heutige Amerika erschüttert: die geringe Beteiligung am demokratischen Leben und die quälenden und krassen sozialen Ungleichheiten. Ohne Zweifel wird Obama sogleich in die entgegengesetzte Richtung gehen. Doch auch seine Kur könnte sich als wirkungslos erweisen, wenn er die Probleme nicht in ihrer Gesamtheit im Blick behält und bei einseitigen Lösungen stehenbleibt. Man muss auf die menschliche Kehrseite des wirtschaftlichen Scheiterns sehen, um die ethischen Aspekte der Frage zu erfassen. Denn das ist und bleibt letztlich die Grundlage des Ganzen.

Das alles ist durchaus nicht neu, und die prophetischen Worte, die Johannes Paul II. schon 1987 in seiner Enzyklika Sollicitudo rei socialis schrieb, sind nach wie vor erschütternd aktuell. Dort nämlich heißt es: „Echte Entwicklung nach den eigenen Erfordernissen des menschlichen Wesens, ob Mann oder Frau, Kind, Erwachsener oder Betagter, schließt, in erster Linie bei allen, die sich an diesem Prozess aktiv beteiligen und dafür verantwortlich sind, ein lebendiges Bewusstsein ein vom Wert der Rechte aller und eines jeden sowie von der Notwendigkeit, das Recht eines jeden auf den vollen Gebrauch der Hilfen, die von Wissenschaft und Technik angeboten werden, zu achten."

Die Enzyklika macht die Welt darauf aufmerksam, dass eine echte wirtschaftliche Entwicklung nur dann möglich ist, wenn die Regierungen die Gesellschaft aus einem menschlichen Blickwinkel sehen und lenken. Der Markt ist das Mittel, mit dem das kapitalistische System eine immer größere Verbreitung und immer weitere Verteilung der Güter und Ressourcen gewährleisten kann. Doch im Zentrum aller Bemühungen muss das reale Leben der Personen stehen – und nicht einfach das utilitaristische Kalkül der auf Makroökonomie und Bankwesen gerichteten Interessen einiger weniger Optimaten.

Die aktuelle Antwort der amerikanischen Regierung scheint sich allerdings in die einseitige Richtung einer kühl ausgerechneten Bilanz der Schäden und Lösungen zu bewegen, statt die dramatische menschliche Situation der Mehrheit der Bürger gebührend zu berücksichtigen. Wenn man die Bilder so vieler junger Menschen sieht, deren Leben sich vermutlich noch im Aufbau befindet und die mit Kartons in den Händen hoffnungs- und arbeitslos ihre ehemaligen Büros verlassen, dann sollte man nicht nur darüber nachdenken, wie man das Bankensystem sanieren kann: Man sollte sich fragen, welche Art von Kapitalismus wir uns für die Zukunft wünschen. Eine Ökonomie nach den Regeln des Markts kann funktionieren, doch es liegt auf der Hand, dass es darüber hinaus einige Aspekte des Lebens zu bewahren gilt, die sich der globalen Kommerzialisierung entziehen. Sonst werden wir am Ende vor prächtigen Bankgebäuden stehen, aus denen nicht nur die Sparer und Privatkunden, sondern auch die letzte Ahnung einer realen Gesellschaft verschwunden ist, der diese Banken eigentlich einmal hätten dienen sollen.

Das Dilemma zwischen Umwelt und Entwicklung

In den letzten Jahrzehnten hat sich unser Blick auf die Industrialisierung in vieler Hinsicht verändert, auch wenn es nicht immer leicht ist, ihre Kehrseiten und gegenwärtigen Tendenzen zu sehen und ihre Zukunftsperspektiven eindeutig zu bewerten. Sich diesbezüglich ein gültiges Urteil zu bilden ist ähnlich schwierig wie einen Berg zu beschreiben, den man gerade besteigt. Ohne eine gebührende Distanz von den persönlichen Interessen ist es nicht einfach, objektiv zu sein. Doch in diesem Fall haben wir keine Alternative. Die Umweltfragen gehen uns alle an; sie sind mit unserem Leben und unseren Verhaltenskriterien verschmolzen. Während vor zehn oder zwanzig Jahren in den ökonomischen Lehrbüchern kaum je von Ökologie die Rede war, ist es heute beinahe unmöglich, daran vorbeizukommen. Die sogenannte

„Nachhaltigkeit“, also eine industrielle Produktion, die sich mit dem Schutz der Umwelt vereinbaren lässt, steht im Zentrum der weltweiten Wirtschaftsdebatten.

Angesichts dieser Untrennbarkeit von Umweltethik und produktiver Aktivität besitzen die internationalen Vereinbarungen einen besonderen Stellenwert. Und das ist kein Zufall. Die Umweltfrage in einem einzelnen Land angehen zu wollen, wäre genauso absurd und nutzlos wie das Verhalten eines Einzelnen, der aus Protest gegen die Gefahren des Fliegens kein Flugzeug mehr besteigt: Zweifellos würde das Reisen für ihn selbst erheblich komplizierter werden, aber davon abgesehen würde er gar nichts erreichen. Die Fluggesellschaften würden seinen Platz einfach an jemand anderen verkaufen. Auch bei ökologischen Fragen ist es sehr wichtig, von einer umfassenden und allgemeinen Sicht der Dinge auszugehen. Denn ohne gültige internationale Abkommen gibt es keine realistische Lösung.

Viele der Initiativen in den letzten Jahren haben die Staaten gemeinsam auf den Weg gebracht. Die wichtigste war ganz ohne Zweifel das Kyoto-Protokoll. Der am 11. Dezember 1997 in der japanischen Stadt von rund 160 Ländern unterzeichnete Vertrag schreibt die Verpflichtung fest, umweltschädliche Emissionen wie die von Kohlendioxid, Methan und Fluorkohlenwasserstoff innerhalb von zehn Jahren um fünf Prozent zu verringern. Dieses Resultat ist deshalb so wichtig – und zwar nicht nur in der Realität, sondern auch auf symbolischer Ebene –, weil hier eine Vorstellung von Industrie breite Zustimmung gefunden hat, die auch der Umwelt Rechnung trägt. Das verbindende Element war die selbstauferlegte Einführung von Produktionskriterien, die dazu geführt haben, dass eine alte und umweltbelastende Technologie durch eine neue, teurere, aber umweltfreundlichere ersetzt worden ist.

Dieses Kosten-Nutzen-Verhältnis ist zwar für die Menschheit, nicht aber für die Bilanzen der Industriekonzerne von Vorteil, und deshalb haben viele Länder dem Beschluss nicht zugestimmt, während andere sich lediglich zu einer sukzessiven Umsetzung entschließen konnten. Im Vorfeld der Klimawandelkonferenz von Marrakesch 2001 sind rund vierzig neue Länder hinzugekommen, doch andere halte sich noch immer zurück. Die spektakulärste Nichtzustimmung zum Kyoto-Protokoll war bekanntlich die der Vereinigten Staaten. Das Land der Stars and Stripes ist für 40 Prozent der weltweiten Immissionen verantwortlich. Und obwohl Clinton dem Protokoll nach einigem Zögern letztlich doch zugestimmt hatte, hat Bush sich in der Folgezeit definitiv dagegen entschieden.

Letzthin hat die Frage wieder an Aktualität gewonnen, und zwar aufgrund einer Entwicklung, die durch zwei Faktoren bedingt ist. Da ist erstens die Zunahme der industriellen Produktion in Ländern, die das Protokoll nicht unterschrieben haben, weil sie zum fraglichen Zeitpunkt noch keine nennenswerte Industrie besaßen. Das betrifft den größten Teil der osteuropäischen Staaten, aber vor allem die wirtschaftlichen Boomländer China und Indien. Und da ist zweitens die Konjunkturkrise, die neben der Weltwirtschaft auch die großzügige Einstellung vieler Unterzeichnerstaaten zu Umweltfragen erschüttert hat.

Zu den Nationen, die ihre Meinung über Kyoto geändert haben, gehört nun also auch Italien. Die Regierung hat angekündigt, sich für eine Initiative starkmachen zu wollen, die nicht unbedingt gegen den ökologischen Charakter der Industriepolitik, wohl aber gegen die strenge und eiserne Einhaltung der im Protokoll vorgesehenen Höchstwerte opponiert. In der Tat weisen die Prognosen, die sich aus der gegenwärtigen Wirtschaftskrise ergeben, darauf hin, dass es in den nächsten Jahren für Italien sehr schwer werden wird, innerhalb der festgelegten Parameter zu bleiben. Die wirtschaftliche Stagnation, unter der zunächst nur einige wenige Staaten zu leiden hatten, breitet sich inzwischen wie ein Steppenbrand unter den G8-Staaten aus und wird vermutlich auf die ganze Welt übergreifen.

Angesichts dieser schwierigen Notsituation des gesamten Systems darf man weder allzu idealistisch noch allzu zynisch sein. In einer Notsituation ist es nämlich üblich, die Skala der gerechtfertigten Prioritäten festzulegen. Wenn wir zum Beispiel lesen, wie die UNO den Gesundheitszustand der Weltwirtschaft einschätzt, dann bewegen wir uns auf einem extrem niedrigen Niveau, und das in Kyoto formulierte ökologische Ziel scheint nicht länger realistisch zu sein. Wir müssen uns an dieser Stelle nicht auf eine technische Diskussion einlassen. Wir müssen nur die im Grunde banale Feststellung treffen, dass das Produzieren vor dem Verschmutzen kommt. Und die ökologische Frage kann erst dann zu einem grundlegenden ethischen Kriterium für eine seriöse und moderne Industriepolitik werden, wenn es einen Entwicklungsüberschuss gibt. Denn wovon sprechen wir sonst überhaupt? Die Industrie und die Wirtschaft aus Sicht der Umwelt zu lenken wäre kaum weniger paradox als die Überzeugung, man müsse frisch geduscht im Meer baden, um das Wasser nicht zu verschmutzen.

Die Priorität ist heute eine andere und betrifft die Wirtschaft. Von der Erholung der ökonomischen Entwicklung hängen das Wohlergehen unzähliger Menschen auf der ganzen Welt und vielleicht auch das ökologische Wohl unseres Planeten ab. Es besteht die Gefahr, dass Armut und Elend sich exponentiell ausbreiten wie eine Wüste in Trockenzeiten. Natürlich kann die Menschheit nicht ohne eine geschützte und nicht lebensfeindliche Umwelt existieren, doch was nützt uns ein nicht verschmutzter Planet, auf dem nur hungrige Menschen leben? Wenn überhaupt.

Die kurzfristige Lösung muss mithin in internationalen ökologischen Verträgen gesucht werden – allerdings unter den Vorzeichen einer modernen Industrialisierung und eines modernen ökologischen Fortschritts und nicht nach Maßgabe einer antiindustriellen Ökologie, die dem Reichtum feindselig gegenübersteht und nichts als Elend hervorbringt. Es sei denn, wir stellen uns die zukünftige Welt als eine ländliche Zivilisation vor, deren reale Wirtschaft darin besteht, dass prähistorische Gemeinschaften von Wilden Naturprodukte sammeln und nicht in hellerleuchteten Städten, sondern in wenig komfortablen Felshöhlen leben.

Ökologie und Entwicklung – ein empfindliches Gleichgewicht

Ich lernte Al Gore 1995 in Ägypten auf der internationalen Konferenz der Vereinten Nationen über „Bevölkerung und Entwicklung" kennen. Damals war er Vizepräsident der Vereinigten Staaten und Leiter der amerikanischen Delegation, während ich zur Delegation des Heiligen Stuhls gehörte.

Schon in den Tagen vor dem offiziellen Beginn der Arbeiten hatten wir uns öffentlich über die zur Diskussion stehenden Themen gestritten und kontroverse Erklärungen ausgetauscht. Und auch in Kairo blieben unsere Meinungsverschiedenheiten unverändert bestehen, was unter anderem auf die Hartnäckigkeit dieses Mannes zurückzuführen ist, der es nicht gewohnt war, dass man ihm gerade in den Positionen widersprach, für die er mit großer Überzeugung kämpfte.

Nicht zuletzt aufgrund dieser Charakterstärke war ich nicht im Mindesten überrascht, als ich erfuhr, dass Al Gore – gemeinsam mit dem IPCC (Intergovernmental Panel on Climate Change) – der Friedensnobelpreis verliehen worden war. Dennoch stießen einige seiner Thesen noch immer auf Widerspruch. So hatte ein britisches Gericht die Ausstrahlung eines von ihm promoteten Films in britischen Schulen verboten – nicht wegen seiner ästhetischen Qualitäten, sondern weil einige Thesen, die darin als wissenschaftlich dargestellt werden, schlichtweg nicht zu überprüfen sind.

Desungeachtet war die Aufgabe, die er übernommen hatte, gigantisch, denn in den Vereinigten Staaten ist der Einsatz für den Umweltschutz ein heroisches, um nicht zu sagen verzweifeltes Unterfangen.

Das liegt allerdings nicht an der verbreiteten – und, um ehrlich zu sein, nur vermeintlichen – Gleichgültigkeit der amerikanischen Bürger in Umweltfragen. Der eigentliche Punkt ist der, dass sich Wirtschaft und Entwicklung vor allem nach amerikanischer Vorstellung nicht mit wie auch immer gearteten Einschränkungen vereinbaren lassen.

Um das zu verstehen, muss man nur an die Weigerung denken, das Kyoto-Protokoll zu ratifizieren – eine Haltung, die nicht nur die Vereinigten Staaten, sondern auch Australien, China, Japan, Indien und Südkorea eingenommen haben. Diese Entscheidung war Ausdruck des weltweit verbreiteten Glaubens an eine aktive, menschliche und freiwillige Lösung der von der technologischen und industriellen Entwicklung verursachten Umweltprobleme. Im Grunde ging es damals wie heute um einen anderen Entwicklungsbegriff, der auf der ausdrücklichen Überzeugung beruht, die globale Erwärmung müsse mit einer Innovationsanstrengung und nicht mit Einschränkungen und obligatorischen Begrenzungen umweltschädlicher Emissionen bekämpft werden. Man müsse dem ökologischen Problem also mit wissenschaftlichen und produktiven Mitteln – sprich: mit dem Fortschritt selbst – begegnen.

Um hier zu einem angemessenen Urteil zu gelangen, muss man sich fragen, in welchem realen Kontext die sogenannten „freiwilligen Lösungen" wirksam werden können und insbesondere, ob diese Lösungen nicht zu spät kommen, das heißt erst angewandt werden, wenn unser Ökosystem vielleicht schon irreparabel beschädigt ist. Vor diesem Hintergrund ist Al Gores Kampf für die Umwelt anerkannt und ausgezeichnet worden.

In anderen Kontexten jedoch liegen die Dinge anders.

So ist die Situation in Europa zwar nicht weniger widersprüchlich und unausgewogen, doch im Grunde das genaue Gegenteil von dem, was wir in Amerika vorfinden.

Ökologie meint in der europäischen Kultur gar nicht in erster Linie einen „gesunden Umweltverstand". Ökologie ist vielmehr eine Lebensweise, und sie wird so unnachgiebig eingefordert, dass sie die politischen Szenarien entscheidend beeinflussen kann. Die ausdrücklich ökologisch ausgerichteten Parteien sind überall verbreitet, und ihre Ideen stellen einen Maßstab dar, nach dem sich jede Industriepolitik, sei sie nun öffentlich oder privat, unweigerlich richten muss.

Gregor der Große hat gesagt, um gut zu regieren müsse man je nach Situation entweder „einen Überfluss gegen einen Mangel oder einen Mangel gegen einen Überfluss" abwägen, dabei aber immer auf das rechte Gleichgewicht achten. In Amerika wie in Europa haben wir es jedoch mit einer missglückten Gegenüberstellung von Mensch und Natur zu tun: Hier wird der eine, dort der andere Faktor zu sehr gewichtet – und so entsteht in beiden Fällen ein Ungleichgewicht.

Das liegt daran, dass der Mensch ebenso wesentlicher Bestandteil der Natur wie die Natur wesentlicher Bestandteil des Menschen ist. Und wenn der Mensch durch sein Handeln Güter hervorbringt und natürliche Ressourcen bearbeitet, tut er etwas, das vollkommen mit ihm selbst und mit seiner Umwelt im Einklang ist. Denn die menschliche Spezies überlebt nur dank der unablässigen Arbeit, die mithilfe der Technik geleistet wird, und die Untätigkeit ist ein Luxus, den sich nur Einzelne, nie aber das Kollektiv werden leisten können.

Das Handeln des Menschen ist in diesem Kontext nicht a priori gut oder böse. Ob das, was der Mensch tut, gut oder schlecht ist, ist nicht schon im Vorfeld entschieden: Es kommt darauf an, wie er es tut.

Das alles ist eine grundlegende Voraussetzung für das Verständnis und auch für die Lösung derartiger Probleme.

Es gibt ein wunderbares Sprichwort, das nicht aus der heutigen Zeit, sondern von Bernhard von Clairvaux, also aus dem fernen Mittelalter stammt. Dennoch kann es uns helfen, das Gesagte besser zu begreifen: „Die materiellen Güter sind weder gut noch schlecht, sondern ihr Gebrauch ist gut, und ihr Missbrauch ist schlecht." Das Gleichgewicht ist also dem Menschen anvertraut und kommt zustande, wenn er seinen Verstand und seine Klugheit in der rechten Weise gebraucht.

Im Übrigen ist ökologisches Denken ohne eine angemessene Industriepolitik schwerlich möglich. Letztere aber findet ihren gültigen und maßvollen Ausdruck in einer planmäßigen Entwicklung, die auf die gegenwärtigen und zukünftigen Lebensnotwendigkeiten aller Menschen dieser Welt achtet.

So, wie man nicht gleichzeitig die Tiere retten und das Leben der Menschen in Gefahr bringen kann, kann man auch keine Industrie planen, die keine Rücksicht auf die Umwelt und auf alle Lebewesen nimmt, die unsere Erde bevölkern.

Mir scheint, es wäre vernünftig, sich darauf zu besinnen, dass Mensch und Natur einander immer im wechselseitigen Respekt vor den je eigenen Dimensionen und in einem fairen Austausch der eigenen Ressourcen begegnen müssen.

Diesen positiven Beitrag leistet der Mensch letztlich in Form seiner Arbeit, also durch Unternehmungen, die die Natur selbst als großartige Quelle des Lebens und des Wohlstands für die Entwicklung und das Überleben der Welt nutzen. Und damit auch aller ihrer Bewohner.

Der Mensch und die ökologische Frage

Wenn es etwas gibt, das uns heute alle in seinen Bann zieht, dann ist das ganz sicher das Interesse an der Welt, die uns umgibt. Genau deshalb umfasst die Ökologie eigentlich alle Aspekte der vielfältigen Wirklichkeit um uns herum. Schon aus rein etymologischer Sicht hat der Begriff „Ökologie" dieselbe Wurzel wie das Wort „Ökonomie" und erwächst somit im Grunde aus ein und demselben ursprünglichen Interesse an der irdischen Natur und ihren Ressourcen im Hinblick auf die Bedürfnisse des Lebens.

Man darf jedoch nicht übersehen, dass der Begriff der Ökologie ein Neologismus ist, den der deutsche Biologe Ernst Haeckel 1866 als Bezeichnung für einen neuen Wissenschaftszweig geprägt hat. Inzwischen ist aus der Ökologie die ausschließliche Erforschung der natürlichen Ökosysteme geworden, die in verschiedene Stufen unterteilt werden: vom kleineren zum größeren – bis hin zur allumfassenden Biosphäre.

Ehe der sogenannte Umweltalarm ihn in den letzten Jahrzehnten zu einem „internationalen Fall" gemacht hat, war der Umweltschutz eine der einflussreichsten Gedankenströmungen des 20. Jahrhunderts und beinahe schon eine Art philosophisches Paradigma der Moderne. Ich denke hier nicht nur an die jüngsten Beiträge der „Ökosophie", wie sie im philosophischen Denken des Franzosen Félix Guattari zu finden sind, sondern auch an die fruchtbaren Anregungen östlicher – insbesondere indischer Denker –, deren Überlegungen zur Erde als Mutter und Hüterin ihrer Bewohner sich auch auf den Menschen erstrecken: den raumgreifendsten, rebellischsten und gefährlichsten Mieter von allen.

Das anregendste Dokument zugunsten einer zugleich praktischen und philosophischen Ökologie ist wohl das „Manifest für die Erde" des Kanadiers Ted Mosquin, das als eine echte Synthese der Ökosophie betrachtet werden kann. Sein gedanklicher Entwurf – beinahe schon ein System! – stellt die zentrale Idee eines Welt-Umwelt-Modells vor, das gegen die „anthropologische" Sicht, wie sie im Westen gemeinhin verbreitet ist, abgegrenzt wird. Nur wenn sich eine Umweltethik durchsetzt, die auf den neuen Werten der Ökosphäre basiert, kann, so Mosquin, eine authentisch ökologische Weltanschauung erreicht werden. Die Polemik richtet sich implizit gegen jene Mentalität, die das Abendland von den griechischen Denkern, namentlich Sokrates und den Sophisten, übernommen hat, die sodann von Platon und Aristoteles weiterführten und die schließlich in die Philosophie des Mittelalters mündete. Diese anthropozentrische Anschauung basiert laut Mosquin auf dem berühmten sokratischen Motto „Erkenne dich selbst", das auf den Menschen als den höchsten ethischen Wert der Wirklichkeit verweise.

Gewiss richtet sich die Erbitterung eines so extrem ökologistischen Entwurfs weniger gegen den vermeintlichen kulturellen Anthropozentrismus des Westens als vielmehr gegen jene verkürzte und eher platte Beschreibung der materiellen Wirklichkeit, die mit der Ausbreitung der neuen wissenschaftlichen Mentalität in den ersten Jahrhunderten der Moderne einherging. Ich denke hier an die Naturvorstellung, wie sie beispielsweise ein Descartes oder ein Hobbes vertreten haben und die sich in der Idee zusammenfassen lässt, die Natur sei eine ausgedehnte und messbare Realität und das ausschließlich Objekte der positiven Betrachtung der Wissenschaften und der technologischen Manipulation.

Große Ideen kommen bekanntlich häufig in Begleitung übertriebener Proklamationen daher, und die Idee von der materiellen Wirklichkeit als einer Res extensa hat sich letztlich als eine Begrenzung des dynamischen und lebendigen Reichtums der Natur erwiesen.

Derzeit konfrontieren uns die Entwicklungen der mendelschen Biologie und der postrelativistischen Physik mit einer neuen Wahrnehmung der materiellen Welt, die sich nicht mehr mit der mechanistischen Sichtweise früherer Zeiten begnügen kann. Und das ist einer der Gründe für den tiefgreifenden kulturellen Einfluss der Ökologie, der häufig durch gültige empirische Erwägungen gestützt wird.

Doch auch schon vor der Ausbreitung des Ökologismus deutet sich in Martin Heideggers mittlerweile klassischen Überlegungen zur Technik als einer naturzerstörenden Aktivität oder in Hans Jonas' neueren Gedanken zum „Prinzip der Verantwortung" eine mögliche Erklärung für die derzeitige ökologische Krise an. Sie verweist zum einen auf die technisch-wissenschaftliche Vorherrschaft des Menschen und zum anderen auf die „ethische Frage", die die Umwelt uns kontinuierlich stellt und auf die der Mensch keine angemessene Antwort zu finden scheint.

Auch wenn wir nicht alle Schlussfolgerungen teilen, zu denen diese großen Denker des 20. Jahrhunderts gelangt sind, können wir doch anerkennen, dass es heute wichtiger ist denn je, zu einem ausgewogeneren Naturbegriff zurückzufinden. Das hat auch und vor allem damit zu tun, dass ein wirkliches Nachdenken über den Menschen nicht nur nicht vom Verständnis der Erde und seines Lebensraums absehen kann, sondern sich überdies um eine vollständige Definition der Natur in ihrer Gesamtheit und unter allen Gesichtspunkten bemühen muss.

Der Fehler liegt in diesem Fall nicht nur in der Perspektive, sondern auch in der Konzeption, und er besteht darin, dass die Wirklichkeit als das Ergebnis eines konfliktiven Aufeinandertreffens gegensätzlicher Kräfte und nicht als eine einzige dynamische Ordnung gesehen wird, die aus der positiven Begegnung unterschiedlicher Ursachen entsteht.

Denn einerseits darf zwar die Welt ganz sicher nicht auf eine träge Materie reduziert, in Besitz genommen und manipuliert werden.

Doch andererseits ist es auch immer häufiger dem Einfallsreichtum der technologischen Forschung zu verdanken, wenn optimale Lösungen für die schwerwiegendsten Umweltprobleme oder die schädlichsten natürlichen Anomalien gefunden werden, die andernfalls die Zukunft des Lebens gefährden und es damit letztlich selbst zerstören würden.

Die medizinische Forschung bietet uns ein anschauliches Beispiel für das, was der Mensch getan hat und tun kann, um die natürlichen und ökologischen Bedingungen für die Entwicklung des Lebens zu verbessern. Die Entdeckung der Antibiotika – Substanzen, deren Wirkstoffe natürlichen, aber schädlichen Elementen wesentlich entgegengesetzt sind – ist in dieser Hinsicht aussagekräftig genug. Und ebenso aussagekräftig war der endgültige Sieg über die Pocken mit der Vernichtung des Virus Variola major, das die WHO 1979 offiziell für ausgerottet erklärt hat. Umgekehrt kann man sich leicht vorstellen, wie wichtig die Nachricht von der Ausrottung der Plasmodien wäre – bisher leider nur eine ferne Zukunftsvision –, die für alle Formen von Malaria verantwortlich sind und noch heute jährlich über eine Million Menschen weltweit das Leben kosten.

Ebenso klar ist, dass parallel zur medizinischen auch die chemische Forschung einen unverzichtbaren technologischen Beitrag zum Erhalt des Lebens und zu einer wesentlichen Verbesserung der Überlebensrate nicht nur unter Menschen, sondern unter allen Lebensformen leistet. Dieses menschliche Denken und Tun ist nicht weniger wichtig als der Schutz vom Aussterben bedrohter Arten. Wobei man allerdings nicht vergessen darf, dass die Evolution auch in unseren Tagen weitergeht und Lebensformen hervorbringt, die es bisher nicht gegeben hat.

Letztlich – und das ist der eigentliche Kern des Ganzen – haben wir es mit einer natürlichen Umwelt zu tun, die einerseits dem Eingreifen des Menschen gegenüber eine grundsätzliche, beinahe sakrosankte Autonomie beanspruchen darf, deren Ressourcen aber andererseits wie geschaffen dafür sind, aktiv genutzt zu werden. Das menschliche Handeln ist wie eine innere Gesetzmäßigkeit in die Vollendung der Natur hineingeschrieben. Deshalb dürfen wir die Natur nicht nur aus der

Ferne beobachten und uns leidenschaftlich an ihr erfreuen – wir müssen sie gebrauchen! Dieser Gebrauch der natürlichen Ressourcen setzt jedoch voraus, dass wir die ungleichen Prioritäten klug und aufmerksam berücksichtigen und stets die richtigen ethischen Entscheidungen treffen, die nicht nur auf den wirtschaftlichen Vorteil irgendeiner Oligarchie, sondern auf das Wohl aller ausgerichtet sind.

Allerdings, so könnte man einwenden, verpflichtet sein angeborener Grad an Vollkommenheit und Intelligenz den Menschen vor allem und per se nicht nur dazu, die Umwelt zu schützen, sondern eine aktive Verantwortung für die Verwirklichung des natürlichen Ökosystems wahrzunehmen. Hier sind unser Gewissen und ein kluger, verantwortungsvoller Umgang mit den vorhandenen Kapazitäten gefragt. Begreifen beschränkt sich nicht auf ein bloßes Anschauen und Begreifen und heißt auch nicht Zerstören. Begreifen heißt, die Dinge zu benennen und die Phänomene in ihrer Dynamik wie auch in ihrer Begrenztheit zu verstehen, um schließlich einfallsreiche Lösungen für die ursprünglichen Mängel und für die unvermeidlichen Hindernisse zu finden, die der natürliche Kosmos dem Menschen spontan in den Weg legt.

Letztlich sind nur wir wirklich für die Umwelt und die Natur verantwortlich, in der wir leben. Und wir sind dazu verurteilt, als Nutznießer oder als Opfer aktive Protagonisten der globalen Weltordnung zu sein.

Von den Rechten und Pflichten eines Einwanderers

Was mich am Thema der Einwanderung immer wieder erstaunt, ist, dass man so selten von Auswanderung spricht. Was bedeutet, dass man das Problem der Bevölkerungen ausschließlich aus der Perspektive der Gastländer und nicht auch aus dem Blickwinkel der Herkunftsländer betrachtet. Wenn es Gruppen von Personen gibt, die irgendwo ankommen, dann heißt das doch, dass diese Gruppen von Personen auch irgendwo aufgebrochen sind.

Diese Feststellung ist banal, scheint mir aber nicht irrelevant.

Dass die Italiener ein Volk von Emigranten gewesen sind, wissen alle. Aber nur wenige erinnern sich daran, dass Europa, wie wir es heute kennen, das Ergebnis langsamer und kontinuierlicher Migrationsprozesse ist. Häufig erfolgt die Vermischung allmählich und ohne Traumata. Auch uns fallen unsere ausländischen Mitbürger nur dann auf, wenn es zu eklatanten Akten der Ausgrenzung und offenkundigen Diskriminierungen kommt oder wenn Menschen ohne Staatsangehörigkeit schwere Verbrechen begehen. Ansonsten ist der Einwanderer für uns nur jemand, der uns ab und zu stört, weil er am Wegrand um Almosen bettelt oder unser Auto anhält, um die Scheibe zu putzen.

In letzter Zeit sind hingegen Dinge geschehen, die sich nicht nur mit der zufälligen Zugehörigkeit eines Straftäters zu einer ausländischen Gemeinschaft, sei sie nun rumänisch oder albanisch, erklären lassen. Es sind Dinge geschehen, die mit der Problematik des Zusammenlebens von Menschen verschiedener Herkunft und Identität zusammenhängen. Ein Sexualverbrechen mit tödlichem Ausgang, dem vor kurzem eine unschuldige Frau in der Nähe eines Bahnhofs im Norden von Rom zum Opfer fiel, und eine ganze Reihe weiterer brutaler Taten haben die Gesellschaft alarmiert. Inzwischen werden sogar schon Rufe nach außergewöhnlichen Maßnahmen wie der Ausweisung ganzer ausländischer Bevölkerungsgruppen laut. Wenn wir uns jedoch umschauen, dann sehen wir, dass dieses Problem von einer verbreiteten Multiethnizität herrührt, die mittlerweile alle großen städtischen Ansiedlungen auf unserem Planeten kennzeichnet. Man denke in diesem Zusammenhang nur einmal an die Pariser Vorstädte oder ganze Viertel in New York.

Deshalb sollten wir einen Moment darüber nachdenken, welche Lösungen möglich und realistisch sind.

Der erste Punkt ist der, dass die heutigen demokratischen Staaten den Schwerpunkt ausschließlich auf die Rechte legen, die jede menschliche Person als solche besitzt. Diese Tatsache trägt ihre Rechtfertigung in sich selbst. Wie Jacques Maritain mit großem Scharfsinn bemerkt hat, müssen ein Mann und eine Frau keine Bürger sein, um Rechte zu haben, weil jeder „allein dadurch, dass er eine menschliche Person als solche ist", schon Rechte besitzt. Womit wir schon bei der ersten Frage sind.

Wenn jeder glaubt, uneingeschränkt dieselben Rechte für sich in Anspruch nehmen zu können wie jeder andere, dann führt dies, wie Thomas Hobbes dargelegt hat, zu nichts anderem als dem Kampf aller gegen alle. Angesichts eines solchen drohenden Ordnungsverlusts aber kann es geschehen, dass man eine zwar effektive, aber falsche Schlussfolgerung zieht. Weil einige Personen die Staatsangehörigkeit besitzen und andere nicht, könnte ein Staat es für gerechtfertigt halten, lediglich die Rechte der Erstgenannten zu respektieren und die illegalen Einwanderer als rechtlos zu behandeln. Wenn eine repressive Politik letzten Endes nicht mehr auf die Bestrafung eines Verbrechens, sondern auf die Diskriminierung einer ganzen Gruppe abzielt, dann steuert man einen sehr gefährlichen Kurs, der unweigerlich in den Hafen reaktionärer Gewalt führt. Eine Person verdankt ihre eigene Würde, wie schon gesagt, nicht ihrer Staatsangehörigkeit, sondern ihrer Zugehörigkeit zum Menschengeschlecht. Deshalb kann man niemandem seine Würde als Bürger nehmen, ohne damit auch seine Rechte als Mensch und als Person erheblich zu verletzen.

Von dieser Grundüberzeugung muss man ausgehen, wenn man das Sicherheitsproblem lösen will, um den Folgen der Kriminalität sowie der Angst der Bürger wirkungsvoll zu begegnen. Und mit anderen Antworten, als sie bisher gegeben worden sind.

Wenn man sich auf die Menschenrechte stützt, kommt man nicht umhin, eine gewisse Gleichheit oder Gleichberechtigung der Personen anzuerkennen. Andererseits macht die Gerechtigkeit aber auch Pflichten geltend, die unverzichtbar sind, um die besagten Rechte der alten wie auch der neuen Bewohner und ihre genuinen Unterschiede zu schützen. Die Staatsbürgerschaft ist nämlich, wie der englische Soziologe T. H. Marshall erklärt, das wirksame Ineinandergreifen der Rechte und Pflichten all derer, die unter denselben Gesetzen wohnen und leben.

Der entscheidende Punkt ist der, dass zwar jeder frei und spontan seine eigenen Rechte einfordert, dass aber die Pflichten andererseits auferlegt und nur mit einem Willensakt akzeptiert werden. Letztere haben also nur dann einen Wert, wenn sie in vollem Bewusstsein erkannt und bejaht werden. Die Frage der Sicherheit ist mithin eng mit der Anerkennung der Pflichten verbunden. Gerade deshalb ist eine aufmerksame Politik der staatsbürgerlichen Bildung und der allgemeinen Zivilerziehung so wichtig.

Vielleicht wären in dieser Hinsicht Lösungen denkbar, wie sie in einigen Teilen Frankreichs, in den Vereinigten Staaten und in Großbritannien angewandt worden sind. Die Gemeinden könnten eine Liste ziviler Werte erstellen, die jedem, der ankommt und zu bleiben gedenkt, auf stimmige und verständliche Weise vermittelt werden. Die Verinnerlichung dieser Werte könnte die unverzichtbare Voraussetzung für den legalen Aufenthalt sein – wie eine Art Mörtel, der die neuen Ziegel fest mit den alten verbindet.

Man könnte beispielsweise über die Möglichkeit eines Bildungsangebots nachdenken, das direkt vom Staat ausgeht und darauf ausgerichtet ist, Schritt für Schritt – womöglich in richtigen, eigens dafür eingerichteten Schulen –, aus Einwanderern Bürger zu machen. All das ließe sich als eine öffentliche Gegenleistung für den menschlichen Beitrag verstehen, den jemand leistet, der als Neuankömmling Teil eines Landes werden will. Im Grunde ginge es also um ein Tauschgeschäft: kulturelle Bildung gegen Staatsbürgerschaft. Eine solche Entscheidung wäre zwar unweigerlich mit Kosten für die Bürger verbunden, böte aber eine reelle Chance, unsere globalen Gesellschaften nicht nur sicherer, sondern auch ein wenig ziviler und demokratischer zu machen.

Lokale Märkte oder globale Rechte?

1989 war nicht nur das Jahr, in dem unsere Welt sich einschneidend verändert und die politischen Gleichgewichte der Nachkriegszeit überwunden hat. 1989 war auch das Jahr, in dem jener historische Prozess begann, der gemeinhin mit dem Begriff „Globalisierung" bezeichnet wird. Nach allem, was man bisher sagen kann, stellt die Globalisierung sich als ein Gesellschaftsentwurf dar, der inzwischen untrennbar nicht mehr nur mit kontinentalen und schon gar nicht mit bloß nationalen, sondern mit weltweiten Entwicklungen verbunden ist. Die sich allerdings immer auf lokaler Ebene manifestieren.

Mithin sollte man statt von einer Globalisierung vielleicht treffender von einer universalen „Glokalisierung" sprechen. Es handelt sich um ein offen gestanden wenig einnehmendes Bild unserer Welt, die als ein globales und uniformes Ganzes gesehen wird und doch paradoxerweise stark von lokalen Schwerpunkten geprägt ist. Das Paradigma dieser Situation hat sich vor allem nach dem 11. September durchgesetzt. Jene besondere Tragödie nämlich hat den gesamten multimedialen Globus auf einen einzigen Ort der Erde fokussiert. Das Gesicht unseres Planeten wurde so interaktiv, dass inzwischen jede Person Teil eines komplexen sozialen Ganzen ist und sogar die internationale Terrorismusgefahr zu einem Phänomen wird, das wir auf lokaler Ebene wahrnehmen können.

Diese Art von „Glokalisierung" ist keine neue Diagnose, obwohl in letzter Zeit sehr viel darüber gesprochen wird. Eine glänzende Beschreibung findet sich bei dem britischen Soziologen Roland Robertson. Seine erhellenden Überlegungen zum Begriff glocal wurden sodann von dem deutschen Soziologen Ulrich Beck aufgegriffen. Die Wissenschaftler kommen zu dem Schluss, dass das Lokale und das Globale überall vollkommen miteinander verschmolzen sind, was katastrophale oder geradezu apokalyptische Folgen befürchten lässt – wie in den düsteren Visionen amerikanischer Politologen wie Francis Fukuyama, der vom „Ende der Geschichte", oder Samuel Huntington, der von einem „Kampf der Kulturen" spricht.

Im Grunde lassen sich diese Analysen, obwohl sie, wie Anthony Giddens zu bedenken gibt, zutiefst unterschiedlich sind, in einer durch und durch pessimistischen Zukunftsperspektive zusammenfassen. Eine wichtige Gemeinsamkeit besteht nämlich in der Vorstellung von einer flüssigen Gesellschaft, wie sie der Soziologe Zygmunt Bauman beschreibt und die von der Instabilität der Werte und Bezugsgrößen gekennzeichnet wird.

Die heutige Welt sei wie eine riesige vereiste Piste ohne jegliche Begrenzung, auf der alle unaufhaltsam hinunterrutschen, ohne jemals an ein Ende zu kommen. Auch Bauman hat in letzter Zeit den Begriff „Glokalismus" als Bezeichnung für jene spezifische Art der Globalisierung übernommen, bei der die Welt zu einer Art großem Wirtschaftsdschungel ohne Regeln und Kontrollen wird und der Herrschaft und den Interessen der in den einzelnen Gebieten vertretenen lokalen Wirtschaftsmächte ausgeliefert ist.

Man hat im vergangenen Jahrzehnt versucht, diesen Glokalisierungstendenzen mit einigen Therapien zu begegnen, die sich allerdings als wirkungslos erwiesen haben. Die berühmteste dieser Therapien ist der sogenannten „Lokalprotektionismus" und fand ihre ausgeprägteste Anwendung in den Vereinigten Staaten während der beiden Amtszeiten von Präsident Bush. Es handelte sich um eine sehr starke Reaktion auf die unkontrollierte Unentschlossenheit des Markts und die terroristische Unbekannte und wurde durch eine expansionistische militärische Kontrolle des Westens im Gebiet des Mittleren Ostens ins Werk gesetzt. Wenn nämlich die Globalisierung zu jenem „wirtschaftlichen Glokalismus" wird, von dem wir gesprochen haben, dann kann man die damit verbundenen Gefahren nur eindämmen, wenn man über alle Grenzen und Territorien hinweg eine spezifische internationale politische Hegemonie des Westens verwirklicht. Genau darum ging es nämlich bei den Kriegen in Afghanistan und im Irak: den Terrorismus durch eine militärische und wirtschaftliche Präsenz und Kontrolle der NATO unter der einseitigen Ägide der Vereinigten Staaten in loco zu neutralisieren.

Obwohl man Bushs Politik im Großen und Ganzen für gescheitert erklären kann, lassen sich heute jedoch ähnliche Reaktionen in anderer Form auch in Europa beobachten. Sie alle schreiben sich den altbekannten „Lokalprotektionismus" auf die Fahnen. Die westlichen

Länder verspüren offenbar das Bedürfnis, das Eindringen des ökonomischen Globalismus mit politischen Mitteln oder mit Gewalt zu verhindern, um ihre eigenen Gemeinschaften und Märkte vor dem Druck zu schützen, der insbesondere von den beiden Schwellenländern China und Indien ausgeht. Die Betreiber dieser protektionistischen Politik und abgeschotteten Hegemonie sind nun nicht mehr die Vereinigten Staaten, sondern die europäischen Länder. Das Resultat aber bleibt dasselbe.

Dieser neue Lokalpatriotismus ist vielgestaltig. Er kann sich gegen die Einwanderung richten. Oder er kann auswärtige Produkte vom heimischen Markt fernhalten. Aufs Ganze gesehen scheinen alle diese Lösungen jedoch wenig tragfähig. Denn wenn das Haus einstürzt, kann ich mich nicht in meinem Zimmer einschließen, denn dann wird mein Zimmer mein Grab.

Möglicherweise aber gibt es eine Alternative zum marktwirtschaftlichen Globalismus, die weder im „Lokalprotektionismus" noch in einem unkontrollierten „Merkantilismus" besteht. Man könnte nämlich die Globalisierung nicht mehr als ein Phänomen betrachten, gegen das man sich schützen muss, sondern als eine positive Gelegenheit, die Menschenrechte in der Welt anders zu verteilen. Statt sich abzuschotten und den Markt sich selbst zu überlassen, könnten die westlichen Länder auf eine Umwandlung der globalen Märkte hinarbeiten. Und ein erster Schritt könnte darin bestehen, in den betreffenden Staaten autochthone und demokratische Politikstrukturen zu stärken oder nötigenfalls auch neu zu schaffen.

Wenn es nämlich den westlichen Ländern auf internationaler Ebene gelänge, eine Kodifizierung der Menschenrechte und der grundlegenden Regeln des öffentlichen Rechts durchzusetzen, die auch auf lokaler Ebene anerkannt würde, dann bestünde in Zukunft die Chance, dass die verschiedenen Märkte sich, um wettbewerbsfähig zu sein, reformieren und den allgemeingültigen Gerechtigkeitskriterien anpassen, indem sie die demokratische Beteiligung der Bürger an der politischen Bildung der jeweiligen Regierungen stärken.

Wenn, mit anderen Worten, die westliche Politik an den jeweils interessanten Orten keine protektionistische oder militärische Hegemonie, sondern eine wirkliche Veränderung der Gesellschaft anstreben würde, dann könnte der Globalisierungsprozess letztlich zu einem großen globalen und allgemeinen Demokratisierungsprogramm für unsere Planeten werden. Einige Schlüsselprobleme wie die Umwelt oder der Terrorismus und die Plagen von Armut und Krankheit weisen im Übrigen bereits in diese Richtung, weil sie nur auf der Ebene größtmöglicher Universalität angepackt und gelöst werden können. Und diese Probleme auf internationaler Ebene zu lösen ist nur möglich, wenn eine Reihe von Menschenrechten nicht nur von einigen Staaten der Welt bestätigt und anerkannt werden, sondern sie eine allgemeine und für alle verbindliche Gültigkeit erlangen.

Deswegen kann eine ausgewogene Globalisierung nicht darin bestehen, dass der Westen seinen Einfluss auf die anderen Weltregionen ausdehnt. Er muss vielmehr darauf drängen, dass die nichtwestlichen Märkte in Wirtschaftsbeziehungen eingebunden werden, die in puncto Lebensstandard und demokratische Maßstäbe mit der universalen Geltung der Menschenrechte kompatibel sind. Nicht indem sie westlich werden, sondern indem sie menschlich und demokratisch werden, erhalten die Märkte eine soziale Form, die dem Fortschritt der Welt wirklich angemessen ist.

In diesem Sinne könnte die Globalisierung sogar zu einem echten Synonym für Gleichheit, Demokratie und Fortschritt werden – das heißt zu einer Chance, die Anerkennung der Rechte, die jeder Mensch allein aufgrund seines Menschseins besitzt, effektiv zu verbessern. Falls nötig auch mit dem einen oder anderen nationalen oder lokalen Zusatz.

Ein an Lauheit erkranktes Europa

Irlands „Nein“ zum Vertrag von Lissabon war, offen gestanden, keine große Überraschung. Dublin führt damit im Grunde nur fort, was Frankreich und die Niederlande vier Jahre zuvor begonnen hatten. Allerdings hatte es sich damals um die weitaus gewichtigere Ablehnung der europäischen Verfassung gehandelt, während die Iren lediglich dem Vertrag von Lissabon ihre Zustimmung verweigern. Jedenfalls sollte man nichts dramatisieren, sondern zu verstehen versuchen, warum eine so wichtige und eigentlich bei den Bevölkerungen so beliebte Institution solche Skepsis auslöst.

Sieht man sich die Ergebnisse des Referendums genauer an, stellt man fest, dass 53,4 Prozent der Beteiligten – das sind etwas mehr als 860 000 Personen – mit Nein gestimmt haben. Diese Zahl ist nicht gerade überwältigend, denn schließlich leben in Irland 4 150 000 Menschen. Wenn man jedoch bedenkt, wie wichtig dieses Land und wie international bedeutend diese Abstimmung ist, an der nur so wenige seiner Einwohner teilgenommen haben, dann ist das Resultat einigermaßen beunruhigend.

Als Erstes drängt sich die Diagnose auf, dass die europäische Integration offenbar nicht perfekt funktioniert. Auch dort, wo Europa geeinigt ist, kann man nicht von gemeinsamen Zielen sprechen, die von der breiten Bevölkerung getragen werden. Es scheint vielmehr so, als ob die Ziele der europäischen Politik von den Bürgern der Union nie voll und ganz verinnerlicht würden. In Polen zum Beispiel stimmten 2003 nur 58,85 Prozent für einen Beitritt zur EU, der einem Land mit noch nicht voll entwickeltem Wirtschaftspotential doch zweifellos beträchtliche Vorteile bot. Und auch in den anderen Staaten, wo die Bevölkerung direkt über Europa abstimmen sollte, war der Anteil der Ja-Stimmen nie wirklich spektakulär.

Wie immer versuchten die Regierungen und Behörden auch dieses Mal am Tag nach der irischen Ablehnung den Vorfall herunterzuspielen. Der Präsident der europäischen Kommission José Manuel

Barroso reagierte sofort: Irlands Entscheidung könne Europa auf seinem immerhin von achtzehn Staaten unterstützten Weg nicht aufhalten. Der tschechische Premier Mirek Topolanek bezeichnete den irischen Stolperstein als „vorübergehende Komplikation". Doch der britische Premierminister Gordon Brown bittet um eine „kurze Bedenkzeit" und sieht sich wachsendem Druck ausgesetzt, die letzte Etappe der Ratifizierung des Vertrags im Vereinigten Königreich hinauszuschieben. Vielleicht werden Frankreich und die Niederlande sich durch dieses allgemeine Unbehagen bestätigt fühlen, auch wenn eine derartige Überlegung immer und ausschließlich die Regierungen und nicht die Bevölkerungen betreffen kann, die sich mehrheitlich schon vor geraumer Zeit entschlossen haben, ihrer Europabegeisterung eine kleine Pause zu gönnen.

Aber was geht hier eigentlich vor? Werden wir gerade alle ein bisschen europaskeptisch? Oder verändert sich die Situation vor unseren Augen, ohne dass wir es sehen?

Zunächst einmal müssen wir verstehen, was wirklich dahinter steckt: warum die Menschen sich emotional von Europa entfernt haben. Wenn so unterschiedliche Nationen wie die Franzosen, die Niederländer und die Iren sich entschließen, Europa nicht länger mit Wohlwollen zu betrachten, dann heißt das, dass sich zwischen den europäischen Institutionen und den Bevölkerungen eine gewisse Fremdheit breitgemacht hat. Tatsächlich ist Europa im letzten Jahrzehnt zunehmend als ein Komplex aus Bürokratien und Banken wahrgenommen worden, der die Lasten der Bürger eher erschwert, als sie zu erleichtern. All das aber entspricht nicht ganz den ursprünglichen Absichten, mit denen die europäische Gemeinschaft vor nunmehr gut fünfzig Jahren gegründet worden ist. In der Nachkriegszeit herrschte die weitverbreitete und auch in der Bevölkerung akzeptierte Meinung, dass der Frieden zwischen den Staaten über die politische Einigung Europas zu erreichen sei. Und das gilt trotz der verschiedenen Etappen auf dem Weg der Integration und Erweiterung noch immer unverändert als das eigentliche Ziel der europäischen Einheit.

Eine angeborene Schwäche dieses Projekts beruht jedoch darauf, dass das, was einmal als Beinahe-Utopie der Nachkriegszeit begonnen hat, heute zu einer Art Apanage für Politiker geworden ist. Diese Fehlentwicklung äußert sich darin, dass die europäischen Institutionen von der Bevölkerung abgelehnt und von den Politikern unterstützt werden. Nicht, weil alle Einwohner der Gemeinschaft plötzlich gegen die europäische Einigung wären, sondern weil dieses Europa eine ausschließlich ökonomische Realität und den Bürgern fremdgeworden ist.

Jacques Delors hatte noch an Schumans Idee von einer föderalen Europäischen Union geglaubt, in der der Ausbau und die Schaffung politischer Strukturen auch mit einer zunehmenden demokratischen Beteiligung der Bevölkerungen einhergehen sollten. Vielleicht hat man es mit dem zuletzt genannten Punkt in jüngster Zeit ein wenig übertrieben, denn beinahe ständig waren die Bürger dazu aufgerufen, irgendeinen zuvor vereinbarten politischen Vertrag zu ratifizieren und dabei die wenig erfreulichen Entscheidungen der Europäischen Zentralbank zur Kenntnis zu nehmen, deren Auswirkungen doch in den täglichen wirtschaftlichen Schwierigkeiten nur allzu deutlich spürbar sind.

Die Begeisterung, die 1979 bei den ersten direkten Wahlen zum europäischen Parlament herrschte, ist heute verflogen. Auch wenn die mit der Einführung des Euro verbundenen Opfer vermutlich nötig waren, kann man Europa nicht auf eine Währungsunion reduzieren, ohne den Menschen neue und attraktivere – auch demokratische – Wachstumsziele in Aussicht zu stellen, die sich aus einer allgemeinen Verteilung unbekannter und unerwarteter wirtschaftlicher Vorteile ergeben können.

Eines steht jedenfalls fest: Ohne eine direkte Einbeziehung der breiten Bevölkerung und ohne neue Ideen, wie die Bürger sowohl an den demokratischen Prozessen als auch an den ökonomischen Vorteilen zu beteiligen sind, kann dieses an Lauheit erkrankte Europa nicht wiederbelebt und aufgepäppelt werden.

Die europäische Souveränität und ihre Distanz zu Europa

Noch während der zweite Tag der Europawahlen in ruhigem Regen dahintröpfelte, erfuhr man im Fernsehen bereits von der niedrigen Wahlbeteiligung. Die Zahlen, die sich mithin nicht einmal durch den mildernden Umstand herrlichen Strandwetters erklären lassen, sind inzwischen amtlich. Demnach lag die Wahlbeteiligung bei entwaffnenden 43,39 Prozent. Der Abwärtstrend in diesen ersten dreißig Jahren des kontinentalen Votums setzt sich fort.

Als 1979 die ersten direkten Wahlen zum europäischen Parlament stattfanden, gingen 61,99 Prozent aller Wahlberechtigten an die Urne: verglichen mit heute ein durchaus respektables Ergebnis. Angesichts der historischen Bedeutung, die man dem Ereignis beimaß, wurde die gute Wahlbeteiligung damals jedoch nicht als Triumph gefeiert. Heute dagegen sind wir schon zufrieden, wenn die 40-Prozent-Marke nicht unterschritten wird, um zu gewährleisten, dass zumindest die Gefahr einer Massendesertion gebannt ist.

Die Zeiten ändern sich offenbar. Und mit ihnen die politischen Sensibilitäten. Europa ist ein heterogener und schwerfälliger Koloss mit 27 ebenso wichtigen wie unterschiedlichen Staaten geworden, die es zudem nicht gewöhnt sind, gemeinschaftlich zu denken. Die Protagonisten der Union lösen mit ihrem Zusammenwirken bei den Bürgern keine einhellige Begeisterung aus. Wobei die Identität und Herkunft besagter Bürger auch denkbar unterschiedlich ist. Einmal abgesehen von Rumänien – dessen Regierung sich aus leicht durchschaubaren, aber berechtigten innenpolitischen Gründen im Wahlkampf wiederholt zugunsten einer verpflichtenden Beteiligung für die nächsten fünf Jahre ausgesprochen hat – und Belgien – wo eine gesetzliche Wahlpflicht besteht –, war der Snobismus bei den potentiellen Wählern nicht unerheblich.

Im Übrigen kristallisiert sich zwischen den Zeilen vieler Zeitungskommentare die Idee von einer Souveränitätskrise der alten und neuen

Bevölkerungen Europas heraus. Man muss jedoch bedenken, dass die mangelnde Wahlbeteiligung ein kompliziertes politisches Phänomen mit vielfältigen Abstufungen und Bedeutungen ist. Zuweilen weist es auf eine fehlende demokratische Sensibilität der Bürger hin. Zuweilen aber ist es auch eine unheilvolle und überaus zweckdienliche Methode des einfachen Mannes, der ganzen Welt die unverbrauchte Macht seiner eigenen, absoluten Souveränität zu zeigen, die er bewusst nicht delegiert, weil er sie innerhalb bestimmter bürokratischer Institutionen für nicht reproduzierbar hält.

Wer sagt übrigens, dass fehlende Beteiligung zwangsläufig auf einen ausdrücklichen Mangel an demokratischem Geist hinweist? Die großen Wähler des 15. Jahrhunderts fühlten sich sehr viel einflussreicher, wenn sie den Mächtigen die Gefolgschaft verweigerten, als wenn sie ihnen ihr Vertrauen aussprachen. Und die derzeitige Zurückhaltung der Wähler könnte durchaus ein Misstrauensvotum an die als weit entfernt, gleichgültig und nutzlos empfundenen und betrachteten Institutionen und gar nicht so sehr dem Wunsch geschuldet sein, sich aus der Politik herauszuhalten.

Die unschöne Enthaltung der halben Wählerschaft bei dieser speziellen Gelegenheit ist keineswegs eine Massenverurteilung der Politik, sondern eher eine Krise der traditionellen Parteien und ihrer Angebote, die die Bürger als wenig glaubwürdig und kaum repräsentativ beurteilen. Allein die Zahlen machen schon deutlich, dass wir es nicht mit einem willkürlichen und isolierten Konsenszerfall, sondern mit zwei zusammenhängenden Ereignissen zu tun haben, die sich schlagartig und in aller Deutlichkeit manifestieren: der allgemeinen Wahlenthaltung und einer unmissverständlichen Zurückweisung der progressistischen und sozialistischen Vorschläge. Dies wiederum hat den gemäßigten Strömungen wie der spanischen Christdemokratie, der deutschen CDU und den britischen Konservativen, aber auch einer nicht konventionellen und extremen populistischen Rechten Zulauf beschert. Zudem ist die europäische sozialistische Partei aus internen Gründen, also nicht aufgrund der Zugewinne der Parteien im Dunstkreis der

EVP, sondern durch ihre innere Schwäche ins Schleudern geraten und hat ihre Wähler vor allem an politische Kräfte verloren, die ebenfalls dem linken Spektrum zuzuordnen, aber skrupelloser und demagogischer sind – zum Beispiel die französischen Grünen, die italienische Lista di Pietro und die britische liberale Partei.

Es ist nicht einfach, eine Situation, wie sie nach den Wahlen entstanden ist, zusammenfassend zu deuten, wenngleich man nicht darüber hinwegsehen kann, dass eine recht klare Verbindung zwischen der geringen Wahlbeteiligung und der Zunahme ultrakonservativer und europaskeptischer Strömungen besteht. Die Gründe liegen alles in allem auf der Hand. Die Zivilgesellschaft dominiert überall, und die Menschen, denen es freisteht, sich uneingeschränkt, das heißt auch außerhalb des europäischen Kontinents zu bewegen, können heute sehr viel besser als früher eine vielfältige Palette legitimer Interessen zum Ausdruck bringen. Das heißt jedoch nicht, dass wir bereits auf ein im politischen Sinne geeintes und robustes Europa zurückgreifen könnten. Es bedeutet allenfalls, dass die individuelle Reisefreiheit größer geworden ist.

Die Schaffung von Institutionen wie denen der europäischen Gemeinschaft ist ausschließlich das Ergebnis eines rechtschaffenen und beharrlichen Engagements, das nur die Politik verwirklichen kann. Die Bürger nämlich denken gerne an ihre eigenen Interessen, ohne dass ihnen spontan die Gesamtheit und das Gemeinwohl in den Sinn kämen. Und das funktioniert sehr gut, solange die Staaten, wie Engels lehrte, reine Wirtschaftsprodukte der Gesellschaft bleiben. Sobald aber die Institutionen, wie es in der Europäischen Union der Fall ist, einen weitergefassten politischen Anspruch vertreten, kann der Diskurs nicht länger nur auf diese Weise geführt werden, weil es keinen spontanen europäischen Patriotismus gibt und verschiedene Nationen nicht von sich aus zu einem authentischen Gemeinschaftsgefühl in der Lage sind. Man muss dieses Gefühl erst schaffen. Und wenn eines Tages wirklich ein funktionstüchtiger Gemeinschaftsstaat entsteht, dann wird er nicht aus angeborenen sozialen Instinkten, sondern aus der Fähigkeit der

Politik hervorgegangen sein, eine klarere und aussagekräftigere Sicht der menschlichen Beziehungen vorzulegen, als wir sie heute haben: eine Sicht, die auf ein hochgradiges menschliches Wachstum ausgerichtet ist.

Das ideelle Bewusstsein dieser Tatsache geht der Politik noch mehr ab als die materiellen Grundlagen des Konsenses. Doch vielleicht wird den innovativen Kräften gerade dank der vernichtenden Wahlniederlage und der daraus resultierenden Krise des Sozialismus bewusst, wie dringend notwendig es ist, eine organische, solidarische und integrative Gesamtsicht zu entwickeln, die den Partikularismus der lokalen Kontexte in ein wirklich gemeinschaftliches und gemeinsames Ethos verwandelt – das man zunächst einmal auf die Basis einiger allgemeinverbindlicher ethischer Werte stellen könnte.

Der Libanon: Spiegel der Welt

Von allen Ländern, für die man ein gewisses Interesse hegen könnte, kommt einem der Libanon sicherlich nicht gerade als Erstes in den Sinn. Wenn dort nichts Spektakuläres – also in der Regel Dramatisches – geschieht, sind wir eher nicht motiviert, uns über die Situation vor Ort zu informieren. Entgegen dem Anschein können die Gegebenheiten in einem so kleinen Land uns jedoch einigen Aufschluss über die allgemeinen Merkmale unserer Gesellschaft geben, denn sie liefern uns ein exaktes Bild der Widersprüche, die unsere Gegenwart prägen.

Der Libanon ist eine Art exemplarischer Mikrokosmos, in dem sich in verkleinertem Maßstab einige der wesentlichen Probleme und grundlegenden Herausforderungen unserer globalen Wirklichkeit wiederfinden lassen. Wie wir Ärzte bei einer Biopsie in einem winzigen Gewebestück alles über den Gesundheitszustand eines ganzen Organs erfahren, so lassen sich durch einen Blick auf die libanesische Gesellschaft einige wirklich besorgniserregende Symptome der ganzen Welt diagnostizieren.

Die politischen Autoritäten des Westens haben dies genau verstanden. Nicolas Sarkozy ist erst vor kurzem in den Libanon gereist, um dem neuen Präsidenten Michel Suleiman und Premierminister Fouad Siniora einen Besuch abzustatten. Und Condoleezza Rice war vor Ort, um den neuen Spitzen der nationalen Politik, die in Beirut in ihre Ämter eingeführt wurden, die Unterstützung der Regierung Bush zuzusichern.

Auffällig ist, dass beide Staatsbesuche angesichts der konfliktbeladenen Situation im besagten Land nach derselben rein diplomatischen Logik vonstattengegangen sind. So betonte Sarkozy die Wichtigkeit dieser auf breiter Zustimmung gründenden neuen Regierung, die in der Lage sei, die vielfältigen soziokulturellen Identitäten im Libanon zu repräsentieren; während Rice der amerikanischen Hoffnung Ausdruck verlieh, dass man eine vorteilhafte Einigung zwischen den nun schon seit geraumer Zeit zerstrittenen Parteien erzielen werde.

Offenkundig herrscht – von den legitimen und beiderseitigen Interessen Frankreichs und der Vereinigten Staaten einmal abgesehen – ein allgemeiner Optimismus, was eine politische Lösung des libanesischen Bürgerkriegs betrifft, die dank des neuen Präsidenten und der neuen Regierung in greifbare Nähe zu rücken scheint. Trotz aller Anstrengungen besteht jedoch eine interessante Diskrepanz zwischen diesen verheißungsvollen Anfängen und den Nachrichten, die uns in den letzten Stunden von dort erreichen. Die Zahl der zivilen Opfer steigt kontinuierlich und erreicht soeben im Norden, unweit der Stadt Tripoli, eine noch nicht näher bestimmte Höhe.

Noch vor einigen Sonntagen wurde ich hellhörig, als der Papst beim Angelusgebet auf das Drama des Libanon zu sprechen kam. Mir fiel auf, dass Benedikt XVI. in seiner Analyse ganz andere Schwerpunkte setzte als die politischen Kommentatoren. Seine Worte galten vor allem den persönlichen Motiven, die die Menschen zum Selbstmord veranlassen. Denn die Logik der Auseinandersetzung im Libanon hat nichts mehr mit der Verteidigung bestimmter religiöser, wirtschaftlicher oder politischer Interessen zu tun. Es handelt sich um eine ganz andere, im konventionellen Sinn vielleicht gar nicht wirklich fassbare Logik, die der Papst jedoch mit sicherer Intuition erraten zu haben scheint. Er hat immer wieder darauf hingewiesen, dass die eigentliche Triebfeder eines Konflikts nicht so sehr der Wunsch ist, seine eigene Identität gegen eine feindliche Bedrohung zu verteidigen, als die Angst, besagte Identität zu verlieren. Das heißt, die Tatsache, dass eine Gruppe der Opposition und eine andere der Mehrheit angehört oder dass – wie im vorliegenden Fall – ein kultureller Unterschied zwischen einer sunnitischen und einer alawitischen Partei besteht, ist lediglich ein Alibi und ein Vorwand, nicht aber der Beweggrund und die Rechtfertigung der Gewalttaten.

Andererseits ist es nicht so sehr die Verteidigung einer Identität, die die Völker heute überall in der Welt in den Bürgerkrieg zu treiben scheint, sondern eher die Angst, gar keine Identität mehr zu besitzen. Und das Mittel, Konflikte zu lösen, kann nicht in der Stabilität einer neuen Exekutive bestehen, so wirkungsvoll diese auch sein mag, denn das Problem ist nicht das Zusammenleben heterogener sozialer Gruppen, sondern eine tiefsitzende Angst. Sie treibt ganze Gruppen von Menschen dazu, sich zu bewaffnen und sich auf radikale Weise – nämlich indem sie das Leben anderer Menschen vernichten – ihrer eigenen Identität zu vergewissern. Die Therapie muss auch in diesem Fall auf die Krankheit abgestimmt werden. Und die Krankheit ist die Angst und der wesentliche Identitätsverlust der Menschen – ein Identitätsverlust, der sie fürchten lässt, ihren Daseinsgrund zu verlieren, sobald sie sich nicht mehr gegen „die anderen“ verteidigen müssen.

Vielleicht muss die Politik sich damit abfinden, dass die oberste Priorität im Aufbau einer Gesellschaft besteht, die die persönliche Teilhabe am Menschsein für jeden Einzelnen wieder zu einem echten kulturellen und ideellen Zugehörigkeitsgefühl werden lässt. Und zur Grundlage einer Ethik, die wie Pascal es ausgedrückt hat, auch darin besteht, alle Unterschiede der anderen vor dem gemeinsamen Hintergrund unseres Personseins zu akzeptieren und anzuerkennen.

Eine Gesellschaft aufzubauen, die das friedliche Miteinander der Menschen ermöglicht, heißt natürlich nicht, die Verschiedenheiten und die spezifischen kulturellen und wirtschaftlichen Interessen jedes Einzelnen einzuebnen, sondern die Unterschiede in ein weiter gefasstes und umfassenderes Menschenbild als das bisherige einzuordnen. Denn nur wenn uns wieder ins Bewusstsein rückt, dass jeder Einzelne an der universalen Identität des Menschen als solchen teilhat, kann innerhalb der engen Grenzen ein und desselben Territoriums ein friedliches Zusammenleben zwischen verschiedenen Gesellschaftsgruppen entstehen. Jede soziale Identität ist letztlich nur dann positiv, wenn sie nicht aus der Angst, sondern aus dem Vertrauen in den universalen Wert des Menschseins erwächst – einem Wert, den jeder innerhalb seiner eigenen kulturellen Besonderheit leben kann und sogar leben muss.

Ansonsten bleibt nur die Alternative, sich auf eine politische Handhabe der Konflikte zu beschränken, die man jedoch niemals so wird lösen können, dass ein dauerhafter Friede entsteht.

Des Sozialisten undemokratische Seele

Mit großer Aufmerksamkeit habe ich in der „Repubblica" vom 7. Juli 2008 die Rede gelesen, die Zapatero zum Abschluss des Parteitags der spanischen Sozialisten gehalten hat. Ich muss gestehen, dass ich mich bei der Lektüre auch deshalb nicht gelangweilt habe, weil seine Worte mich so in Erstaunen versetzt haben. Vermutlich liegt dies daran, dass ich die internationalen Nachrichten – also auch die aus meiner spanischen Heimat – schon seit geraumer Zeit von Italien aus verfolge und in den Kontext der dortigen Politik einordne. In Zapateros Fall verfehlte die Rede sicherlich nicht ihre Wirkung, denn sie war sorgfältig aufgebaut und traf genau die Wellenlänge der linken spanischen Wählerschaft.

Zudem ist die Argumentation auch deshalb interessant, weil sie eine klare und prägnante Zusammenfassung der Werte liefert, die seine politische Linie schon immer geprägt haben. Und dies wahrscheinlich auch in Zukunft tun werden.

Genau das war, um ehrlich zu sein, das Erste, was mich überrascht hat. Zapatero, der inzwischen schon seit einigen Jahren regiert, ist ein nationaler Leader, der sich nach außen eher modern und aggressiv gibt, während sein kultureller Ansatz von einer Reihe von Inhalten und einem traditionellen Vokabular beherrscht bleibt, wie der Sozialismus alter Schule es schon immer gepflegt hat. In diesem Sinne scheint Zapatero der Zukunft nicht so sehr entgegenzueilen als sich im Rahmen eines denkbar konformistischen Sozialismus auf die Zukunft einzurichten.

Trotz alledem scheint mir eine grundlegende Tatsache bemerkenswert. Zapatero stellt nicht die Interessen, sondern wieder die Ideen in die Mitte der politischen Sichtweise: ein Ansatz, den wir nur teilen können. Ja, er benutzt sogar das spanische Wort Ideas und macht daraus ein danteskes Akrostichon mit den Anfangsbuchstaben der fünf zentralen Werte seines Zukunftssozialismus: Gleichheit, Rechte, Ökologie, Aktion und Solidarität („cigualdad, derecha, ecologia, acción, solidaridad").

Man kann diese positiven Werte, die darauf abzielen, die Gesellschaft wieder ins Gleichgewicht zu bringen und zu verbessern, nicht beurteilen, ohne über einige recht anders geartete Einstellungen des spanischen Regierungschefs zu stolpern, die wir nun leider schon seit Jahren von ihm kennen. Ich denke hier an Zapateros wiederholte Frontalzusammenstöße mit der religiösen und insbesondere mit der katholischen Welt. Die Bilder von den Demonstrationen, bei denen die spanischen Bischöfe Seite an Seite mit einigen Millionen Normalbürgern auf die Straße gingen, verstärken die aktuelle Erschütterung über seine in diesen ereignisreichen Tagen vom Kongress abgelehnte Initiative, die Kruzifixe aus den öffentlichen Räumen zu entfernen, als handele es sich um nationalsozialistische Hakenkreuze oder andere Symbole, die das Volksempfinden verletzen. Es besteht ein eindrucksvoller Kontrast zwischen den modernen Bestrebungen, in Spanien und in der Welt größere Gleichheit, mehr Rechte, mehr Umweltschutz und dergleichen durchzusetzen, und dem Starrsinn, mit dem er zugleich das wichtigste

Symbol Spaniens aus dem öffentlichen Raum entfernen will: das Kruzifix. Dieser Widerspruch tut der Qualität seiner programmatischen Ideen keinen Abbruch, auch wenn sie sie womöglich in einem gewissen Maß als leer und unstimmig entlarvt.

Wie kann man auch nur daran denken, die individuellen Rechte zu stärken, ohne die religiösen Gefühle der Mehrheit zu achten? Wie kann man reformpolitische Maßnahmen positiv bewerten, ohne den Pluralismus in der Gesellschaft aus tiefster Überzeugung zu respektieren?

Diese Fragen bringen mich zur Situation in Italien zurück, wo inzwischen seit einigen Monaten darüber diskutiert wird, ob die neuentstandene Demokratische Partei sich der Sozialistischen Partei Europas anschließen soll oder nicht. Solche Entscheidungsschwierigkeiten lassen mich hoffen, dass auch die politischen Kräfte, die weiter links oder weiter rechts stehen als die Demokratische Partei, noch nicht darauf verzichtet haben, die Idee der Demokratie als grundlegend anzuerkennen und hochzuhalten. Zapateros Widersprüchlichkeit betrifft jedoch gerade die Tatsache, dass das Wort Demokratie in seinen Ideas nicht einmal der Form halber auftaucht. Weit davon entfernt, marginal zu sein, ist dieser Mangel vielmehr der Dreh- und Angelpunkt und damit zugleich die Schwachstelle seiner Politik. Denn entweder ist er davon überzeugt, dass die Demokratie in Spanien bereits vollkommen und ausreichend verwirklicht ist – und dann ist das, was er vorschlägt, im Großen und Ganzen konservativ. Oder er ist der Ansicht, dass die Umsetzung der Ideale, die ihm vorschweben, so wichtig ist, dass die Demokratie dahinter zurücktreten muss. Dann aber verficht er letztlich eine extremistische und totalitäre Politik, die eigentlich der Vergangenheit angehören sollte.

Jedenfalls wiegt es besonders schwer, dass die Idee der Demokratie in den Ideas nicht auftaucht. Und das vor allem, weil mit Demokratie der höchste und gemeinsamste politische Wert unserer Zeit gemeint ist: ein Ideal, das geeignet ist, alle anderen Werte in sich einzuschließen und konkret und vollständig zu verwirklichen. Demokratie bedeutet Pluralismus, Respekt vor den anderen, Toleranz, Achtung der

Unterschiede. Überdies ist die Demokratie ein Weg, die „Ideen" politisch umzusetzen, und führt über die Ablehnung einer hegemonialen und ausschließlichen Machtlogik. Politische Ideale sind demokratisch, wenn sie in sich selbst eine gemäßigte und heterogene Sicht der Gesellschaft enthalten – und einer solchen Gesellschaft mutet man keine radikalen Entscheidungen zu, die die Gleichmachung oder Bekämpfung eines präzise benannten Feindes implizieren.

In Italien erkannte man seit den Sechzigerjahren einen Befürworter oder Gegner des konstitutionellen Modells daran, ob er sich der demokratischen Methoden bediente oder nicht. Unter Sozialismus stellte man sich schon damals nicht den Aufbau einer homogenen Gesellschaft, sondern die reale Umsetzung der Demokratie in der Gesellschaft vor.

Letztlich bleibt zu hoffen, dass unter Zapateros zahlreichen und guten Ideen auch die wichtigste und fortschrittlichste von allen wieder an Präsenz und Kraft gewinnt: die Idee der Demokratie.

Jaruzelski vor dem Tribunal der Geschichte

Ich weiß nicht, ob der 12. September 2008 für Europa ein denkwürdiges Datum sein wird. Für Polen ganz sicher. Keinem Land fällt es leicht, mit seiner eigenen Geschichte abzurechnen. Und bei den slawischen Völkern kommt als erschwerender Umstand nicht selten eine besondere Emotionalität, ein für sie typisches atavistisches Empfinden hinzu. Eines ist gewiss: Der letzte große Staatschef des kommunistischen Polen steht seit einigen Tagen vor Gericht und muss nun gemeinsam mit sieben anderen Funktionären dem polnischen Institut des Nationalen Gedenkens, einem durchaus furchteinflößenden Sondertribunal, gegenübertreten. Es handelt sich um ein im Zuge der sogenannten Lustracja – jener umstrittenen Kampagne, die die Kaczynski-Brüder vor einigen Jahren ins Leben riefen – ad hoc gegründetes Organ. Der Angeklagte par excellence jedenfalls ist er: General

Jaruzelski. Wer wie ich jene Jahre direkt miterlebt hat, kann nicht vergessen, welchen Schrecken dieser Mann verbreitete – als Vorsitzender der kommunistischen Partei, Regierungschef, Verteidigungsminister und Oberhaupt der Streitkräfte in einer Person. Er wirkte geheimnisvoll – wie eine unwirkliche Maske seiner eigenen, unbegrenzten Macht und der ihr zugrundeliegenden bürokratischen Struktur.

Doch welchen Sinn kann ein Prozess gegen einen solchen und vor allem so alten Mann heute noch haben?

Dieser Prozess ist keineswegs eine Farce – genauso wenig, wie der Prozess gegen Milošević in Den Haag ein Scherz ist. Doch wie alles scheint auch die Geschichte der Vergangenheit ihr Verfallsdatum zu haben.

Vielleicht ist der Prozess gegen Jaruzelski etwas, das man tun kann, aber nicht unbedingt tun muss. Vielleicht ist er nur ein unvermeidliches Ergebnis politischer Abläufe, das dennoch alles in allem wohl besser vermieden worden wäre. Vor allem bei dem eher ideologischen Klima, das derzeit in Polen herrscht. General Jaruzelski ist eine Symbolfigur des kommunistischen Regimes. Und einer Ikone den Prozess zu machen, heißt, dass man Gefahr läuft, über die Person hinweg gegen die Geschichte zu prozessieren und schließlich die Person für etwas zu verurteilen, was die Schuld der Geschichte war.

Ich erinnere mich noch sehr genau an die Ereignisse vor und nach dem Staatstreich am 12. Dezember 1981. Man wusste schon vorher, dass die öffentlichen Garantien im Bereich des Warschauer Pakts nicht nach denselben Parametern funktionierten wie im Westen. Ich war gerade aus Polen zurückgekehrt, als mit einem Mal überall durchsickerte, dass dort etwas äußerst Schwerwiegendes, etwas Ähnliches wie in Ungarn geschah. Weniger blutig, aber sehr viel bedeutsamer. Der Kalte Krieg mit Carter und Reagan wurde wieder warm, ja, angesichts der statischen russischen Führung unter Breschnew sogar kochendheiß.

In jenem Dezember 1981 wollte ich eigentlich sofort wieder nach Warschau zurückkehren, um zu sehen, wie die Dinge ausgehen würden. Das größte Risiko drohte nicht von Russland, wie man im Westen sagte, sondern von den Ostdeutschen. Wenn es eine Invasion geben würde, würde sie wieder einmal von dort kommen. Für Polen, das nur wenige Jahrzehnte zuvor von den Nazis besetzt worden war, eine Art Fluch. Das wussten sowohl Honecker als auch Jaruzelski. Meine Rückreise nach Polen endete jedoch in Wien, wo ich am Weiterflug gehindert wurde. Polen unterstand nun der absoluten Kontrolle des Generals, und alle Freiheiten waren aufgehoben.

Die Situation in Polen hatte sich infolge der sozialen Prozesse nach dem ersten Besuch von Papst Johannes Paul II. 1979 sehr verändert. Bis an mein Lebensende werde ich nicht vergessen, wie die Worte seiner Rede am 2. Juni über den Siegesplatz in Warschau schallten. Der Papst hatte das reaktionäre Wesen des sowjetischen Totalitarismus seit Jahren durchschaut, das sich auch in der Unterdrückung der Rechte – einschließlich der Religionsfreiheit – der Polen äußerte. Für Johannes Paul II. war das Christentum mit seiner personalistischen Anthropologie de facto unvereinbar mit dem bestehenden totalitären System. „Der Ausschluss Christi aus der Geschichte des Menschen", so erklärte er mit aller Entschiedenheit, „ist ein gegen den Menschen selbst gerichteter Akt. Ohne Christus kann man auch nicht die Geschichte Polens begreifen, zumal nicht als die Geschichte der Menschen, die über dieses Land gingen und gehen." An dieser Überzeugung hielt Johannes Paul II. auch später fest. Er wusste, dass der Staatsstreich eine brutale Antwort auf den Reformweg darstellte, den die von Lech Wałęsa angeführte Gewerkschaft Solidarność und andere nationalistische Bewegungen beschritten hatten.

Man kann sagen, dass die Errichtung des Jaruzelski-Regimes eine Lösung war, die zugleich Unnachgiebigkeit und Kompromissbereitschaft signalisierte. Das hatte mit der Biografie und dem Charakter der Person zu tun, die die Macht übernommen hatte. Wenn ich an jene Ereignisse zurückdenke, erinnere ich mich daran, wie ich einmal mit Johannes Paul II. bis spät in den Abend über Jaruzelski diskutiert habe. Dabei kamen wir zu dem Ergebnis, dass der General drei besondere

Eigenschaften besaß, die zu jenem Zeitpunkt entscheidend waren, wenn man verstehen wollte, was in Polen vor sich ging.

Zunächst einmal war er ein Angehöriger des Militärs und damit nicht nur an Zucht und Ordnung gewöhnt, sondern auch mit einer speziellen und sehr umfassenden politischen Sichtweise ausgestattet, wie sie für einen Heeresgeneral typisch ist. Seine Vorliebe für Gesetz und Disziplin äußerte sich in der Überzeugung, Sicherheit und öffentliche Ordnung seien die grundlegenden Kriterien und Voraussetzungen, um ein Land zu regieren. Dieser Aspekt gab ihm ein besonderes Geschick, gesellschaftliche Notfälle zu regeln, die seiner Ansicht nach durch Polens dramatische wirtschaftliche Lage und den Aktivismus der Solidarność ausgelöst worden waren. Solange er an der Spitze der Institutionen stand, konnten die Länder des Warschauer Pakts und insbesondere die Sowjetunion sich sicher fühlen.

Zweitens aber war Jaruzelski ein polnischer Nationalist. Er war ein überzeugter Befürworter der Unabhängigkeit seines Landes und aus den spezifischen Gründen, die in die Gene eines Nationalisten hineingeschrieben sind, gegen jedwede direkte Intervention vonseiten eines anderen Staates. Folglich war der General auch eine Garantie für sein Volk, insofern nämlich, als er mit allen ihm zur Verfügung stehenden Mitteln versucht hätte, eine wahrscheinliche und demütigende Invasion zu verhindern.

Drittens war Jaruzelski Kommunist. Aus dieser ideologischen Positionierung erwuchs das Vertrauen, das die sowjetischen Behörden in ihn und seine Absicht setzten, die marxistische Ideologie rigoros und dauerhaft durchzusetzen. Die Begegnungen mit Karol Wojtyła – acht insgesamt – haben die komplexe Persönlichkeit des Generals nach und nach beeinflusst, ohne sie jedoch entscheidend verändern zu können.

Als ich 1983 und 1987 wieder mit dem Papst nach Polen reiste, war die Präsenz der Diktatur in allen Teilen des Landes zu spüren. Es war ein statischeres Polen, und doch gärte es an allen Enden. Die politische Situation hinterließ in mir viele Fragezeichen und eine große Ratlosigkeit. Ich glaube, dass sich gerade damals gezeigt hat, worin eine der großen Ressourcen dieses Volkes bestand: in seiner Kraft, sich seine eigene kulturelle und religiöse Identität immer zu bewahren, sich aber erst zu erheben, wenn sich wirklich die Chance dazu bietet.

Der Papst wusste sehr gut, wie stark die Religiosität der Polen war. Deshalb erarbeitete er verschiedene Lösungen für eine neue Ostpolitik, die sich allesamt auf ein aktives Erwachen seiner Landsleute stützten. Polen war für ihn nicht einfach nur eines der Länder des kommunistischen Blocks, sondern ein besonderer Ort, an dem sich die Krise des totalitären Systems und seine Überwindung durch die Wiederherstellung der Religionsfreiheit ereignen würden.

Vor einem solchen Hintergrund war Jaruzelski immerhin derjenige, der Wojtyła die Gelegenheit gab, auch die politische Wirkung seiner menschlichen Ausstrahlung zu erproben. Eines Tages gestand er mir, dass unter den vielen Facetten des Generals der Kommunist bei weitem die ausgeprägteste war. Doch wenn die institutionelle Rüstung auch nur einen winzigen Riss bekommen sollte, dann, davon war er überzeugt, würde die Menschlichkeit auch über ihn siegen.

Ich vermag nicht zu sagen, ob das bei Jaruzelski jemals passiert ist. Vielleicht werden wir es – auch wenn ich es bezweifle – während des Prozesses erfahren. In jedem Fall aber war sich Johannes Paul II. sicher, dass nichts und niemand das Herz und die Seele eines Menschen jemals endgültig ersticken kann, auch dann nicht, wenn sie zur Marionette eines Regimes geworden ist, das die Fäden zieht. Ein echter Paukenschlag aber wäre es, wenn sich der Schuldige am Ende des Prozesses zumindest dieses eine Mal als – historisch betrachtet – unschuldig erweisen würde.

China und die Verletzlichkeit der globalisierten Information

Der heftige Konflikt zwischen China und Tibet, der vor einigen Wochen aufgeflammt ist, scheint sich nicht zu beruhigen. Er droht zu der einzigen Flamme zu werden, die bei den Olympischen Spielen 2008 wirklich entzündet wird.

Ich spreche hier nicht so sehr von der wenig wahrscheinlichen Möglichkeit, dass die jüngsten Gewalttaten letztlich doch zu einem Boykott des sportlichen Ereignisses führen könnten, wovon wohl ohnehin nur die Einweihungsfeier betroffen wäre. Vielmehr beziehe ich mich auf die sehr viel wahrscheinlichere Möglichkeit, dass das Bild einer allmählichen Öffnung, das das chinesische Regime mittlerweile schon seit einiger Zeit der Weltöffentlichkeit zu vermitteln sucht, getrübt werden könnte.

Um zu verstehen, was heute in China geschieht, müssen wir ein kleines Stück in die Vergangenheit reisen und uns die Niederschlagung der Revolte auf dem Platz des Himmlischen Friedens in Erinnerung rufen.

Dem Roten Kreuz zufolge sind dort am 15. April und am 4. Juni 1989 2 600 Menschen getötet und 30 000 verletzt worden. Das Internet gab es noch nicht, und so war es relativ leicht, einen Nachrichtenstopp zu verhängen. Trotz allem bleiben viele Bilder von diesen dramatischen Ereignissen – darunter das berühmte Foto, das Jeff Widener von der Associated Press aus einem Fenster des Hotels Beijing schoss. Es zeigt einen Studenten, der sich mutig vor einen Panzer stellt und die Kolonne der Kettenfahrzeuge wenigstens einen Moment lang ins Stocken bringt.

Trotz der Versuche, das Durchsickern von Nachrichten zu verhindern, wurde damals der ganzen Welt ein für alle Mal und mit absoluter Klarheit bewusst, wie geringfügig die Freiheiten sind, die der Staat den Chinesen einräumt. Heute, in der Zeit der globalisierten Informatik- und Satellitenkultur, wissen wir noch immer herzlich wenig über Tibet. Genaugenommen fast nichts. Und so bestätigt sich wieder einmal die Verwundbarkeit dieser echtzeitinformierten Gesellschaft, der man eine komplette Zensur aufnötigen kann, wenn die politische Macht es so will.

Wie man weiß, stehen nach so langer Zeit und bis auf den heutigen Tag in jenem Land keine großen Veränderungen in Aussicht. Denn damals wie heute scheint die Informationssituation ausgesprochen kritisch und nicht nur für die chinesischen Bürger und die internationalen Beobachter, sondern auch für die westlichen Außenministerien unbefriedigend.

Aus dem Jahresbericht 2007 von Amnesty International geht beispielsweise hervor, dass China in der Anerkennung der Menschenrechte deutlich im Rückstand ist. Unlängst musste der Generalrat der Vereinten Nationen sogar einräumen, dass sich die Gesamtsituation des Landes verschlechtert und die Zahl der gegen Anwälte und politische Aktivisten gerichteten Regierungsmaßnahmen signifikant zugenommen hat. Überdies gibt es eine steigende Tendenz, ganze Gesellschaftsklassen zu diskriminieren, wie das Beispiel der aus ländlichen Gebieten stammenden städtischen Arbeiter zeigt.

Gao Zhisheng beispielsweise, der bekannte Menschenrechtsanwalt, darf seit 2005 seinen Beruf nicht mehr ausüben. Bei den Festnahmen im letzten August wurde er zu drei Jahren Haft verurteilt, nachdem er zuvor sogar einige Monate an einem unbekannten Ort gefangen gehalten worden war.

Die Liste der verhafteten und verurteilten Personen ließe sich beliebig verlängern. Vor allem Journalisten, Schriftsteller und Internetaktivisten haben unter der Situation zu leiden, da man ihnen, zumal wenn sie „staatszersetzender Umtriebe“ verdächtigt werden, keinerlei Freiheiten zugesteht.

Auch wenn es heute viel schwieriger ist als noch vor zwanzig Jahren, Informationen zu unterschlagen oder geheim zu halten, hat die chinesische Regierung in den letzten ereignisreichen Tagen prompt reagiert und die Webseiten von BBC, CNN, Google News und zahlreichen anderen Informationsdiensten gesperrt. Wir wissen auch, dass E-Mails blockiert werden, die das Wort „Tibet“ enthalten. Gleichzeitig wimmelt es von regierungsfreundlichen chinesischen Blogs, die im Überschwang des nationalistischen Zorns gegen die Tibeter und den Westen wettern. Wobei sich dieser mit Pathos vorgetragene Zorn wohlgemerkt auf Fakten bezieht, von denen man eigentlich gar nichts wissen dürfte, weil sie von den chinesischen Medien sorgfältig verschwiegen werden.

Am letzten Donnerstag haben die Behörden in Peking einen offiziellen Besuch von Journalisten im tibetanischen Lhasa organisiert: eine kosmetische Operation, die fehlschlug, weil, so die Agentur Neues China, sie „von einer Gruppe von Mönchen im Tempel von Jokhang“ unterbrochen wurde. Was wir mit Sicherheit wissen, ist, dass es zu einem Zusammenstoß zwischen Polizisten und Demonstranten gekommen ist und dass es sich bei letzteren keineswegs nur um Mönche, sondern auch um weltliche Dissidenten und Normalbürger gehandelt hat. Das Ganze scheint als ein Akt der Unduldsamkeit gegenüber der Zwangsansiedelung von Chinesen in Ländern mit tibetanischer Bevölkerung begonnen zu haben.

Tatsache ist, dass wir im Westen in einer vollkommen offenen globalen Gesellschaft leben, in der alle von allen alles wissen. Das heißt, wir befinden uns in einem Teil der Welt, in dem die rasche Verbreitung von Informationen nicht nur ein Mittel, sondern eine unverzichtbare Voraussetzung des menschlichen Denkens, Entscheidens und sogar Lebens ist.

Deshalb vergessen wir leicht, dass die globale Welt in ihrer Gesamtheit auch ein Land wie China umfasst, das von eineinhalb Milliarden Menschen bewohnt wird und von dem wir nicht wissen, bis zu welchem Grad die Bevölkerung effektiv Rechte besitzt, bekommt und ausübt. Es ist nicht nur so, dass wir hier im Westen keine klaren und ausreichenden Informationen über die dortigen Ereignisse besitzen – nicht einmal der Dalai Lama kann im Hinblick auf viele seiner Klöster und seiner Gläubigen beruhigt sein.

Vielleicht wäre es besser, die großen wirtschaftlichen Interessen, denen die Olympischen Spiele ganz sicher dienen, mit einer internationalen, konkreten und nachdrücklichen Aufforderung an die chinesische Regierung zu verbinden, sich rasch den Sitten des „globalen Dorfs" anzupassen und den eigenen Bürgern ein ausreichendes Maß an Informationen zu garantieren, wie sie universal als unanfechtbar gelten.

Es ist undenkbar, dass in einer offenen Welt so starke Diskrepanzen zwischen den Menschen- und Bürgerrechten der verschiedenen Bevölkerungen herrschen. Wenigstens dort, wo die fragliche Situation nicht durch natürliche Grenzen und Widerstände bedingt ist, müsste man – unter Umständen mithilfe der ökonomischen Brechstange – alles tun, um präzise Regeln zu verbessern und durchzusetzen. Mag sein, dass dies für die chinesische Macht kein Imperativ ist. Doch es sollte zumindest für die westlichen Regierungen einer sein.

Andernfalls besteht die Gefahr, dass die Globalisierung der Rechte zu einer denkbar offenkundigen globalen Zurschaustellung ihrer Verneinung und Verletzung gerät. Immer vorausgesetzt, dass es in China in Zukunft möglich sein wird, irgendetwas zuverlässig zu wissen.

Das Bedürfnis nach Sicherheit und die Angst vor dem anderen

In den vergangenen Jahren ist angesichts des Phänomens der Kleinkriminalität die große Frage der Sicherheit wieder stärker in den Blickpunkt gerückt. Die Besorgnis richtet sich nicht auf eine zufällige Häufung oder einen Einzelfall und vermutlich auch nicht auf eine vorübergehende Mode oder Tendenz, sondern auf ein tiefer wurzelndes Problem, auf das wir durch einige konkrete und erschütternde Meldungen aufmerksam geworden sind.

Die zyklische Wiederkehr kollektiver Ängste ist in unseren Gesellschaften eine greifbare Tatsache, die gut veranschaulicht, was Giambattista Vico mit „historischen Läufen und Rückläufen" meint oder was man früher einmal als das „kollektive Imaginäre" bezeichnet hat. Andererseits empfinden die Menschen ihre eigene physische Unversehrtheit auch deshalb als das kostbarste Gut, weil die Selbsterhaltung ein urtümlicher Trieb und allen politischen Zielsetzungen vorgeordnet ist.

Wenn man die Ergebnisse einer Censis-Umfrage aus dem Jahr 2000 mit den Resultaten einer analogen Erhebung vergleicht, die drei Jahre früher durchgeführt wurde, wird deutlich, dass unter den Problemen, von denen die Italiener sich direkt betroffen fühlen, die Kleinkriminalität in diesen drei Jahren signifikant nach vorne gerückt ist: vom vierten (24,8 Prozent) auf den ersten Platz (37,1 Prozent).

Diese Tendenz wird sich vermutlich angesichts der wachsenden Terrorismusbedrohung und dem Aufkommen neuer sozialer Phänomene in letzter Zeit eher noch verstärkt haben.

Deshalb kann man sagen, dass es sich bei diesen neuen Ängsten und neuen Befürchtungen, die durch die Gefährlichkeit unserer Städte ausgelöst werden, nicht um einen bloß vorübergehenden Eindruck, sondern um etwas Tieferes und Dauerhafteres handelt.

Bei dem Gedanken an die Orte, die uns als zunehmend „unsicher“ erscheinen, kam mir eine Überlegung in den Sinn, die Marc Augé vor einiger Zeit zu dem Fremdheitsgefühl angestellt hat, das Reisende in einem U-Bahn-Waggon überkommt. Nach Ansicht des französischen Anthropologen leben wir in einer „Gemeinschaft von Fremden“, in der es immer schwieriger wird, nicht nur zu begreifen, was mein Nebenmann denkt und welche Werte er mit mir gemeinsam hat, sondern auch, woher er kommt und wer er wirklich ist.

Die Tatsache, dass die Debatte über die Sicherheit heute wieder im Mittelpunkt des Interesses steht, hat vielleicht auch damit zu tun, dass es uns schwerfällt, wirklich von Grund auf zu verstehen, was diese gefühlte Unsicherheit eigentlich ausmacht: das heißt, ob sie unsere Wahrnehmung der Wirklichkeit betrifft oder ob sie in einer multikulturellen und multiethnischen Welt wie der unseren schlicht unvermeidbar ist.

Denn wenn zutrifft, was der französische Soziologe Alain Touraine schreibt – und das tut es zweifelsohne –, dass nämlich „die durch die zunehmende Unsicherheit in den Metropolen bedingte Besorgnis im Kontext jener von uns vielleicht vorschnell, aber nicht ganz zu Unrecht sogenannten Massenzivilisation Beklemmungen, Ängste und sogar das Bewusstsein einer Bedrohung hervorgebracht hat", dann trifft auch zu, dass diese Wahrnehmung nicht nur von einem vagen Negativgefühl, sondern von einer echten Situation erlebten Unbehagens herrührt.

Überdies gründet sich die politische Sichtweise des Westens zu einem nicht unwesentlichen Teil auf die Angst vor einer bevorstehenden Katastrophe. Oder auf den weitaus greifbareren Argwohn der einen gegenüber den anderen. Und das ist eine Sichtweise, die durch das moderne Denken auch zu uns gelangt.

Gemeinsam – und in den verschiedensten Situationen nachweisbar – ist dieser Unsicherheit immer ein gewisser angeborener Pessimismus im Hinblick auf den Menschen: ein katastrophales Misstrauen, das uns zumindest bis zum Erweis des Gegenteils schlecht von unserem Nebenmenschen denken lässt. Und von uns selbst.

Bezeichnenderweise ist die Gewalt ebenfalls eine negative Reaktion auf die Gegenwart des anderen, die auf einer pessimistischen Sicht der menschlichen Beziehungen und einer daraus erwachsenden Resignation beruht. Dieselbe Denkweise, die uns mit einem übermäßigen Misstrauen gegenüber anderen erfüllt, ist also auch dafür verantwortlich, dass eine Gesellschaft die Gewalt zur systematischen Unterdrückung oder als Mittel legitimiert, jedermanns private Probleme zu lösen.

Deshalb finden beide, Gewalt und Angst, Heilung in einer optimistischen und anspruchsvollen Ethik, die dort entstehen und wachsen kann, wo alle sich leidenschaftlich und beharrlich an einer Erziehung zum Guten beteiligen. Letztlich liegt das Problem in der zivilen Gewissensbildung einer Gesellschaft und nicht in einer unmittelbaren Reaktion auf eine gerade aktuelle Notsituation.

Wenn eine Gesellschaft Tag für Tag stereotype Verhaltensweisen an den Tag legt, die die Gewalt sogar als gültige Form der zwischenmenschlichen Kommunikation und Beziehung legitimieren, kann sie nicht erwarten, dass solche illegalen Verhaltensweisen nicht von den Einzelnen übernommen werden. Und dass all das keine Furcht und Unsicherheit generiert.

Die Lebenspraxis einer freien und friedlichen Gesellschaft kann sich nur auf eine Ethik stützen, die die Schizophrenie widersprüchlicher Lebensweisen meidet und stattdessen – angefangen bei den allgemeinsten Grundannahmen bis hin zu den letzten Konsequenzen und den einzelnen Entscheidungen jeder Person – ein in sich stimmiges Menschenbild vertritt.

Es geht nicht darum, Rezepte für alle Lebenslagen bereitzuhalten, und es geht auch nicht darum, Patentlösungen anzubieten. Es geht lediglich darum, gründlich über die wesentlichen Werte unseres Menschseins nachzudenken, weil sonst ein Glaubwürdigkeitsverlust droht. Und uns nichts anderes bleibt, als mit Repressalien, Gewalttätigkeit und unkontrollierbaren Ängsten zu leben.

Das religiöse Gewissen: eine Garantie gegen den Terrorismus

Auch wenn die Reaktionen nicht mit 2001 zu vergleichen waren, haben die Terroranschläge von Glasgow und London im Juli 2007 ganz sicher alte Ängste und neue Befürchtungen geweckt.

Die Interpretation der Vorfälle, die Ian Cuthbertson, der Leiter des Londoner Antiterrorismusprojekts, vorgelegt hat, ist immerhin insofern beruhigend, als die Anschläge nicht strategisch und nicht überaus schwerwiegend waren. Natürlich können die englischen Behörden zurzeit noch nicht sagen, ob eine Verbindung zur Al-Qaida besteht oder ob es sich um mehr oder weniger gewöhnliche Formen von Kriminalität oder Irrsinn handelt. Jedenfalls wird sich der Terroranschlag in London, so dilettantisch er auch gewesen sein mag, auf die internationalen Verkehrsverbindungen, die Mobilität der Bürger und die Reisen von Millionen von Urlaubern auswirken.

Die Dynamik des Attentats weist, wenn man einmal davon absieht, dass es mehr oder weniger gescheitert ist, auch auf eine gewisse Spaltung und Ungenauigkeit innerhalb der terroristischen Strategie hin, an deren professionelle Perfektion wir uns seit dem 11. September im Grunde ein bisschen zu sehr gewöhnt hatten.

Was die Art betrifft, wie die kriminellen Gruppen in den vergangenen Jahren ihre Ziele verfolgt haben, ist der Terrorismus als solcher nämlich, wenn man das Selbstmordattentat einmal ausnimmt, im Grunde nichts anderes als eine Übertragung der Logik des Krieges auf neue Techniken, die zwar auf unterschiedliche Weise, aber leider immer professioneller und völlig wahllos gegen die Zivilbevölkerung eingesetzt werden.

Man darf jedoch nicht denken, dass diese neue Phase der Kriegsführung aus dem Nichts und ohne Vorgeschichte entstanden wäre. Vor einigen Jahren hat Stanley Karnow ein Buch über den Vietnamkrieg verfasst, in dem er die Entstehung der damals noch unter dem Namen „Guerillataktik" bekannten militärischen Technik sehr gut beschreibt. Wie der amerikanische Wissenschaftler erklärt, war diese auf rasche und plötzliche militärische Angriffe – sogenannte „Nadelstiche" – gestützte Vorgehensweise die eigentlich kriegsentscheidende Waffe, die der vietnamesische General Vo Nguyen Giap einsetzte, um mit seinen geringen Mitteln zunächst die Franzosen und später die Amerikaner zu bekämpfen.

Wenn man an den Terrorismus der letzten Jahre denkt, kommt man nicht umhin, auch ihn, ähnlich wie die Guerilla, als ein anderes Mittel der Kriegsführung zu betrachten, das den Zweck verfolgt, unter den Zivilbevölkerungen militärisch überlegener Länder Schrecken, Tod und Panik zu verbreiten. Vielleicht sind wir im Grunde auch hier gar nicht so weit von dem entfernt – wenn wir es denn nicht mit etwas völlig anderem zu tun haben –, was Karl von Clausewitz als „die Fortführung der Politik mit anderen Mitteln" bezeichnete und das sich immer im Rahmen einer Logik gewaltsam aufeinandertreffender Gegensätze ausdrückt, wie sie die Politologen des 20. Jahrhunderts so gut beschrieben haben.

Die Tatsache, dass der terroristische Akt heute auch von einer religiösen Ideologie gerechtfertigt wird, vermag daran nichts zu ändern. So kommt etwa der deutsche Philosoph Carl Schmitt im vergangenen

Jahrhundert auf dem Weg einer an Hobbes angelehnten Logik zu dem Schluss, dass die Religion immer dann zu einem politischen Faktor werden kann, wenn sie in der Lage ist, einen zu eliminierenden Feind eindeutig zu bezeichnen. Ich halte es für wichtig, sich etwas eingehender mit dieser grundlegenden Erwägung zu befassen, denn sie gibt uns eine exakte Beschreibung der Grenze, die die echte Religiosität von ihrem ideologisch geprägten Zerrbild trennt.

Der eigentliche Punkt – ohne Schmitt zu nahe treten zu wollen – ist der, dass eine Religion von Natur aus gar nicht zu einer politischen Ideologie werden kann, ohne gleichzeitig in eben denjenigen Eigenschaften verfälscht zu werden, die sie als Religion ausmachen. Die klare Unterscheidung zwischen dem, was im Leben eines Menschen Teil seines innersten religiösen Gewissens ist, und dem, was dagegen der zeitlichen Dimension der Politik angehört, beruht darauf, dass der Bereich des Religiösen sich auch auf das persönliche Ethos erstreckt – und den Menschen gerade deshalb zwangsläufig auf eine Kontrolle und Relativierung der Politik ausrichtet.

Historisch lässt sich dieser Sachverhalt beispielsweise an den schwierigen Beziehungen festmachen, die in den ersten nachchristlichen Jahrhunderten zwischen dem Christentum und dem römischen Reich bestanden. Die christliche Religion war zwar mit der laikalen Seite der römischen Administration durchaus vereinbar, nicht aber mit der Vergöttlichung des Staates und des Kaisers, wie sie für diese Epoche typisch war. Denn eine authentische Religiosität kann weder akzeptieren, dass die Politik zur Religion, noch dass die Religion zur Politik wird, und das aus einem ganz elementaren Grund: Die Sphäre des Religiösen impliziert immer eine Befreiung der Politik von jeglichem totalitärem Anspruch und ist deshalb eine gültige Garantie der Freiheit.

Übrigens ist der Mensch selbst immer der Erste, der sich in seinem natürlichen Glücksstreben gegen eine totale Politisierung des Menschen zur Wehr setzt. Auch wenn es der politischen Ideologie gelingt, die religiösen Werte zu Werkzeugen eines tief in den Völkern verwurzelten Hasses zu machen, und auch wenn die Völker der moralischen

Frage gegenüber blind bleiben, ist es am Ende das Gewissen des Einzelnen selbst, das sich auflehnt und sich nicht damit abfinden kann, ganz und gar von der Macht unterworfen zu sein.

Letztlich ist die Präsenz von Bürgern mit einem authentischen religiösen Gewissen in unserer Gesellschaft und in unserem Leben die beste ethische Garantie dafür, dass die Politik die Logik ihrer eigenen Möglichkeiten nicht in irrationale Mythen und terroristische Wahnvorstellungen ausarten lässt. In diesem Sinne wirkt die Religion Seite an Seite mit der Vernunft als ein Korrektiv der Politik. Auf diese Weise garantiert sie den Gesellschaften eine zielstrebige und sichere demokratische Entwicklung und macht die Bürger gegen jede Versuchung von Gewalt und Totalitarismus immun. Immer vorausgesetzt, dass fein säuberlich unterschieden wird zwischen dem, was Cäsar, und dem, was Gott gehört.

Laizität, Werte und Wissenschaft

Muslimisches Gebet vor dem Mailänder Dom

Das Wiederaufflackern und die Verschärfung des Kriegs im Mittleren Osten haben dem Jahr 2009 einen wirklich hässlichen Beginn beschert. Dort unten wird offenbar jeder Anlass als gute Gelegenheit aufgefasst, die Feindseligkeiten wieder zu eröffnen. Und eine solche gute – oder besser gesagt: böse – Gelegenheit lässt sich mit einem terroristischen Akt immer wieder leicht herbeiführen. Es ist nur natürlich, dass in den über fünfzig Jahren, die dieser schreckliche und unheilbare arabisch-israelische Konflikt nun schon dauert, die Reaktionen auf internationaler Ebene ein anderes Gesicht und nach und nach auch eine andere Ausdrucksweise bekommen haben. Aus der heutigen, globalisierten Sicht sind nämlich auch regionale Konflikte geeignet, um auf eine wirkliche Wiederherstellung der Rechte der Minderheiten in aller Welt zu pochen.

Dieses Phänomen kann man anhand einer Metapher aus der Medizin veranschaulichen. Es ist so, als wäre ein bestimmtes Organ mit einer Krankheit infiziert und würde diese Infektion infolge des schwachen Immunsystems an den ganzen Körper weitergeben. Tatsächlich ist die Menschheit einerseits durch die Kommunikationsmedien immer enger verbunden und vernetzt, doch andererseits ist sie auch sehr viel verwundbarer, sensibler und den Krankheiten, die von ihren einzelnen Teilen ausgehen, schutzloser ausgeliefert.

Das ist der Grund dafür, dass die Protestdemonstrationen der Palästinenser in den letzten Tagen in Italien eine so beispiellose Bedeutung erhalten haben, nachdem aus der Militärmission der Israelis gegen die Hamas eine Landbesetzung im Gazastreifen geworden ist.

Überdies haben sich die islamischen Gemeinschaften auf der italienischen Halbinsel in Bewegung gesetzt und auf den Straßen und Plätzen vieler großer und kleinerer Städte Kundgebungen der Solidarität mit ihren palästinensischen Brüdern organisiert. Diese Äußerungen des öffentlichen Unmuts haben sich jedoch als sehr vielschichtig erwiesen. Einerseits trugen die Teilnehmer westliche Kleidung, präsentierten sich also als perfekt integrierte Bürger; doch andererseits kleideten sie ihren Unmut und Zorn in die Ausdrucksmittel des Mittleren Ostens. Das Ganze hatte schon etwas Surreales an sich, und das gilt auch für die Bilder, auf denen Tausende von Menschen zu sehen sind, die in geordneten Reihen auf dem Platz vor dem Mailänder Dom knien und, Koransuren anstimmend, ihr Gebet zu Allah verrichten.

Es war geradezu unmöglich, die beiden Seiten dieser ungewöhnlichen Versammlung nicht durcheinanderzubringen. So deuteten viele Kommentatoren das eigenartige muslimische Gebet vor der goldenen Madonnina als unmissverständliches Signal dafür, dass die turbulenten politischen Protestakte – die wie immer vom Verbrennen israelischer Fahnen und theatralischen verbalen Ausbrüchen begleitet waren – mit dem integralistischen religiösen Bekenntnis der Hamas in Verbindung gebracht werden sollten.

In diesem Fall könnte es allerdings hilfreich sein, die Dinge nicht nur zu bedenken, sondern auseinanderzuhalten. Nicht alle kommunizieren in derselben Weise. In dem Maß, in dem unsere Gesellschaften inzwischen andere Gemeinschaften und Bevölkerungsgruppen beherbergen, müssen wir auch lernen, uns mit Ausdrucksformen auseinanderzusetzen, die sich von den unseren unterscheiden. Mit anderen Worten: Wir dürfen von palästinensischen Flüchtlingen nicht erwarten, dass sie sich wie eine westliche Gewerkschaft oder wie eine hiesige politische Partei artikulieren. Das wäre reichlich absurd und überdies ein wenig provinziell.

Was hingegen die Inhalte betrifft, sind doch einige Beobachtungen angebracht. Zunächst einmal sind die Menschen nicht auf die Straße gegangen, um politische Rechte einzufordern, sondern um die Öffentlichkeit auf eine erlittene Rechtsverletzung aufmerksam zu machen. Das ist ein wichtiger Unterschied. Wenn nämlich eine Gruppe von Personen demonstriert, um Privilegien zu verlangen, die ihr nicht zugestanden werden, dann wird dies alles vermutlich eher leidenschaftslos vonstattengehen. In diesem Fall aber sind die Palästinenser gemeinsam mit einem beträchtlichen Teil der entsprechenden italienischen muslimischen Gemeinschaft auf die Straße gegangen, um dagegen zu protestieren, dass Zivilisten wie sie selbst im Gazastreifen Gewalt erleiden und aufgrund ihrer eigenen Politik und der Politik der anderen schwersten Luftangriffen ausgesetzt sind. Da liegt es auf der Hand, dass die Emotionen hochkochen und man von den Demonstranten keinen geregelten und ruhigen Aufmarsch erwarten konnte.

Eine zweite Überlegung betrifft den Aspekt der Religion. Auch hier gilt es, Missverständnisse zu vermeiden. Einerseits trifft es zu, dass es immer ein schändlicher und zudem gewaltsamer Akt ist, nationale Symbole wie die Fahne eines anderen Volkes zu verbrennen. Doch andererseits trifft es ebenfalls zu, dass die Einführung eines religiösen Motivs an und für sich noch keinen erschwerenden Umstand darstellt. Zumindest nicht zwangsläufig. Auch wenn ein Teil des Terrorismus mit einer gewissen integralistischen religiösen Haltung in Verbindung gebracht werden muss, darf man doch nicht alles in einen Topf werfen.

Genaugenommen wäre dies sogar verheerend. Denn das Bestehen einer eindeutig religiösen Forderung – nämlich der Wille, sich in einem traditionellen Glaubensbekenntnis seiner eigenen kulturellen und politischen Identität zu vergewissern – ist keine Vorstufe zum Terrorismus, sondern im Gegenteil sein wirksamstes und entschiedenstes Gegenmittel. Wenn nämlich der Terrorismus einerseits der unmoralischste aller Gewaltakte ist, dann müssen wir andererseits auch zugeben, dass die Religiosität von allen Möglichkeiten, sich selbst und anderen die eigene Würde bewusst zu machen, die schönste, vornehmste und wichtigste ist.

Deshalb ist es von elementarer Wichtigkeit, sich darüber im Klaren zu sein, dass die Freiheit, auf die Europa stolz sein darf – eine Freiheit, wie sie sonst nur noch in ganz wenigen Teilen der Welt gesetzlich und politisch garantiert ist –, immer und ausschließlich über die religiöse Ausdrucksfreiheit der anderen führt. Ich bin im Lauf meines Lebens oft in den Mittleren Osten und andere islamische Länder gereist, und immer ist mir aufgefallen, wie aufmerksam man dort die Einstellung der westlichen Demokratien gegenüber der Freiheit der anderen beobachtet.

Zu sehen, dass Muslime in Italien vor einer katholischen Kathedrale ihren Glauben praktizieren dürfen, kann – und das würde ich mir wünschen – das Gewissen vieler Muslime auf der ganzen Welt wachrütteln und dazu führen, dass auch sie in ihren Ländern dieselben Rechte wenigstens teilweise anerkennen, die den christlichen und jüdischen Minderheiten bisher dort noch nicht zugestanden werden. Was ganz sicher niemals geschehen wird, wenn unsere hochentwickelten Demokratien ihnen dieselben Rechte verweigern.

Eine Reise von Tausend Jahren

Auf der Reise, die Benedikt XVI. Ende November 2006 in die Türkei führen wird, wird es kein „Papamobil" geben. Dieses besondere Gefährt hat Johannes Paul II. zum ersten Mal 1979 während seiner ersten Mexikoreise benutzt. Entgegen der verbreiteten Meinung, dass es dem Schutz des Papstes dienen soll, verfolgt das Papamobil in Wirklichkeit den Zweck, den Papst für die Gläubigen besser sichtbar zu machen.

Erst nach dem Attentat des Jahres 1981 wurden die bekannten Veränderungen vorgenommen, nämlich Panzerglasscheiben eingesetzt, die den Kontakt zur Menge ermöglichen und dennoch die Unversehrtheit des Papstes garantieren sollen.

In der Türkei wird es jedoch keine Menge geben. Die wenigen Christen, die in Istanbul leben – in Ankara sind es noch weniger –, werden nicht auf die Straße strömen, sondern Benedikt XVI. in ihrer Ortskirche erwarten.

Die Muslime, die der Türkeibesuch des Papstes interessiert, werden vielleicht eher darauf bedacht sein, sich im neuen Gewand der fortschreitenden Verschmelzung des nationalistischen Sektors mit dem fundamentalistischen islamischen Flügel blicken zu lassen – einer alarmierenden Realität, die im Übrigen auch erklären könnte, weshalb einige Autoritäten sich aus innenpolitischem Kalkül entschlossen haben, diese Reise zu ignorieren.

Der türkische Staat ist noch verhältnismäßig jung. Er wurde 1923 von Mustafa Kemal Atatürk gegründet und stützte sich von Anfang an auf einen rigoros laizistischen Apparat von Institutionen. Die heute geltende Verfassung hat diesen ursprünglichen, nichtkonfessionellen Charakter trotz zweier Staatsstreiche und einer langjährigen Wirtschaftskrise bewahrt.

Die Einzigartigkeit der Hauptstadt Istanbul, des antiken Konstantinopel, besteht darin, dass sie der Kreuzungspunkt dreier großer monotheistischer Konfessionen des Ostens ist: Hier leben katholische Christen, orthodoxe Christen und Muslime.

Mit Benedikt XVI. reist zum dritten Mal ein Papst in die Türkei. Der erste Besuch war der von Paul VI. im Jahr 1967 – bei dieser Gelegenheit fand das berühmte Treffen mit Patriarch Athenagoras statt, das einen Meilenstein auf dem Weg der christlichen Ökumene darstellte. Der zweite Besuch war der von Johannes Paul II. im Jahr 1979.

Keiner der beiden Päpste hatte bei seinem Türkeibesuch Bezug auf die muslimische Bevölkerungsmehrheit des Landes genommen. Paul VI. hatte lediglich ein kurzes und formelles Grußwort in französischer Sprache an das spirituelle Oberhaupt der Muslime gerichtet, in dem er auf die Erklärung „Nostra Aetate“ verwies. Johannes Paul II. erwähnte den Islam bei seiner Begegnung mit den türkischen Autoritäten mit keiner Silbe.

Diese Haltung der Amtsvorgänger Benedikts XVI. war nicht nur durch den Respekt vor der Religionsfreiheit, sondern vor allem auch durch den Respekt für die Laizität des Staates und die Form bedingt, die Atatürk der türkischen Republik gegeben hatte.

Heute hingegen liegen die Dinge vollkommen anders. Auf der einen Seite ist da die große Frage der Menschenrechte, die den Beitritt der

Türkei zur Europäischen Union verlangsamt. Und auf der anderen Seite ist da die Frage des Islam. Der Integralismus, der seit dem 11. September explosionsartig zugenommen hat, macht den Besuch Benedikts XVI. besonders heikel.

Viele haben sich sogar gefragt, warum er eine Reise unternimmt, die der politischen Logik des Augenblicks so wenig entspricht.

Während die integralistischen Reaktionen auf die Regensburger Vorlesung für sich sprechen, scheint andererseits auch die Beziehung zu den Orthodoxen – oberflächlich betrachtet – keine wirklich guten Resultate zu verheißen. Wie man weiß, verliefen die Wege der beiden großen christlichen Kirchen im ersten Jahrtausend unserer Zeitrechnung parallel und geeint und haben sich im zweiten Jahrtausend getrennt.

Das Große Schisma erfolgte im Jahr 1054, als Papst Leo IX. und der Patriarch Michael I. Kerularios sich gegenseitig exkommunizierten. Diese institutionelle Spaltung besiegelte jedoch nur eine kulturelle und sprachliche Trennung zwischen Orient und Okzident, die bis in die Zeit der Kirchenväter zurückreichte.

Einige Historiker vertreten die Auffassung, der eigentliche Grund der Spaltung sei der Primat, den der Bischof von Rom gegenüber den vier Patriarchen des Ostens beansprucht habe, auch wenn man an dieser Stelle vielleicht berücksichtigen sollte, was in politischer Hinsicht auf dem Spiel stand, nämlich in erster Linie das Verhältnis zwischen Religion und Politik.

Während im Abendland seit der Amtszeit von Papst Gelasius I. eine klare Trennung zwischen Religion und Staat oder, wie es im Titel eines Werks des französischen Kirchenrechtlers Hugo von Fleury heißt, zwischen Königsmacht und Priesterwürde bestand, ist diese Unterscheidung im Osten niemals in derselben Weise getroffen worden. Konstantinopel war seit dem vierten Jahrhundert Hauptstadt der Welt, und der Herrscher des Ostens war König und Priester zugleich, ohne dass Politik und Religion klar voneinander geschieden worden wären. Auch der Islam hat diese beiden Ebenen übrigens nie voneinander getrennt, und mit seiner Forderung einer umfassenden Laizität hat der türkische

Staat nicht zuletzt auf diese Vermischung der Bereiche im religiösen Bewusstsein der Bevölkerung reagiert.

Das eigentlich und bemerkenswert Neue an der heutigen Situation ist die gute Beziehung zwischen dem orthodoxen Patriarchat und der katholischen Kirche. Anlässlich des Papstbesuchs wird nämlich jedes der beiden Kirchenoberhäupter an einer Zelebration des anderen teilnehmen. Der Papst wird bei der orthodoxen Liturgie im Phanar zu Gast sein, und der Patriarch wird der katholischen Liturgie in der Kathedrale von Istanbul beiwohnen. Der Pontifex und der Patriarch sprechen und korrespondieren miteinander, und sie schicken einander Einladungen, die gerne angenommen und erwidert werden.

Von einem solchen Umgang hätte man vor Hundert, ja selbst vor fünfzig Jahren nicht einmal zu träumen gewagt. Noch zur Zeit Pauls VI. schienen der Besuch und das Treffen mit dem Patriarchen etwas Einzigartiges und ein unerreichbarer Höhepunkt der Ökumene – und heute haben wir es mit einem stabilen und gar nicht mehr ungewöhnlichen wechselseitigen Austausch zu tun.

Auf der anderen Seite jedoch steht es mit der Situation der ethnischen und religiösen Minderheiten in der Türkei nicht zum Besten. Hier herrschen oft Missstände, die sowohl die katholische als auch die orthodoxe Kirche betreffen. Vor diesem Hintergrund entwickeln sich Beziehungen zwischen den christlichen Konfessionen, die denen des ersten Jahrhunderts sehr ähnlich sind, als Pontifex und Patriarch allen Meinungsverschiedenheiten zum Trotz Seite an Seite für die religiöse Freiheit kämpften.

Deshalb darf nicht übersehen werden, welche großen Erwartungen die Orthodoxen auch und vor allem hinsichtlich der Verteidigung der Menschenrechte in den Türkeibesuch des Papstes setzen. In diesem Zusammenhang hat der Patriarch unlängst erklärt, dass alle auf eine ausdrückliche Stellungnahme des Papstes zugunsten der „Minderheiten" hoffen – ein Euphemismus, der für das Recht auf Religionsfreiheit und vor allem auch auf die authentische Ausübung der jeweiligen Kulte steht.

Zurzeit unterscheidet sich die Haltung des Papstes von der der anderen christlichen und nichtchristlichen religiösen Oberhäupter. Das Zeugnis, das er geben wird, wird ein Zeugnis der Entsagung und Maßhaltung sein und den zutiefst und ausschließlich religiösen Charakter seiner Mission verdeutlichen. Er folgt keiner Logik der politischen Nützlichkeit – sonst hätte er in einer derartigen Situation ganz sicher keine derartige Reise geplant.

Er macht sich auf den Weg, um dem Orient eine Botschaft der Identität und des Friedens zu bringen; um ein persönliches Zeugnis von der Anstrengung und der Verantwortung zu geben, die mit einer solchen Zielsetzung verbunden ist; und in derselben Geisteshaltung, in der Johannes Paul II. dem Volk Israel im Heiligen Land eine Botschaft der Vergebung gebracht hat. Den Brief, den Benedikt XVI. dieses Mal mit sich trägt, wird er nicht in der Klagemauer hinterlassen, sondern mit der Warmherzigkeit – und, sagen wir es ruhig, auch mit der Verletzbarkeit – einer persönlichen Präsenz überreichen.

Solche Erwartungen sind nicht nebensächlich, denn die religiösen Minderheiten in der Türkei leiden unter dem Fehlen einer rechtlichen Anerkennung, die ihre unterschiedlichen Identitäten und ihre wechselseitigen Beziehungen schützen könnte. Ganz davon zu schweigen, dass das Recht auf Religionsfreiheit im Artikel 18 der Allgemeinen Erklärung der Menschenrechte festgeschrieben ist und eine unverzichtbare Voraussetzung einer international anerkannten Legitimität bedeutet.

In jedem Fall aber kommt der Papst als Reisender, der seinen Weg vor langer Zeit angetreten hat. Der schon seit Tausend Jahren unterwegs ist und dessen Schritt sich in den vergangenen Jahren zusehends beschleunigt hat. Und eine Botschaft der „benachbarten Identität“ stellt – von der Gefahr, falsch verstanden zu werden, einmal abgesehen – immer eine großzügige Öffnung dar, die nicht ausschließlich politisch ist und sich nicht im Rahmen eines begrenzten und konjunkturellen Interessenkalküls begreifen lässt.

Es geht in diesem Fall nicht darum, das Abendland zu einen oder gegen die sich ausbreitende integrationalistische Gewalt zu verteidigen, und es geht erst recht nicht darum, dass die Kirche sich hinter der Identität eines in Gefangenschaft geratenen Königs verschanzt; es geht vielmehr darum, zuzuhören und aufrichtig darüber zu sprechen, was man ist, wie man denkt und was die eigenen Vorstellungen und Überzeugungen zu bedeuten haben.

Im Grunde hat das, was den Papst zu dieser Istanbuler Begegnung drängt, sehr viel mit jenen Beweggründen zu tun, die Thomas Mann als „Betrachtungen eines Unpolitischen" bezeichnet hat. Und heute ist es wichtiger denn je, dass jemand einen kühnen Schritt in diese Richtung tut. Auch wenn es ihn persönlich sehr viel kosten kann.

Wir stehen unzweifelhaft vor einem großen historischen Ereignis, und diese wichtige Begegnung und gegenseitige Anerkennung der gemeinsamen Identität wird nur stattfinden können, wenn alle dazu beitragen und wenn alle den Mut haben, die gefährlichste und heimtückischste Furcht von allen zu überwinden: die Angst, sich mit der eigenen Zeit auseinanderzusetzen.

Wer ist ein Laie?

Zurzeit wird viel über Laizität und Laizismus gesprochen, und das ist sicherlich kein Zufall. Ich wage die Prognose, dass dieses Thema noch über Jahre hinaus im Zentrum der öffentlichen Debatten stehen wird.

Im Grunde ist es ein alter Streit, ja, vielleicht ist es sogar die politische Diskussion schlechthin, die uns mittlerweile seit Jahrtausenden und womöglich schon immer mit ihrer unvermeidlichen Ambivalenz begleitet. Andererseits lässt sich der Begriff Laie bekanntlich unterschiedlich oder sogar widersprüchlich interpretieren und deuten.

Historisch gesehen war die Kategorie der Laien lange Zeit der der Priester gegenübergestellt. Ihr nicht immer ganz einfaches Verhältnis hat jedoch in der lateinischen Welt zumindest ein Gutes gehabt: Es hat eine klare und eindeutige Unterscheidung zwischen dem Politischen und dem Religiösen, zwischen Staat und Kirche ermöglicht.

Nach den ersten beiden Jahrhunderten einer echten Feindseligkeit des Staates gegenüber der noch jungen Kirche wurde das Imperium zunehmend christlich – zunächst formell mit Konstantin und dann, mit Theodosius, auch ideell. Seit dem vierten Jahrhundert fanden die christlichen Lebensregeln überdies auf dem juristischen Weg Einlass in die Organisation des zivilen Lebens.

Die Unterscheidung zwischen weltlich und geistlich hat sich schon in der Antike durchgesetzt, weil die Geschicke des Menschen, die sich auf dem persönlichen existentiellen und zeitlichen Lebensweg jedes Einzelnen verwirklichen, aus christlicher Sicht auf ein Schicksal ausgerichtet sind, das überhistorisch ist und sich in der Ewigkeit erfüllt. Deshalb unterschied man mit der Zeit immer deutlicher zwischen dem im eigentlichen Sinne religiösen und dem politischen Raum.

Außerdem verband sich mit dem Christentum eine zunehmende Relativierung der Politik: Über allen öffentlichen Angelegenheiten stand nun die Würde der menschlichen Person, und damit hatte die Politik an sich nichts Sakrales oder Göttliches mehr in sich. Langsam, aber sicher wurden den Exzessen der Macht die Zügel angelegt und sie erhielten ein ethisches Korrektiv: Missbräuche und Ungerechtigkeiten wurden begrenzt und wirkungsvoll kontrolliert.

Trotz alledem kam es im Mittelalter zu einer immer stärkeren Vermischung des zeitlichen und des geistlichen Bereichs, und diese Verschmelzung hat die großen Ideale des Christentums spürbar geschwächt.

In der Neuzeit wurde diese Zweiteilung in einen zeitlichen und einen weltlichen Bereich auf verschiedenen Etappen wiederhergestellt, wobei sich die Vergangenheit und das Misstrauen, mit dem die beiden „Gewalten“ einander begegneten, jedoch als ein schwieriges Erbe erwiesen. In der zweiten Hälfte des letzten Jahrhunderts hat die Situation endlich wieder zu ihrer ursprünglichen Klarheit zurückgefunden: Den Laien wurde die ausschließliche Rolle und ureigene Aufgabe zuerkannt, die irdische Stadt zu organisieren, ohne sich eine Einmischung vonseiten anderer gefallen lassen zu müssen.

In der heutigen Zeit ist es jedoch nicht ganz einfach, einerseits eine unnötige Präsenz der Amtskirche in zeitlichen Dingen zu vermeiden und andererseits zu garantieren, dass der Normalbürger nach wie vor die Möglichkeit hat, im öffentlichen oder sogar politischen Bereich seinen eigenen Glaubensüberzeugungen treu zu bleiben. Vor allem stellt sich die Frage, welche ethischen Grenzen ein Volk hinsichtlich der zivilen Gesetzgebung des Staates beachten muss. All das ist nicht nur unter einem konstitutionellen, sondern auch unter einem im eigentlichen Sinne menschlichen Blickwinkel wichtig.

Die Anerkennung der organisatorischen Unabhängigkeit des Staates und der uneingeschränkten Freiheit des Individuums hat neue Probleme aufgeworfen – an erster Stelle das Problem des umfassenden Verlusts von Kriterien und Werten, auf denen sich eine Gesellschaft aufbauen lässt.

Denn es kann nicht genügen, einfach nur für den negativen Wert der absoluten Unabhängigkeit des politischen vom religiösen Bereich einzutreten. Ein derart extremer Ansatz lässt vergessen, dass die Politik selbst dem Religiösen gegenüber bei aller Entschlossenheit niemals völlig gleichgültig sein kann. Die Religion nämlich hat erst an zweiter Stelle mit der Kirche, an erster Stelle aber mit den Personen zu tun, die Bürger und Gläubige sind. Und eine radikale Neutralität des Staates gegenüber jeder religiösen Frage kann dazu führen, dass alle grundlegenden Kriterien und Werte nur mehr hohle Floskeln sind, während die wirkliche Macht allein in den Händen derer liegt, die ihre Meinung am nachdrücklichsten zu artikulieren verstehen.

Es ist kein Zufall, dass ein Philosoph, der die Entwicklung der Moderne so aufmerksam verfolgt wie Jürgen Habermas, die Notwendigkeit verspürt hat, zu einer echten und eigentlichen „Diskursethik“ zurückzukehren, um zu verhindern, dass die Kommunikation als Werkzeug ohne moralische Regeln benutzt wird.

Ein extremer Laizismus stellt überdies nicht anders als der Klerikalismus eine ganz spezielle Form der Verschmelzung zwischen dem politischen und dem religiösen Bereich dar, die sich in einem apriorischen Ausschluss des religiösen Phänomens manifestiert und sogar zu einer ungerechtfertigten Einschränkung der persönlichen Freiheit führen kann.

Auch hier gilt es, Missverständnisse zu vermeiden.

Zwar kann die Politik des Staates von den religiösen Bekenntnissen der Bürger dieses Staates getrennt und unterschieden werden, doch ist es undenkbar, dass die Religionen im eigenen, ausschließlich zivilen Bereich zwangsläufig in die Sphäre des Gewissens verbannt und aus einem so authentisch menschlichen Raum wie dem der Politik herausgehalten werden sollen.

Wenn die Politik die Lebensorganisation des Menschen in der Gesellschaft betrifft, dann ist sie ein Vorrecht der Laien und muss sich durch menschliche Werte artikulieren, die von den verschiedenen religiösen Konfessionen geteilt und für grundlegend erachtet werden.

In diesem Sinne hat Ratzinger vor einigen Jahren Folgendes erklärt: „Während auf der einen Seite eine theokratische Konzeption abgelehnt und auf der Rationalität der Politik bestanden wird, schließen wir auf der anderen auch einen Positivismus aus, nach dem die Vernunft blind wäre für die moralischen Werte. Wir sind davon überzeugt, dass die Vernunft die Fähigkeit besitzt, die großen moralischen Imperative zu erkennen und auch die großen Werte, die bei allen konkreten Entscheidungen ausschlaggebend sein müssen."

Mithin ist die Politik von der Religion unterschieden, kann sich aber keine nichtethischen Ziele setzen, weil solche Ziele nicht die Kirche als Institution, sondern den Menschen in seinen freien und verantwortungsbewussten zivilen Entscheidungen und in seiner freien und verantwortungsbewussten Lebensorganisation betreffen.

Die Vorstellung von Werten, die der Politik von den Religionen aufgezwungen werden, lässt sich nicht mit einem wirklich demokratischen System vereinbaren, doch dasselbe gilt auch für eine Politik, die die Bürger – womöglich durch den Vorwurf des Klerikalismus – daran hindert, ethische Entscheidungen zu treffen und zu unterstützen, die mit ihrer eigenen Lebens- und Denkweise übereinstimmen.

So verstanden kann Freiheit nur entstehen und wirken, wenn sie sich als politischer Wille zum Gemeinwohl artikuliert: als Ausdruck wirklich gemeinsamer Werte und nicht einfach nur als Verteidigung dessen, was man erlaubterweise tun darf, ohne eine Straftat zu begehen.

Während also die Politik darauf verzichten muss, in Vorgänge einzugreifen, die den explizit religiösen Bereich betreffen, und die Kirche ihrerseits nicht direkt in Form einer ungebührlichen Einmischung in explizit politische Vorgänge eingreifen darf, trifft es andererseits auch zu, dass die Politik nicht von der Religion getrennt werden kann, ohne an Konsistenz, Dichte und einer nicht nur menschlichen, ethischen Gültigkeit zu verlieren.

Im Grunde gibt es einen wesentlich religiösen Raum innerhalb der Politik, und dieser Raum ist der Bereich der grundlegenden Werte und drückt sich in den Regeln aus, die ein Volk sich hin und wieder freiwillig gibt.

Es versteht sich von selbst, dass ein gläubiger oder nichtgläubiger Normalbürger jedes Recht hat, konkret am zivilen Leben teilzunehmen und eine Politik anzustreben, die mit seinen eigenen ethischen Werten übereinstimmt, seien diese nun religiös oder nicht.

Auch als gläubiger Katholik bleibt er ein Laie und kann von keiner Instanz dazu gezwungen werden, ein Amtskatholik zu werden, im Gegenteil: Wie alle anderen Bürger auch behält er das Recht, für diejenigen Werte einzutreten, die er für die richtigen hält, und mit denjenigen nicht übereinzustimmen, die er für ungerecht hält. Es muss ihm frei stehen, sich persönlich zu engagieren, um seine eigenen Vorstellungen auch politisch umzusetzen.

Diese Sichtweise ist vor allem deshalb gültig, weil es für einen echten Laien nur eine einzige Alternative zu einer derartigen – nicht laikalen – Haltung gibt, und das ist die Heuchelei. Die Heuchelei aber ist weder eine religiöse noch eine politische Tugend.

Freiheit und Engagement für die Wahrheit

Die Äußerungen des Präsidenten der Republik über eine neue Blütezeit in den Beziehungen zwischen Staat und Kirche haben in den vergangenen Monaten eine kulturelle Debatte angestoßen, die nicht nur in der italienischen Gesellschaft wieder sehr präsent ist. Natürlich will er seine Worte nicht nur auf die positive Fruchtbarkeit eines bereits bestehenden Dialogs zwischen den Institutionen, sondern auf etwas Entscheidenderes und Wichtigeres bezogen wissen: die Suche nach einer gemeinsamen Wertebasis.

Andererseits muss man zugeben, dass die aktuelle Situation selbst mit ihren Problemen und Ambivalenzen geradezu nach solchen Bezugspunkten schreit. Und das heutige Klima scheint in vielerlei Hinsicht weniger ideologisch als in der Vergangenheit: Es gibt ein Bewusstsein dafür, dass zahlreiche Optionen aufgrund ihrer anthropologischen Tragweite nicht überhastet und kurzfristig durch eine schlichte Übereinkunft zwischen den Protagonisten ausgeübt werden dürfen.

Wir kennen die Probleme, die den Menschen mit der Notwendigkeit konfrontieren, über sich selbst und das Schicksal der Gemeinschaft zu entscheiden: Krieg, Konflikte zwischen verschiedenen Kulturen, die Zunahme der Gewalt in den Städten, die Umweltproblematik, die erschreckende Begrenztheit der derzeitigen finanziellen und wirtschaftlichen Weltordnung, die neuen und alten Armutsschichten und vor allem die Themen, die die Natur und Würde des Menschen und zwischenmenschliche Beziehungen wie etwa die Institution Familie betreffen. Bei all diesen Fragen handelt es sich keineswegs nur um Forschungsobjekte für spitzfindige Soziologen, sondern um wirkliche Probleme unseres Alltagslebens, mit denen man sich auf angemessene Weise auseinandersetzen muss.

Wenn wir vermeiden wollen, das die Diskussion über so grundlegende Fragen in eine Art „Holzweg“ einmündet, wie der Philosoph Martin Heidegger den Weg seines Denkens beschrieb, dann dürfen wir uns nicht damit begnügen, diese Probleme gründlich zu analysieren, sondern wir müssen Antworten finden, die in rationaler Hinsicht zufriedenstellend, eindeutig und möglichst beständig sind.

Und genau hier stoßen wir bereits auf die erste große Schwierigkeit.

Der Dialog setzt zumindest eine minimale gemeinsame Basis voraus; doch wenn man diese gemeinsame Basis in der Anthropologie finden will, muss man sich letztlich dazu durchringen, eine „Wahrheit“ über den Menschen auszusagen. Gerade damit aber scheint sich das moderne Denken heute schwerzutun. Gemeinsame Lösungen sind offenbar nur dann akzeptabel, wenn sie auf befristeten Verträgen beruhen, die individuelle Entscheidungen für eine begrenzte Zeit festschreiben. Das Sprechen vom Gemeinwohl dagegen beschwört einen absolutistischen Wahrheitsbegriff herauf, den man mit dem Pluralismus unserer Gesellschaften für unvereinbar hält.

Wir sollten uns allerdings fragen, ob das wirklich so ist. Und ob wir unseren Dialog auf eine so unsichere Ausgangsbasis stellen können.

Die erste Beobachtung, die wir machen müssen, ist anthropologischer Natur. Wenn wir nämlich vom Menschen sprechen, dann sprechen wir von uns, von dieser unserer existentiellen Seinsweise, die ein „Geheimnis“ ist, wie der französische Philosoph Gabriel Marcel es gerne genannt hat. Und der Blick auf das klassische Denken lehrt uns, dass die großen Philosophen nie aufgehört haben, über dieses „Geheimnis des Menschen“ nachzudenken – und dass sie es nie losgelöst von der „Wahrheit“ betrachtet haben.

Diese beiden Aspekte sind so eng miteinander verwoben, dass ein Philosoph wie Platon es der geheimnisvollen Sprache der Dichter überlassen hat, die großen menschlichen Leidenschaften zu beschreiben. Auf der anderen Seite nehmen „Geheimnis“ und „Wahrheit“ auch in der modernen Sichtweise, von der wir zu Beginn ausgegangen sind und die sich ganz auf die individuelle Freiheit konzentriert, eine zentrale anthropologische Stellung ein.

Ich glaube, genau das ist der entscheidende Punkt, denn gerade der Relativismus verurteilt jede mögliche Suche nach einer gemeinsamen Wertebasis zum sicheren Scheitern. Und in dieser Hinsicht halten gerade die Überlegungen der Philosophen bei näherem Hinsehen einige unerwartete Überraschungen bereit. Zum Beispiel begnügt sich ein echter Vater der Moderne wie Tocqueville in seiner Beschreibung der liberalen amerikanischen Gesellschaft nicht damit, nur deren unverzichtbare individualistische Grundlage anzuerkennen, sondern würdigt auch die positiven Folgen und die ganz konkreten Verpflichtungen, die sich daraus ergeben. Die persönliche Freiheit nämlich ist eine ethische Voraussetzung, die den Einzelnen entschieden dazu verpflichtet und auffordert, sich für seine eigene Wahrheit zu engagieren – und besteht eben nicht nur in der Unabhängigkeit des Einzelnen von jedem Wert, jeder Bedingtheit oder jeder Verantwortung.

Persönliche Freiheit ist also der erste, echte und eigentliche Pfeiler einer in sich stimmigen Sicht des Menschseins und der Gesellschaft – und kein isolierter und ausschließlicher Wert, der den Einzelnen davon entbinden könnte, sich effektiv zu engagieren. Freiheit setzt immer voraus, dass das Individuum sich aktiv auf ein gemeinsames Ziel ausrichtet und Kurs auf den Hafen hält, den die gesamte Menschheit ansteuert. Dieses Ziel ist wie ein Kompass, der den verschiedenen Lebenswegen die Richtung weist.

Natürlich werden die persönlichen Rechte mit Füßen getreten, wenn es an individueller Freiheit fehlt, doch auch ohne ein klares Ziel verliert der Einzelne die Richtung und letztlich sich selbst. Der Wert der Familie beispielsweise beruht genau auf dieser engen Verbindung zwischen menschlicher Freiheit und menschlicher Wahrheit.

John Rawls, ebenfalls ein von der Tradition des amerikanischen Liberalismus geprägter Philosoph, scheint dies alles ganz ähnlich zu sehen, denn auch sein Entwurf einer lebenswerten und auf Gleichheit basierenden Gesellschaft kommt nicht ohne ein Minimum an objektiven Gerechtigkeitskriterien aus.

Das liegt daran, dass der Mensch seine Freiheit nicht einfach „bewahren“ kann, sondern sie immerzu und ständig „gebrauchen“, ja, was die Vielzahl der nicht gewählten Möglichkeiten betrifft, geradezu „verschwenden“ muss. Denn das ist die Eigenart des Menschen: Jedes

Mal, wenn er zu etwas oder jemandem ja sagt, sagt er damit gleichzeitig nein zu der unendlichen Menge der ebenfalls bestehenden anderen Optionen. Eine menschliche Entscheidung beinhaltet immer die rationale und freie Auswahl dessen, wofür man sich entscheidet, und den Ausschluss alles Übrigen. Die Alternative sind Unverbindlichkeit und Selbstverschwendung, und diese beiden bringen nicht nur Unbeständigkeit, sondern auch Einsamkeit, Angst und Verzweiflung hervor.

Fraglos sind wir in unserem Leben zu präzisen Entscheidungen aufgerufen, wenngleich die Momente, bei denen es um eine „dauerhafte" und „endgültige" Wahl geht, glücklicherweise nicht sehr zahlreich sind. Doch es ist gut, vorbereitet zu sein, denn auch solche Situationen kommen unweigerlich auf uns zu: eine berufliche Chance, eine familiäre Verpflichtung, ein Engagement, zu dem wir uns entschließen, oder sogar der Entschluss, uns eben nicht zu engagieren.

In schwierigen Lebenslagen wird uns bewusst, dass wir einen nur geringen Beliebigkeitsspielraum haben, an dem sich die Zerbrechlichkeit unserer Freiheit, aber auch unsere persönliche Beziehung zur Wahrheit misst. Denn im Extremfall, das spüren wir, scheitern alle mit uns, wenn wir einen Fehler machen. Und genauso bleibt auch im Falle eines Erfolgs das persönliche Resultat einer „heroischen" Entscheidung niemals unsere Privatsache.

Der Tod eines Freundes half Augustinus von Hippo, zu sich selbst zu finden. Und wir wissen, dass er durch die Erfahrung dieses furchtbaren Kummers letztlich über sich selbst hinaus zur transzendenten Wahrheit seines Lebens fand.

Zweifellos versucht jeder, seine eigenen Entscheidungen ehrlich und verantwortungsvoll zu treffen. Denn im Grunde gibt es nur einen Irrtum: dass man größere Freiheit erlangt, indem man sich von allen absondert, nichts „für immer" wählt und auf diese Weise allen endgültigen Lebensentscheidungen aus dem Weg geht.

Wenn wir uns der Wahrheit entziehen, verzichten wir darauf, uns auf etwas Wichtiges einzulassen. Wir entscheiden uns im Grunde dafür, uns nicht zu entscheiden, und verzichten damit nicht nur auf unsere eigene Verantwortung, sondern auch auf unsere authentische Freiheit. Dann aber ergeht es uns wie Gontscharows Oblomow: Wir lassen andere für uns entscheiden.

„Der letzte Schritt der Vernunft", schreibt Pascal, „ist die Erkenntnis, dass es eine Unendlichkeit von Dingen gibt, die sie übersteigen." Zu diesen Dingen gehört ganz sicher auch die unverzichtbare Wahrheit: jenes Etwas, das die Menschen auf den eindeutigen Kurs des Gemeinwohls bringt.

Natur und Ordnung des Universums

Zwei außergewöhnliche Ereignisse haben unsere Aufmerksamkeit für einen Moment von den irdischen Dingen ab- und auf den Himmel gelenkt. Damit meine ich nicht den Himmel als den Ort des Unkörperlichen, sondern den Sternenhimmel über uns, von dem Kant gesprochen hat, als er sagte, neben dem Sittengesetz sei das Universum am ehesten in der Lage, der Seele Bewunderung und Staunen einzuflößen.

Vor kurzem hat die Raumsonde Cassini berückend schöne Bilder des Planeten Saturn mit seinen Ringen und Satelliten zur Erde geschickt. Sie komplettieren die außergewöhnlichen Fotos, die Pioneer 10 und Voyager I und II bereits Ende der Siebziger- und Anfang der Achtzigerjahre geliefert hatten. Auch ein nicht perfekter Blick auf die nahegebrachten Einzelheiten dieser so weit entfernten Region unseres Sonnensystems lässt die grenzenlose und rätselhafte Pracht des gesamten kosmischen Weltraums erahnen.

Das andere, zumindest für einen gewöhnlichen Beobachter wie mich, überraschende Ereignis war natürlich die totale Mondfinsternis, die an einem glücklicherweise wolkenlosen Samstag bei uns sehr gut am Nachthimmel zu sehen war.

Zwei auch in ihrer Bedeutung sehr unterschiedliche astronomische Episoden, die dennoch geeignet sind, in uns ein gemeinsames Interesse und eine gemeinsame Aufmerksamkeit für die Weite zu wecken, die uns umgibt.

Es versteht sich von selbst, dass es hier nicht darum gehen kann, eine irgendwie romantische Naturvorstellung heraufzubeschwören oder anzudeuten, dass das, was uns alltäglich umgibt, nicht ebenso staunenswert wäre. Manchmal ist es jedoch wichtig, die Freude an der uneigennützigen Beobachtung der Natur wiederzuentdecken und damit jene Motivation neu zu beleben, die schon Darwin zufolge am Anfang der Evolution der Arten gestanden hat. Und die den Menschen dazu treibt, die Geheimnisse der natürlichen Welt immer besser, das heißt mit immer größerer Perfektion zu entdecken und zu erforschen.

Ich weiß nicht, ob wir die Auffassung aufrechterhalten können, die die positivistischen Philosophen zu Beginn des 20. Jahrhunderts vertreten haben: dass die Grenze des Wissens immer näher rückt und irgendwann definitiv erreicht sein wird. Vielleicht ist es heute realistischer zu sagen, dass wir uns mit kleinen Schritten innerhalb der unauslotbaren Vielfalt des Wirklichen begnügen müssen.

Es fällt jedoch auf, dass die Wissenschaft im Allgemeinen und die Physik, Biochemie und Medizin im Besondere heute dazu neigen, ihre Erkenntnisse zwar einerseits stetig zu erweitern, den Erkenntnisraum aber andererseits immer stärker einzugrenzen und sich in ihrem Forschen auf immer kleinere und daher besser kontrollierbare Aspekte zu konzentrieren. Diese Vorgehensweise gefährdet womöglich das anfängliche Staunen angesichts des Unerforschten – jene Überraschung vor dem Unbekannten, die hingegen durch Bilder wie die vom Saturn oder durch ungewöhnliche Ereignisse wie eine Mondfinsternis wieder geweckt werden kann.

Die Erforschung der Natur war schon immer von dem menschlichen Wunsch motiviert, den Dingen einen Sinn zu geben. Der Mensch träumt unablässig davon, die Wahrheit um sich her zu entdecken – ein Traum, der bei praktisch jedem Philosophen und Wissenschaftler der Antike und der Moderne Spuren hinterlassen hat. Diese elementare menschliche Sehnsucht haben wir im Grunde von den alten Griechen geerbt.

Platon beispielsweise bezeichnete mit dem Wort Logos nicht nur die auf die transzendenten Gottheiten zurückführbare Sinnerklärung, sondern auch die Bedeutung und Logik, die sich aus der Natur der Dinge selbst ergeben und direkt von der menschlichen Intelligenz erfasst werden können.

Aristoteles, der eigentliche Vater der westlichen Wissenschaft, stellte sich die Natur als einen Prozess zeitlich geordneter Ereignisse vor, die der Vollkommenheit entgegengehen. Und die Schönheit, die der Mensch an Naturschauspielen wahrnehmen kann, resultiert eben aus dieser rationalen inneren Ordnung.

Einerseits fällt es uns heute aufgrund unseres wissenschaftlichen Weltbilds also schwerer, diese ausgewogene Ordnung der Wirklichkeit zu erkennen, doch andererseits ist die Frage nach Sinn und Logik der Natur eine Voraussetzung, die wir nicht einmal heute so ohne weiteres aufgeben können.

Ein moderner Philosoph wie Gentile beispielsweise, der für seine Abneigung gegenüber banal spiritualistischen Erklärungen bekannt war, nahm an, dass die Natur in sich eine Kraft besitzt, die auf die transzendente Logik des Kosmos verweist. Und wir wissen sehr wohl, dass auch die modernen Physiker vorzugsweise nicht von einer chaotischen physikalischen Natur ohne notwendige innere Ordnung ausgehen. So ging etwa Albert Einstein mit absoluter Sicherheit davon aus, „dass eine mit religiösem Gefühl verwandte Überzeugung von der Vernunft bzw. Begreiflichkeit der Welt aller feineren wissenschaftlichen Arbeit zugrunde liegt".

Im Grunde beruht die Größe aller wissenschaftlichen Errungenschaften in ebendieser unserer Fähigkeit, uns von jenen reduktionistischen Fesseln zu befreien, die Jacques Monod „das reine Wie der Dinge" – also die bloße Beobachtung der Phänomene – nannte, und unsere eingeschränkte Sicht der Wirklichkeit zu weiten.

Sich das Universum als das Resultat einer zufälligen Ereigniskette vorzustellen ist – dieser Vergleich stammt von Etienne Gilson und hat mich schon immer fasziniert – ein bisschen so, wie einen Billardtisch zu beobachten, auf dem alle Kugeln ins Loch gehen, ohne darüber nachzudenken, dass es offenbar jemanden gibt, der sich darauf versteht, die Kugeln in der richtigen Weise anzustoßen. Eine solche Situation wäre so wenig rational, dass man sie im Grunde nicht einmal als wissenschaftlich bezeichnen könnte, weil es ihr an ebenjenem Logos, ebenjener natürlichen Folgerichtigkeit fehlt, die die unverzichtbare und nicht zu unterdrückende Erklärung der beobachteten Ereignisse ist.

Zu denken, dass die Welt in all ihrer Schönheit und Harmonie, die uns jetzt dank der Fernsehbilder wieder neu bewusst geworden sind, ein Produkt des Zufalls sein soll, ist ein bisschen so, als würden wir eine Tüte aufreißen, die das komplette Alphabet enthält, sie auf den Boden entleeren und erwarten, dass auf diese Weise spontan die „Göttliche Komödie“ entsteht.

Entscheidend ist, dass wir uns nicht bei einem einzelnen, zusammenhanglosen Detail aufhalten, sondern uns Schritt für Schritt auf die Suche nach dem eigentlichen Geheimnis begeben, das in der Natur verborgen ist. Und uns dabei bewusst machen, dass es sich in jedem Fall und immer um eine Wahrheit handelt, die der menschliche Verstand zuerst begreifen muss, um sie sich dann anzueignen, sie zu erfassen und sie zu nutzen – ausschließlich zu dem Zweck, das Leben aller zu ermöglichen und zu verbessern.

Die immer aktuelle Frage der Politikverdrossenheit

Unter dem Titel „Building Trust in Government“ hat sich ein internationaler Kongress in Wien sehr eloquent mit einem der spürbarsten Probleme unserer historischen Epoche befasst. Die zahlreichen Vorträge der Teilnehmer haben das fehlende Vertrauen als eigentlichen Kern der Konsenskrise ausgemacht, die derzeit beinahe alle europäischen Demokratien erschüttert.

Und in der Tat sind die beiden Faktoren Autorität und Vertrauen aufs Engste miteinander verbunden. Die Bürger beteiligen sich am politischen Prozess, indem sie ihre Souveränität vertrauensvoll in die Hände von Institutionen legen, die ihre Legitimität wiederum dem effektiven Willen der von ihnen vertretenen Bürger verdanken. Diese sensible Beziehung ist das eigentliche Fundament der Demokratie. Und wenn diese Beziehung beschädigt wird, treten tiefe Krisen auf, die dem, was derzeit in Italien geschieht, in vieler Hinsicht ähneln.

Ein derartiger Volksaufstand ist nicht neu und vielleicht nicht einmal unbedingt schlimm, auch wenn er Anlass zum Nachdenken gibt. Denn es handelt sich um ein psychologisches Phänomen der Ratlosigkeit, das in den Handlungen und Verhaltensweisen der Völker tief verwurzelt und immer präsent ist.

Nicht selten hat die Politik sich diese sozialen Faktoren zunutze gemacht, um neue Konsense zu schaffen oder die bestehenden zu kritisieren. So haben die Sophisten im antiken Athen die Unzufriedenheit der Bürger mit der Aristokratie als stabile Grundlage benutzt, um nicht nur neue Anhänger zu gewinnen, sondern überdies auch ihre „Schulen" zu finanzieren.

All das ist durchaus nachvollziehbar.

Andererseits wird der Diskurs natürlich komplexer, wenn man nicht über die Gesellschaften des Altertums, sondern über die der Gegenwart spricht. Das hat damit zu tun, dass die Ordnung unseres Gemeinwesens sich auf demokratische Regierungsformen stützt und diese ihrerseits auf die Tragfähigkeit der Volkssouveränität angewiesen sind – die jedoch immer manipuliert werden kann.

Gewiss wird es durch die Komplexität unseres Lebens äußerst schwierig, sowohl über die Tag für Tag erlebten Ereignisse als auch über das angemessen informiert zu sein, was in der politischen Debatte geschieht. Das führt zu einer häufig unüberbrückbaren Distanz zwischen der politischen Klasse und den Bürgern. Diese Entkupplung von politischem und realem Leben schafft ein Klima, in dem Demagogie und Hoffnungslosigkeit bestens gedeihen.

Dass dies tatsächlich geschieht, ist unverkennbar, und es ist wichtig zu verstehen, welche Motive sich wirklich hinter diesem so breiten

Vertrauensverlust unter den Bürgern und den daraus folgenden undifferenzierten Protesten verbergen.

Das Problem wurzelt nahezu immer in einem Verlust der Hoffnung, der letztlich alles, auch die Politik, in einen Strudel des allgemeinen Pessimismus hineinreißt.

Denn die Politikverdrossenheit ist nicht nur der auffälligste politische Ausdruck eines fehlenden Optimismus bei den Wählern, sondern auch ein deutliches Signal für mangelnde Ideen und wenig überzeugende Projekte aufseiten der Politik selbst.

Die Demokratie stützt sich, wie Stefano Rodotà bemerkt hat, ausschließlich auf die ständige Beteiligung der Bürger am Leben der Institutionen. Doch damit dies gelingen kann, müssen die Institutionen ihrerseits den Bürger dazu motivieren, eine aktive Rolle zu spielen. Und sie müssen diese Rolle interpretieren und durch die Ausübung ihrer repräsentativen Funktion Wirklichkeit werden lassen. Wenn diese Beteiligung fehlt, ist die Demokratie unvollständig, stürzt in eine Krise und funktioniert allenfalls teilweise.

Auf der anderen Seite war das wechselseitige Vertrauen zwischen Regierenden und Regierten, wie unter anderem der Historiker Walter Ullmann gezeigt hat, in allen Epochen untrennbar mit der Entwicklung der staatsbürgerlichen Identität verbunden. Denn die vertrauensvolle Reaktion der Bürger ist abhängig von der eigentlichen Zielsetzung und Botschaft der Politik. Und ohne eine solche werden die Menschen den Politikern nur schwerlich Glauben schenken.

Max Weber hat diese Situation aus soziologischer Sicht und mit gewohnter Prägnanz erklärt, dass von der Politik zu leben etwas ganz anderes ist, als für die Politik zu leben. Nur im zweiten Fall nämlich ist die Politik von dem Bewusstsein angetrieben, „dem eigenen Dasein dadurch einen Sinn zu geben, dass man einer Sache dient".

In der Tat ist es ein großer Unterschied, ob man ein Ziel verfolgt oder benutzt. Entscheidend ist, dass ein Konsens nur dann zustande kommen kann, wenn die Politiker den Eindruck erwecken, im Dienst des Gemeinwohls zu stehen. Dann wird ihre Funktion nicht nur von allen als wichtig wahrgenommen, sondern verdient wirklich Vertrauen und Respekt.

Dieser Faktor zieht eine klare Trennlinie zwischen dem Besitz von Autorität und der Autorität des Amtsträgers. Denn die mit einem Amt verbundene Macht erscheint nur dann gerechtfertigt, wenn sie ein Werkzeug im Dienst einer realen, nützlichen und wichtigen Sache ist.

Der Philosoph Carl Schmitt hat zu Recht erklärt, dass die Politik, wenn sie die ihr eigenen Ziele aus den Augen verliert, Gut und Böse unweigerlich mit dem Besitz oder Nichtbesitz von Macht identifiziert und damit einen Boden bereitet, auf dem Korruption und allgemeine Gleichgültigkeit gedeihen.

Und das ist verständlich: Entweder besitzt die Politik eine ihr eigene Würde und Glaubwürdigkeit, oder sie stellt sich auf eine Stufe mit den anderen individuellen Freiheiten und wird infolgedessen als unerträglicher Missbrauch wahrgenommen, den es um jeden Preis abzustellen gilt.

Die politikverdrossene Profanisierung, die wir heutzutage beobachten und die wir in der Vergangenheit als Begleiterscheinung zahlreicher Diktaturen kennengelernt haben, entsteht immer dort, wo die Politik jegliches idealistische und programmatische Projekt verrät und ausschließlich nach Machterwerb giert. Und ebendiese Macht will das Volk beseitigt sehen. Eine so drastische Maßnahme allerdings führt zur Entstehung einer noch größeren Macht – und bedeutet das Ende der Demokratie.

Denn wenn die Macht keinem übergeordneten Ziel mehr dient, macht sie sich selbst zur letzten Begründung allen Handelns. Und leider auch aller Zerstörung.

Auf menschlichen Wegen der Hoffnung entgegen

Die neue Enzyklika von Benedikt XVI., die am 30. November 2007 veröffentlicht worden ist, trägt nicht zufällig den Titel „Spe salvi", „Auf Hoffnung hin gerettet".

Der Titel gibt wie üblich die ersten Worte des Schreibens wieder und verweist bereits auf den Hauptinhalt des Dokuments: Es handelt sich um eine theologische Studie über die Tugend der Hoffnung.

Schon beim Lesen der ersten Sätze wird klar, dass wir es mit einem schwierigen und alles in allem heiklen Thema zu tun haben. Der Papst legt der zeitgenössischen Welt eine komplexe und logisch begründete Betrachtung zu einer der grundlegenden Fragen des Menschen vor und geht dabei von einem derzeit weit verbreiteten Mangel an Optimismus aus.

Benedikt XVI. zeigt, dass der Mensch beinahe immer der Versuchung ausgesetzt ist, das Vertrauen zu verlieren: In der Geschichte wimmelt es nur so von deutlichen Anzeichen nicht nur für einen unendlichen Fortschritt, sondern auch für ein mangelndes Vertrauen in die Zukunft und für eine große Unsicherheit, was das Morgen betrifft.

Aufgrund dieses beständigen Widerspruchs ist die Hoffnung in den unterschiedlichsten Epochen der Geschichte immer ein Thema gewesen und geht alle Kulturen an.

In der griechischen Welt gab es sogar eine ganz besondere Form des Pessimismus, die auf der Gewissheit beruhte, dass „die Gesetze der Materie die Welt regieren" und dass unser Leben von geheimnisvollen und rätselhaften Kräften gelenkt wird. All das bedeutete damals wie heute, dass man den persönlichen Sinn des Daseins aus den Augen verlor und damit einen authentisch menschlichen, freien und zum Möglichen hin aufgeschlossenen Blickwinkel aufgab.

Auf diesen schmerzlichen Mangel an Glück haben das menschliche Handeln und der christliche Glaube jedoch eine wirkungsvolle Antwort gegeben. Mit dem Christentum haben die Menschen eine neue Dimension der Hoffnung und eine neue Zuversicht gefunden und praktiziert, die sich in der Verheißung eines ewigen Morgen ausdrückt, sich in konkreten Handlungsweisen manifestiert und potentiell von allen gedacht und gelebt werden kann.

Zu diesem Ziel, das der frühere kosmische Materialismus nicht hatte erreichen können, ist der Mensch zuerst durch seinen Verstand und dann vollends durch den christlichen Glauben gelangt. Denn letzterer „ist nicht nur ein persönliches Ausgreifen nach Kommendem, noch ganz und gar Ausständigem; er gibt uns etwas", will sagen: Er bietet uns schon jetzt etwas Neues.

Die letzte Bedeutung des christlichen Glaubens besteht schlussendlich darin, dass er die Hoffnung auf ein reales, kommendes Glück und auf eine heilserfüllte Zukunft unveräußerlich in sich trägt: eine Zukunft, die zwar nicht vorhergesehen werden kann, die uns aber vom anderen in Person zugesagt und garantiert ist.

Benedikt XVI. stellt uns somit durch eine wesentliche Überlegung den eigentlich revolutionären Aspekt des Christentums vor, erklärt seinen religiösen Ursprung und erläutert, inwiefern er dem innersten Trachten des Menschen entspricht.

Warum aber fällt, wenn das alles zutrifft, der heutigen Welt das Hoffen so schwer? Die Gründe dafür sind vielfältig, und der Papst weicht einer eingehenden Analyse der verschiedenen menschlichen Irrwege in der vergangenen Geschichte nicht aus.

Zu Beginn des modernen Zeitalters entstand dank der Impulse der Wissenschaft ein neuer Zukunftsoptimismus, der durch ein wachsendes Vertrauen in die praktischen Errungenschaften der menschlichen Tätigkeit bedingt war. Die durch den Glauben bewirkte geistliche Hoffnung fand schon bald ihr Pendant in einer Fortschrittsgläubigkeit, die sich gänzlich auf die Zeit und die Geschichte richtete. Der Papst weist in seiner Enzyklika darauf hin, dass die beiden Phänomene – das religiöse und das wissenschaftlich-technische – zu Anfang Hand in Hand gingen und fruchtbare Synergien zuließen.

Zuweilen aber beschränkte sich diese unbedingte Zuversicht, mit praktischen Mitteln „ein vollkommenes menschliches Reich" verwirklichen zu können, auf das ausschließliche Erreichen materialistischer Ziele.

Benedikt XVI. stellt in diesem Kontext einen knappen Vergleich mit einigen bedeutenden philosophischen Strömungen in der Kultur des 20. Jahrhunderts an, die nur allzu oft zu einem Verlust an Freiheit und Menschlichkeit geführt haben. Grundlage solch utopischer Versuche ist ein gerechtfertigtes Vertrauen in den Fortschritt, auch wenn dieser immer zum Verräter an seinen eigenen Glücksverheißungen werden kann. Diese Gefahr hängt damit zusammen, dass eine authentische Entwicklung der Welt nicht ohne ein angemessenes „sittliches Wachstum der Menschheit" möglich ist.

Das gibt dem Papst Gelegenheit, eine neue Perspektive der Hoffnung aufzuzeigen. Auch heute besteht Hoffnung – wir müssen nur die Frage, worauf wir wirklich hoffen dürfen, richtig beantworten. Ja, denn während der materielle Fortschritt immer weitere aufeinander aufbauende Resultate zutage fördert, muss der moralische Fortschritt, der sich auf die Freiheit gründet, in jedem Menschen immer wieder neu beginnen. Er muss innerlich immer wieder neu geboren werden. Er muss sich in wirkungsvollen gemeinschaftlichen Verhaltensweisen ausdrücken und kann nicht an individuell erzielten äußerlichen Resultaten abgezählt und gemessen werden. Ein menschlicher Fortschritt kann, weil er immer auch Fortschritt in der Freiheit ist, nicht „von außen" erreicht werden, sondern setzt eine freiwillige Beteiligung und Mitwirkung der einzelnen persönlichen Individualität am Gemeinwohl voraus.

Das ist der Grund dafür, dass das menschliche Wachstum als Entwicklung niemals abgeschlossen ist. Weil dem Mensch immer noch die Möglichkeit bleibt, auf seine eigene Zukunft zu hoffen und persönlich an sie zu glauben. Oder sie zu verraten. Ein absoluter Fortschritt dagegen würde die persönliche Freiheit und damit auch die Hoffnung zunichtemachen, die die Menschen in die Zukunft setzen.

Laut Benedikt XVI. kann der Mensch also auch in der Gegenwart wieder eine echte Quelle der Hoffnung finden, sobald er sich auf ein Gut ausrichtet, das wirklich seinen Bedürfnissen entspricht, also seiner

Natur. Dieses Gut erschöpft sich jedoch nicht in der Zeit, denn unser heutiges Leben ist unfähig, die Ewigkeitssehnsucht zu stillen, die wir in uns tragen und der wir alle unermüdlich nachgehen.

Es ist also wichtig, dass wir verstehen, wie wir diese Hoffnung zurückgewinnen und fähig werden, engagiert zu handeln – das heißt gestützt auf eine authentisch menschliche Zuversicht in einen positiven, glücklichen Ausgang der Geschichte. Der Glaube kommt diesem natürlichen Bedürfnis gerade deshalb entgegen, weil er es dem Menschen erlaubt, einen „Mehrwert“ zu erwerben, sich eine Hoffnung zu eigen zu machen. Nicht durch das, was getan worden ist. Nicht aufgrund der bereits erzielten Ergebnisse. Sondern dank der Gabe der Hoffnung, die wir in den Situationen unseres Alltags unermüdlich zu erlangen suchen.

In diesem Zusammenhang legt der Papst dar, dass nichts mit der Hoffnung zu vergleichen ist, weil es sich um eine Einstellung handelt, die sich nicht berechnen, sondern nur an der vollkommenen Hingabe der anderen messen lässt. Denn es wird uns in unserem Leben nur dann gut ergehen, wenn wir das beglückende Wissen um all die Dinge in unserem Herzen tragen, die wir unserem Nächsten verdanken.

Auf diese Weise bringt der Papst über all die vielfältigen Sinnangebote unserer heutigen Kultur hinaus die authentische Bedeutung der Hoffnung zum Ausdruck: als ein unerwartetes Geschenk, dass wir nicht alleine hervorbringen, sondern nur entgegennehmen können.

Diese Sicherheit, dieses beständige Streben ist jedoch kein passives Warten auf eine unerreichbare Zukunft, sondern die aktive Sehnsucht nach einem gegenwärtigen Geschenk. Denn nur so kann auch in den jähen Umschwüngen unserer aktuellen Geschichte noch ein menschliches, wahres und tröstliches Bild der Hoffnung entstehen.

Der Mensch trägt eine nicht zu unterdrückende und beständige Sehnsucht nach Hoffnung in sich, die ihn der ewigen Glückseligkeit entgegenführt. Deshalb kann er, auch wenn er nicht imstande ist, die Realität der Welt ganz und gar zu heilen und zu verwandeln, dennoch sein authentisches Heil finden. Besser gesagt, es sich von einem anderen schenken lassen.

Die Grundwerte der Demokratie

Ich möchte hier nur einige wenige Beobachtungen zu einer Frage formulieren, die sich in den vergangenen Tagen mit neuer Aktualität gestellt hat und die Gewissensfreiheit und gleiche geschlechtliche Würde der Bürger thematisiert. Wohlgemerkt: Ich spreche nicht von Homosexuellen. Ich spreche von Personen. Fragen wie diese rühren an die eigentlichen Werte der Demokratie – Werte, auf die, wie ich meine, wohl niemand ernsthaft verzichten will.

Deshalb ist es sehr wichtig, einen Moment innezuhalten und über die Bedeutung der Dinge, die gesagt, und der Begriffe, die verwendet worden sind, nachzudenken.

Zunächst einmal hat das Leben in einem demokratischen Staat eine ganz besondere Bedeutung, weil es eine breite Basis gemeinsamer Werte betrifft und voraussetzt wie etwa die Freiheit der Bürger und ihre Ausübung in der gesellschaftlichen Realität. Die demokratische Ordnung nämlich ist eine Regierungsform, in der sich die Bürger eben nicht damit begnügen müssen, dass ihnen hin und wieder irgendjemand dieses oder jenes Recht oder diese oder jene Freiheit einräumt. Unsere Demokratien gründen sich vielmehr auf die unerschütterliche Anerkennung einer Reihe unveräußerlicher Rechte und auf die gleiche und von allen zutiefst gelebte Würde aller Menschen.

In Italien sind diese absolut grundlegenden Werte in den Artikeln 2 und 3 der Verfassung festgeschrieben, und das ist alles andere als eine abstrakte Formalität oder Selbstverständlichkeit: Die Grundwerte der Demokratie eines großen Landes werden durch die Dynamik seines gesellschaftlichen und wirtschaftlichen Lebens immer wieder neu zur Diskussion gestellt, weil man diese Ideale als ganz konkrete Weisen wahrnimmt, den zentralen Wert der Gleichheit umzusetzen, zu denken und zu überdenken.

Besagter Wert bedeutet, dass alle Bürger von vorneherein das gleiche Recht auf Freiheit besitzen. Dieses Vorrecht hat verschiedene Abstufungen und wird schrittweise verwirklicht. Die erste Form der Gleichheit besteht immer in der Anerkennung, dass es allen Menschen freisteht, ihre eigene Freiheit auszuüben und, wenn sie dies für moralisch ratsam halten, aus Gewissensgründen auch die Erfüllung bestimmter gesetzlicher Pflichten zu verweigern.

Damit soll verhindert werden, dass die wirtschaftlichen, politischen, geschlechtlichen und kulturellen Unterschiede soziale Ungleichheiten herbeiführen, die die ungehinderte und beständige Ausübung der Wahlfreiheit eines jeden Mitglieds der Gemeinschaft beeinträchtigen würden.

Heute vertreten viele die Ansicht, diese Idee der Gleichheit sei in unserem sozialen Gefüge bedroht, und diese Bedrohung äußere sich in diskriminierenden und intoleranten Verhaltensweisen gegenüber Minderheiten. Aber wissen wir eigentlich, wovon wir sprechen, wenn wir diese Begriffe in der aktuellen Debatte verwenden?

Es scheint mir sehr wichtig, nicht aus den Augen zu verlieren, was mit der „gleichen Würde der Personen" und den „unveräußerlichen Rechten des Menschen" tatsächlich gemeint ist. Diese Begriffe beziehen sich auf den Wert einer bestimmten Form der Gleichheit, die als unverzichtbare Grundlage der Demokratie gilt. In diesem Zusammenhang müssen wir zwei Dinge klarstellen.

Erstens bedeutet die Tatsache, dass ein demokratischer Staat sich über eine gewisse Gleichheit seiner Bürger definiert, nicht automatisch, dass alle Bürger in jeder Hinsicht völlig gleich sind. Die Aussage, dass „alle Bürger die gleiche Würde besitzen", impliziert allenfalls, dass sie etwas gemeinsam haben. Die Menschen sind also nicht alle in allen Punkten, sondern alle „in einem Punkt" gleich.

Dieser „eine Punkt", der sie alle nicht nur als Mitglieder eines Staates, sondern idealerweise als Teil der gesamten Menschheit auf ein und dieselbe Stufe stellt, ist eben die personale Würde des Einzelnen, die für jeden aus der gemeinsamen Zugehörigkeit zur menschlichen Natur erwächst. Deshalb kann niemand von uns eine besondere persönliche Eigenschaft – in Geschlecht, Rasse, Sprache oder Religion – geltend machen, um die Würde einer anderen Person zu unterdrücken. Diese

Würde besitzt jeder einzelne Mensch von Natur aus, und das heißt, dass sie ihm nicht von anderen und nicht auf Kosten der anderen verliehen wird.

Zweitens ist das Prinzip der Gleichheit die Grundlage für eine vielfältige Palette von Unterschieden. Diese liegen in der Natur der Menschen selbst begründet, aus denen sich ein demokratischer Staat zusammensetzt.

Was genau hat das zu bedeuten?

Es bedeutet, dass wir trotz unserer Unterschiede in puncto Geschlecht, Alter und sozialem Umfeld nicht nur weiterhin Personen, sondern auch alle gleichermaßen Bürger sind, weil viele dieser Unterschiede in unserem Staat geschützt werden. Die Gleichheit der personalen Würde ist gerade deshalb ein Schlüsselwert der Demokratie, weil dieses grundsätzliche Bekenntnis nicht nur jegliche Diskriminierung und Gewalt, sondern auch die Gleichmachung vieler natürlicher Unterschiede ausschließt, zu denen nicht zuletzt auch der Geschlechterunterschied gehört.

Mit anderen Worten: Man kann nicht über die Gültigkeit solch grundlegender Unterschiede diskutieren, weil sie die natürliche und gemeinsame Voraussetzung jener Gleichheit sind, die das Leben einer Demokratie überhaupt erst ermöglicht.

Die verschiedenen Arten, die menschliche Natur zu leben und auszudrücken, basieren auf der Achtung der gleichen Würde und Freiheit der Personen. Die einzelnen Personen aber sind in ihrer individuellen, kulturellen und geschlechtlichen Entfaltung durch die gemeinsame und doch von Mensch zu Mensch auch jeweils unterschiedliche Zugehörigkeit zur menschlichen Natur geeint.

Natürlich können wir die Frage, was die menschliche Natur eigentlich im Einzelnen ausmacht, nicht endgültig klären. Wichtig ist jedoch, dass diese natürliche Gegebenheit dem Spiel der gerade aktuellen Meinungen und Deutungen entzogen und an eine allgemeingültige und wertegeprägte Vorstellung des Menschen gebunden wird, die aufrechterhalten werden muss, wenn die Demokratie selbst Bestand haben soll.

Das Naturgegebene vom politisch Verhandelbaren zu unterscheiden, ist in einer Demokratie keine einfache Aufgabe. Aber die einzige nichtdemokratische Entscheidung, die für das Leben der Demokratie selbst unverzichtbar ist.

Andernfalls werden auch unsere Rechte, unsere Pflichten und unser Menschsein vom „Goodwill" der jeweiligen parlamentarischen Mehrheit abhängig sein.

Die Politik und die neue Wertediskussion

In letzter Zeit findet in Italien eine breite politische Diskussion zum Thema „Werte" statt.

Diese intensive Debatte ist direkt auf die großen Ereignisse zurückzuführen, mit denen das Jahrhundert geendet und uns eine unbestimmte politische Situation mit unscharfen Umrissen hinterlassen hat. Dieser Kontext ist nicht neu, sondern besteht seit mittlerweile beinahe zwanzig Jahren, was bedeutet, dass aus dem Ausnahmezustand des Übergangs und der Krisen nach dem dramatischen Verlust der stabilen Bezugssysteme der Nachkriegszeit Normalität geworden ist.

Es ist verständlich, dass die traditionellen politischen Parteien sich angesichts des derzeitigen Durcheinanders schwer damit tun, ihren Kurs zu halten. In Anbetracht der weitverbreiteten Verunsicherung der Bürger erweisen sie sich nicht selten als schlecht vorbereitet und ungeeignet. Trotzdem hat die derzeitige soziale Wirklichkeit sich von jenem sterilen Dogmatismus der Bequemlichkeit befreit, an den wir uns aufgrund der Ideologien in allen Teilen der Welt gewöhnt und in dem wir uns häuslich eingerichtet hatten. Man muss also anerkennen, dass es zurzeit sehr viel einfacher sein könnte als in der Vergangenheit, sich endgültig, natürlich und ohne allzu großen Aufwand von den alten, oberflächlichen Gegensätzen zu lösen und die wesentlichen Grundwerte zu überdenken, von denen sich die öffentliche Dimension des Staates leiten lassen sollte.

Der derzeitige Kontext bereitet den Boden für mögliche neue und ergebnisoffene Diskussionen über die Frage nach den authentischen Bezugspunkten der Politik. Also nach jenen wesentlichen und gemeinsamen Werten, deren Fehlen dazu führt, dass wirkungsvolle und bleibende demokratische Antworten knapp werden. Es ist für niemanden leicht, die gemeinsamen Werte der Politik festzulegen und gegen das freie Spiel der Meinungen abzugrenzen.

Aus rein theoretischer Sicht kann man nämlich unter Werten sehr unterschiedliche und zuweilen sogar gegensätzliche Dinge verstehen. Wir sprechen zum Beispiel gerne von Werten, wenn es um unsere individuellen Rechte geht, das heißt, wenn wir unsere wirtschaftlichen Initiativen und unser sauer verdientes Geld vor dem Zugriff des Fiskus schützen oder uns dem Staat gegenüber unsere Handlungsfreiheit bewahren wollen. Andererseits dienen die Werte aber auch als Begründung, wenn es darum geht, unsere individuellen Rechte einzuschränken: Denken wir etwa an den Umweltschutz oder an die Ehrlichkeit bei der öffentlichen oder privaten Verwaltung eines Unternehmens.

All diese unterschiedlichen Erwägungen haben etwas mit Werten, wenn auch nicht unbedingt mit grundlegenden Werten zu tun. Die Wichtigkeit eines Wertes wird uns bewusst, wenn wir ungläubig mit ansehen, wie er verlorengeht. Eine Regierung beispielsweise, die – wie es in China so häufig geschieht – den willkürlichen Einsatz von Gewalt rechtfertigt, wendet eine Politik ohne ethische Bezugswerte an.

Entscheidend ist, dass man die grundlegenden Werte – anders als alle anderen einander widerstreitenden Interessen – nicht als etwas betrachten darf, worüber die Politik nach Gutdünken verfügen kann. Von Werten kann man nämlich nur sprechen, wenn es um etwas geht, worauf wir absolut nicht verzichten können. Deshalb können wir die Werte nicht als eine positive Schöpfung des Rechts betrachten, die irgendeine mächtige Gruppe womöglich aus ausgeklügelten ideologischen Gründen erarbeitet hat. Man muss sich die Werte im Gegenteil als die wirkliche und ursprüngliche Voraussetzung des Lebens in einer Gemeinschaft vorstellen. Entweder sind wir davon überzeugt, dass die grundlegenden Werte vorpolitisch sind, oder wir sind kurz davor, die Politik zu einer reinen Ideologie verkommen zu lassen.

Die spezifisch politische Weise einer geglückten Berücksichtigung der Werte besteht also darin, einige wenige gesicherte und unanfechtbare Bezugsgrößen anzuerkennen, auf deren Grundlage eine echte demokratische Diskussion und Debatte möglich ist. Damit würde vermieden, dass die Werte als „Rohstoff" zu verhandelnder Interessen oder als Munitionslager für kleinliche Polemiken missbraucht werden. Im Grunde ist die Politik genauso wenig in der Lage, Werte zu schaffen, wie das Denken Realität schaffen kann. Die Werte können, wenn sie denn echte ethische Werte sind, von der Macht weder hervorgebracht noch vernichtet werden, weil sie die Politik selbst in Bezug auf die menschliche Wirklichkeit und die ihr innewohnende Bedeutung begründen. Ein Wert, der politisch diskutiert werden könnte, wäre per definitionem kein ethischer Grundwert.

Die politische Gültigkeit einiger ethischer Werte anzuerkennen bedeutet hingegen, sich auf einen dem Menschen eigenen Seinsbereich zu beziehen, der jeder politischen Erwägung vorgeordnet ist; auf eine menschliche Dimension, die jedem strategischen Ziel zugrundeliegt; auf einen im eigentlichen Sinne des Wortes anthropologischen Raum, der als zwingende und unverzichtbare Voraussetzung entsteht, weil er sich jeder Manipulation und Konditionierung seitens der Macht entzieht.

Zwar flüchten sich viele angesichts der Pflichten, die die ethischen Werte ihnen auferlegen, in den vermeintlich einzigen Grundwert der individuellen Freiheit. Doch die wirklich wichtigen Dinge hängen von uns ab: Sie sind die eigentliche Seinsgrundlage der Personen, die wir sind. Deshalb sind sie den Menschen und den Gesellschaften als unauslöschliche und unumgängliche Grundwerte auferlegt. Und das Gemeinwohl ist letztlich der wichtigste aller tragenden Werte der Politik, weil aus ihm die unterschiedlichen Seinsweisen der Menschen in der Gesellschaft entspringen. Und weil es ein „Kompass" ist, der dem demokratischen Pluralismus den Weg weist.

Natürlich muss man über die Werte diskutieren, doch vor allem muss man sich der Tatsache bewusst sein, dass in der frei geführten Auseinandersetzung über derartige Themen keine nebensächlichen Modefragen, sondern das eigentliche und primäre Gut der Demokratie auf dem Spiel steht. Es geht letztlich um jenes individuelle und allgemeine Gut, in dem sich das entfaltet, was wir wirklich sind und woran wir als Personen und Bürger wirklich glauben – die konkrete Quelle der Hoffnung und des Fortschritts unserer Gesellschaften.

Im Namen der wissenschaftlichen Freiheit

Inzwischen steht fest, dass der Papst heute, am 17. Januar 2008, keinen Besuch an der römischen Universität „La Sapienza“ machen und das akademische Jahr nicht eröffnen wird. Alle sind verwirrt und reagieren konsterniert auf dieses bedauerliche Ereignis.

Politische und akademische Einrichtungen jeglicher Provenienz und Ausrichtung haben zumindest offiziell ihre denkbar explizite und direkte Missbilligung angesichts der Protestbewegungen bekundet, die Benedikt XVI. dazu veranlasst haben, auf den vorgesehenen Universitätsbesuch zu verzichten.

Doch man muss bei der Bewertung der Ereignisse Vorsicht walten lassen.

Der erste Gedanke, der uns spontan in den Sinn kommt, führt möglicherweise in die Irre. Da Johannes Paul II. vor einigen Jahren das akademische Jahr an einer anderen römischen Hochschule – der Universität „Roma Tre“ – eröffnet und seine Anwesenheit damals keinerlei Feindseligkeit ausgelöst hat, könnten wir uns zu der Schlussfolgerung verleiten lassen, dass sich das Klima gewandelt hat und wir intoleranteren Zeiten entgegengehen.

Tatsächlich liegen die Dinge jedoch sehr viel einfacher und sind weniger dramatisch, wenn auch nicht weniger schwerwiegend.

Zunächst einmal war die Form der Einladung etwas unglücklich gewählt, da sie zwar vom Rektor aufgesetzt, vom akademischen Senat aber noch nicht genehmigt worden war. Sodann fiel der geplante Besuch des Papstes mit einer internen politischen Auseinandersetzung an der Universität zusammen, die vermutlich anders verlaufen wäre, wenn sich mit einem so wichtigen Ereignis nicht eine hervorragende Gelegenheit geboten hätte, Aufmerksamkeit zu erregen und den eigenen Anliegen Gehör zu verschaffen.

Obwohl die interne Situation der Universität sehr komplex ist, sollten wir doch wenigstens versuchen zu verstehen, weshalb 67 Dozenten – bescheidene drei Prozent des Lehrkörpers – und eine winzige, aber umso lautere Gruppe von Studenten gegen den Besuch des Papstes protestiert haben.

Unter dieser Fragestellung werden nämlich die eigentlich originellen Seiten des Vorfalls sichtbar. Bezeichnend war zum Beispiel eines der Spruchbänder, die von den Demonstranten hochgehalten wurden; darauf stand: „Die Wissenschaft ist weltlich!" Es ist doch sonderbar, dass man ein Adjektiv wie „weltlich" verwendet, um einen Wert zu verteidigen, der seit mindestens sieben Jahrhunderten so sakrosankt ist wie die Autonomie und Freiheit der universitären Forschung. Wobei ich die Zeitangabe „seit sieben Jahrhunderten" nicht zufällig verwende, denn die Autonomie der Wissenschaft gehört seit ihrer Gründung im Mittelalter unverzichtbar zum Wesen der Universität und ist keineswegs eine Errungenschaft unserer heutigen Zeit. Zudem hat diese Autonomie nichts mit dem Vorhandensein oder Nichtvorhandensein religiöser Werte in der Gesellschaft oder mit der Anwesenheit eines kirchlichen Würdenträgers bei der Eröffnung eines akademischen Jahres zu tun. Es sei denn, man wollte leugnen, dass die Streiks an der Pariser Universität des 13. Jahrhunderts oder die Absage von Kanzler Gerson an die offizielle Politik im 15. Jahrhundert ebenfalls wichtige Freiheitsforderungen gewesen sind – und deutlich früher als der Beginn der modernen Wissenschaft.

Von alledem einmal abgesehen sollte man sich jedoch fragen, was Freiheit und Autonomie der Wissenschaft heute eigentlich meint. Freiheit und Autonomie bedeutet für mich im Grunde nichts anderes, als dass die Wissenschaft durch kein Adjektiv und keine Eigenschaft – also auch nicht durch ihre „Weltlichkeit" – näher bestimmt ist. Die Wissenschaft ist Wissenschaft und damit basta. Und diese Aussage ist keine Tautologie, denn sie definiert das wesentliche Kriterium oder die Methode, die die Wissenschaft als solche ausmacht. Das wissenschaftliche Vorgehen, so lehrte Rudolf Carnap, der Vater des Neopositivismus, ist die Wissenschaft selbst, das heißt, Wissenschaft ist nur möglich, wenn solche Attribute ausgeschlossen bleiben, die für ihr methodisches Vorgehen nicht notwendig oder äußerlich sind.

Man muss lernen, den Adjektiven zu misstrauen, wenn man den nichtideologischen Charakter der Wissenschaft und ihre Autonomie gegenüber jedweder Voreingenommenheit bewahren will. Also gerade das, was diesem aktuellen Dissens gefehlt hat: die Freiheit, auch außerhalb des ideologischen Überschwangs zu argumentieren.

Und dann ist da noch diese unerträgliche Heuchelei im Zusammenhang mit der Galilei-Frage.

Zum einen sind wir heute so weit von den historischen Ereignissen entfernt, dass es schon ein lächerlicher Anachronismus ist, diese alte Polemik wieder aufzuwärmen. Und zum anderen wissen die Protestierenden – ganz davon zu schweigen, dass sie dieselben obskurantistischen und zensurartigen Methoden benutzen wie damals die Ankläger – selbst am besten, dass gerade der Fall Galilei noch vor dem ungebührlichen Eingreifen der kirchlichen Institution von einem freien kulturellen Kampf gegensätzlicher wissenschaftlicher Sichtweisen gekennzeichnet war. Der amerikanische Epistemologe Thomas Kuhn hat daraus beispielsweise die sehr wichtige Vorstellung vom sogenannten „Aufeinandertreffen wissenschaftlicher Paradigmen" entwickelt, die heute als grundlegend für die wissenschaftliche Freiheit und den Meinungswandel gilt.

Galilei stieß nicht nur bei „den dreckigen Obskurantisten", sondern auch bei den Verfechtern des ptolemäischen Weltbilds auf Widerstand, die, wie wir heute wissen, aufrichtig vom wissenschaftlichen Wert der aristotelischen Wissenschaft überzeugt waren.

In diesem Zusammenhang hat übrigens kein anderer als der Physiker Marcello Cini, der Verfasser des offenen Briefs an den Rektor, in dem die Absage des Papstbesuchs gefordert wurde, 1984 in einem seiner Bücher etwas sehr Interessantes geschrieben: „Wir alle sagen, dass Galileos Erklärung richtig und die aristotelische falsch ist. Auf eine banale Art ist das zutreffend. Doch es ist eine Aussage, die uns nicht sehr weit bringt. Ja, sie hindert uns sogar daran, zu verstehen, was es bedeutet, ein Phänomen auf eine andere als die allgemein akzeptierte Weise zu erklären."

Vielleicht gibt es heute wie damals Menschen, die die Wissenschaft und die Komplexität der wissenschaftlichen Prozesse instrumentalisieren: Doch wann immer dies geschieht, wird jemand – womöglich aufgrund seiner religiösen oder ethnischen Zugehörigkeit – daran gehindert, sich auszudrücken und zu reden.

Die aktuellen Ereignisse wiegen deshalb so schwer, weil sie sich in eine Praxis einfügen, die mittlerweile im Westen weit verbreitet und verfestigt ist: die Intoleranz. Genau darin besteht nämlich der tiefgreifende Unterschied zwischen der 68er-Bewegung und dem, was wir heute erleben: Aus dem Motto von damals, „Verbieten ist verboten", ist der eben zitierte Slogan geworden: „Die Wissenschaft ist weltlich."

Diejenigen, die den Protest zu steuern versuchen, haben ihre Einstellung geändert: Vermeintlich folgen sie Voltaire, doch in Wirklichkeit vergessen sie ihre eigenen und unsere erzieherischen Absichten, von denen sich alle Vertreter der Wissenschaft immer leiten lassen sollten. Es handelt sich in der Tat um einen „qualitativen Unterschied". Und ganz sicher nicht zum Besseren hin.

Hat die Debatte über das Leben überhaupt einen Sinn?

Man kann nicht sagen, dass es sich bei der Debatte über das Leben nur um eine aktuelle Diskussion über das Tagesgeschehen handelt. Das hieße nämlich, dass sie nur uns und unsere Epoche betrifft und dass unsere Vorfahren in der Vergangenheit sich gar nicht mit einem so grundlegenden Thema befasst hätten. Das trifft natürlich nicht zu. Die Frage des Lebens ist wesentlich für den Menschen, denn das, was den Menschen ausmacht, ist ja gerade – wie Heidegger gesagt hat – seine Fähigkeit, das Leben infrage zu stellen und nach dem letzten Sinn des Daseins zu fragen. Auch wenn es uns nie gelingen wird, alle diesbezüglichen Zweifel auszuräumen. So gesehen ist die Frage nach dem Leben dann doch wieder aktuell, weil sie es immer ist und nie länger als nur für einen gewissen Zeitraum zufriedenstellend beantwortet werden kann.

Trotz dieser einleuchtenden Überlegung vollzieht sich das Fragen nach dem Sinn des Lebens heute auf einem ungewohnten und anderen Weg als früher, und drängt sich in den letzten Monaten auf wirklich originelle Weise in den öffentlichen Raum. Doch dieser Weg ist unbegehbar. Wegen der neuen Grenzen der positiven und experimentellen Wissenschaft. Wegen der neuen Forderungen der Menschen, namentlich in der westlichen Welt. Und vor allem wegen der großen Vielfalt der möglichen Antworten. Wo die Möglichkeiten wachsen, wachsen auch die Optionen, und wo die Optionen wachsen, wachsen auch die Probleme. Angesichts dieser komplexen Situation fragt man sich spontan, ob die derzeitige Debatte über das Leben wirklich überzeugend ist und ob die Fragen richtig gestellt werden – mit der richtigen Sachlichkeit und auf der Grundlage einer wirklichen und konkreten Berücksichtigung des allgemeinen Empfindens. Im Grunde fragt man sich also, ob das Thema, wie wir es kennen, Ansatzpunkte bietet, die auch dem Normalsterblichen zugänglich sind. Oder ob es sich um eine Debatte handelt, die die Spezialisten – oder die Ideologen – unter sich ausmachen.

Die erste Anmerkung, die ich mir zu diesem Thema erlauben möchte, betrifft die Diskrepanz zwischen dem Charakter der Frage selbst, die von allgemeinem Interesse ist, und der wenig allgemeinen Behandlung, die diese Frage häufig in den Medien findet. Die Distanz scheint unüberbrückbar: Die Kontroverse wird zwischen starren Definitionen eingemauert, und die sehr konkreten Fragen, mit denen sich jeder von uns früher oder später wird auseinandersetzen müssen, werden nicht beantwortet. Dieses Paradox hat durchaus auch etwas mit dem weit verbreiteten Eindruck zu tun, dass diese zentrale Frage des Lebens nur von einer Gruppe von Fachleuten behandelt wird, während alle anderen sich nicht für das Problem interessieren. Wer die öffentliche Meinung für das Thema des Lebens sensibilisieren will, darf also offenbar keinen allzu abstrakten Blickwinkel wählen, denn wenn sich jemand nicht dafür interessiert, dann doch nur deshalb, weil er andere, konkrete Anliegen für relevanter hält. Oder weil er keine Probleme hat, die gelöst werden müssten. Dabei geht diese Diskussion uns alle an!

Denn was ist wichtiger als das Leben selbst? Und was beschäftigt uns Tag für Tag, wenn nicht die Sorge darum, unser Leben so gut wie möglich zu leben?

Und doch gerät dieses Thema so oft in Vergessenheit. Wir leben und sind dem Leben gegenüber gleichgültig, denken an anderes. Wir sind also in der Lage, die quälend zentrale Bedeutung des Daseins zu ignorieren und gleichzeitig ganz und gar vom Dasein in Anspruch genommen zu sein. Wir sind fähig, nicht nach dem wirklichen Wert des Lebens zu fragen und stattdessen anderes für wichtiger zu halten. Fakt ist jedoch, dass man letztlich nicht umhinkann, sich von dem Gedanken faszinieren zu lassen, den jener Italiener britischer Nationalität – Anselm von Canterbury – in seinem „Proslogion" formuliert: „Zu sein ist jedenfalls immer besser als nicht zu sein."

Ob uns etwas gelingt oder misslingt, ob wir gesund oder krank sind und über welche Geistesgaben wir verfügen können, ist nur deshalb von Bedeutung, weil es immer und unter allen Umständen besser ist, etwas zu haben, als es nicht zu haben. Besser, zu leben, als nicht zu leben. Und vor allem besser, geboren zu werden, als nicht geboren zu werden. Wenn wir die Dinge unter diesem Blickwinkel betrachten, wird uns schlagartig bewusst, dass Leibniz' Frage, „weshalb etwas eher existiert als nicht existiert", eine unmittelbare Antwort findet: weil das Leben an sich schon unendlich mehr ist als nichts. Weil aus dem Sein alles, von nichts aber nichts und wirklich gar nichts kommen kann.

Wenn eine Frau sich zu einer Abtreibung entschließt, will sie gar nicht in erster Linie jemandem das Leben nehmen. Vielmehr ist ihre Entscheidung der drastische und tragische Ausdruck der fehlenden Grundüberzeugung, dass das Leben dem Nichts auf positive Weise überlegen ist. Diese fehlende Überzeugung wurzelt im Dilemma unserer Freiheit, die uns die zugleich schreckliche und großartige Möglichkeit lässt, über alles – also, wenn wir das wollen, auch über das Leben der anderen – zu entscheiden. Die menschliche Freiheit ist so absolut, dass sie sich, wenn sie möchte, sogar für das Absurde entscheiden kann.

Genau dies ist übrigens die letzte Bedeutung des westlichen Nihilismus. Es handelt sich um die – allerdings durchaus mögliche – Wahl einer falschen Freiheit. Denn man kann immer im Limbus der Angst und des Nichts verharren, statt sich dem Leben und dem Besseren zu öffnen. Dieser ursprüngliche Mut, dieses ursprüngliche Ja zum Leben lässt sich jedoch nicht in einer akademischen oder politischen Debatte herbeireden, sondern muss sich immer in einer persönlichen Motivation, einer existentiellen Option, einer mitreißenden und rationalen Entscheidung manifestieren. Insofern sind wir – genau wie die Neugeborenen – in unserem Leben und Entscheiden immer auf die anderen angewiesen. So sehr, dass die Entscheidungen der anderen unser Dasein mindestens ebenso nachhaltig beeinflussen, wie unsere persönlichen Vorlieben dies tun.

Die natürliche Option für das Leben geht immer Hand in Hand mit dem Vertrauen auf das, was weder notwendig noch bereits vorbedacht, wohl aber möglich ist. Dann, und nur dann, ist es eine Option, die sich der Zukunft öffnet. Denn um leben zu können, braucht das Leben immer anderes Leben.

Die Gesundheit der Demokratie

Die internationale Debatte der jüngsten Vergangenheit war in geradezu feierlicher Weise von einer Reihe von Ereignissen gekennzeichnet, die, wenn man sie zu lesen und zu deuten versteht, ein treffendes Bild unserer Epoche abgeben. Es handelt sich insbesondere um zwei scheinbar isolierte Episoden, die jedoch zeigen, wie eng die Ereignisse in unserer globalisierten Welt miteinander verknüpft sind.

Der erste befremdliche Vorfall war die Weigerung der südafrikanischen Regierung im März 2009, dem Dalai Lama, der im Vorfeld der Fußballweltmeisterschaft 2010 an einer Konferenz der Friedensnobelpreisträger teilnehmen sollte, ein Einreisevisum auszustellen. Begründet wurde die Weigerung damit, dass die Anwesenheit des tibetanischen Religionsführers nicht im Interesse Südafrikas liege. Die Wahrheit ist, dass Südafrika sich nicht über das von China verhängte Verbot hinwegsetzen und damit den chinesisch-afrikanischen Entwicklungsvertrag und die von China in Aussicht gestellte Finanzierung gefährden wollte. Die Schwere des Vorfalls belegen die Reaktionen der anderen Nobelpreisträger auf diese Grobheit: Angeführt von Nelson Mandela und Erzbischof Desmond Tutu drohten sie damit, die Konferenz zu boykottieren.

Das zweite, nicht weniger aussagekräftige, wenn auch ansonsten völlig anders gelagerte Ereignis hat mit dem Besuch Benedikts XVI. in Kamerun und Angola zu tun. In diesem Fall war der Widerstand weniger wirkungsvoll. Auch wenn man aus den Reaktionen einiger westlicher Medien auf die Erklärungen des Papstes zum Gebrauch von Präservativen eine ähnliche, wenn nicht gar identische Blockadehaltung herauslesen kann.

Mit ein wenig Boshaftigkeit könnten wir anmerken, dass es leichter gewesen ist, den Dalai Lama zum Schweigen zu bringen, als dem Papst den Mund zu stopfen. Denn im letztgenannten Fall musste man die Botschaft mystifizieren und verfälschen, um sie wirkungslos oder – sogar dies scheint beabsichtigt gewesen zu sein – lächerlich zu machen.

Angesichts dieser zwar in Motivation und Bedeutung sehr unterschiedlichen, aber gleichermaßen heftigen Reaktionen des Widerstands oder der Intoleranz fragt man sich gar nicht so sehr, ob die vom Pontifex oder vom Dalai Lama oder von irgendeiner beliebigen anderen religiösen oder moralischen Instanz vorgetragenen Vorstellungen nun berechtigt waren oder nicht. Man fragt sich vielmehr, was die Welt dazu bewegt, so drastisch in ihre Ausdrucksfreiheit einzugreifen.

Fakt ist, dass es in solchen Fällen gar nicht darum geht, ob eine geäußerte Meinung positiv, angemessen oder sachdienlich ist: In Wirklichkeit geht es um die tiefere Bedeutung und um die freie Meinungsäußerung religiöser Autoritäten in der Gesellschaft. Ein deutliches Beispiel ist die völlige Abhängigkeit von der Politik, die die Rolle vieler muslimischer Muftis in einigen integralistischen Ländern kennzeichnet, oder auch die Intoleranz, die Vertreter der Politik wie Mahmud Ahmadinedschad in anderen Kontexten gegenüber den religiösen Freiheiten zum Ausdruck gebracht haben. Denn es liegt auf der Hand, dass dort, wo die Macht durch den Willen des Volkes ausgeübt und legitimiert wird, der Begriff der politischen Autorität selbst sehr rigorosen Einschränkungen und Kontrollen unterzogen werden muss.

Um zu verhindern, dass aus Demokratien cäsarische Diktaturen werden, müssen der Politik logischerweise einige spezifische und sehr wirksame gesetzliche Kontrollen auferlegt werden. Andernfalls wird die politische Macht zu einer zerstörerischen Kraft, die die Demokratie selbst gefährdet. In Anlehnung an Maritain könnten wir sagen, dass der Begriff der politischen Souveränität in einem demokratischen Kontext nicht überlebensfähig ist, weil der Volkswille die Politik eben nicht über das Gesetz stellt.

Für die großen spirituellen Autoritäten kann jedoch nicht dasselbe gelten. Ja, man muss sogar einräumen, dass in diesem Fall genau das Gegenteil zutrifft. Eine echte Demokratie lebt von der Freiheit, mit der die spirituellen Autoritäten ihre Vorstellungen von der Welt, vom Leben und vom Tod zum Ausdruck bringen können, ohne aus Rücksicht auf politische oder opportunistische Beweggründe zuvor um Erlaubnis fragen zu müssen. Nur dort, wo Rabbiner, Muftis, der Papst oder der Dalai Lama ihre Botschaften frei verkünden und zum Gewissen der Menschen sprechen, lebt man in einem wirklich demokratischen Kontext. Im entgegengesetzten Fall hat man es mit einer Situation zu tun, in der die Medien oder die politischen und wirtschaftlichen Interessen die Souveränität übernommen haben, und eine solche Situation ist antidemokratisch und totalitär. Wenn ein Patient fieberfrei ist, ist das ein Zeichen dafür, dass er sich auf dem Weg der Besserung befindet. Und wenn die spirituellen Autoritäten frei reden dürfen, ist das ein Zeichen für eine gesunde und tragfähige Demokratie.

Natürlich gibt es viele Methoden, die öffentliche Äußerung religiöser Ansichten zu unterbinden. Man kann ihren Vertretern das Wort verbieten, wie es in Südafrika geschehen ist. Doch eine heimtückischere und nicht weniger schwerwiegende Methode besteht darin, die Botschaft zu manipulieren und in etwas Banales oder beinahe schon Lächerliches zu verwandeln. Das ist dieselbe Strategie, mit der man die Glaubwürdigkeit eines Zeugen während einer Gerichtsverhandlung beschädigt, um zu verhindern, dass er die Richter überzeugt.

Die souveräne Macht der politischen Interessen wächst mit der Arroganz derer, die für die Verbreitung von Nachrichten zuständig sind – bis sie die Bürger zuletzt sogar daran hindern, jene Worte und Weisungen anzuhören und vielleicht in ihrem eigenen Gewissen zu bejahen.

China hat uns schon längst an diese Behinderung der Religionsfreiheit gewöhnt, auf die wir alle mit Empörung reagieren. Wir müssen jedoch achtgeben, dass wir dasselbe Prinzip, wenngleich unter anderen Vorzeichen, nicht auch in unseren so großartigen pluralistischen und liberalen Demokratien anwenden. In allem, was man tut, muss man sich an eine Ethik halten, die Berufsethik heißt, weil sie eng mit der Deontologie verknüpft ist. Das gilt auch und vor allem dort, wo die großen Botschaften der Hoffnung oder die großen spirituellen Ermahnungen gehört und den Bürgern zu Gehör gebracht werden müssen, die diese charismatischen und so wichtigen Persönlichkeiten der Welt überbringen. Im Grunde haben die großen spirituellen Autoritäten für die globale Gesellschaft dieselbe Bedeutung, wie sie das Gewissen des einzelnen Menschen für sein individuelles Denken und Handeln hat. Ihre Freiheit zu beeinträchtigen oder zu behindern, zu entweihen oder in den Schmutz zu ziehen bedeutet, die Demokratie ihrer wirkungsvollsten Antikörper gegen den technokratischen Totalitarismus zu berauben.

Die spirituelle Autorität der großen Religionen ist in letzter Instanz nicht nur für die Gläubigen, sondern auch für die Gesundheit der Demokratie wichtig. Denn sonst könnte sie Gefahr laufen, wieder in die Katakomben gesperrt zu werden – und zwar diesmal von den Medien.

Personenregister